中国石化员工培训教材

天然气加气站运行与管理

中国石化员工培训教材编审指导委员会 组织编写
本书主编 江宁

中国石化出版社

内容提要

《天然气加气站运行与管理》为中国石化员工培训教材系列之一，主要介绍了天然气基础知识、压缩天然气加气站、液化天然气加气站、加气站建设工程管理、人员管理、经营管理、生产管理、设备管理、数质量管理、HSE管理以及站容站貌管理等内容。

本书可作为石化销售企业加气站站长及员工培训教材，也可供其他天然气从业人员阅读。

图书在版编目(CIP)数据

天然气加气站运行与管理/江宁主编. —北京：中国石化出版社，2017.4(2023.2重印)
中国石化员工培训教材
ISBN 978-7-5114-4167-6

Ⅰ.①天… Ⅱ.①江… Ⅲ.①天然气-加气站-管理-技术培训-教材 Ⅳ.①U491.8

中国版本图书馆CIP数据核字(2017)第067990号

中国石化出版社出版发行

地址：北京市东城区安定门外大街58号
邮编：100011　电话：(010)57512500
发行部电话：(010)57512575
http://www.sinopec-press.com
E-mail:press@sinopec.com
北京柏力行彩印有限公司印刷
全国各地新华书店经销
*
787×1092毫米 16开本 16.25印张 408千字
2017年8月第1版 2023年2月第2次印刷
定价：60.00元

前　言

根据中国石化发展战略要求，为规范加气站管理，提升加气站市场竞争能力，中国石化销售有限公司组织调研了加气站站长培训需求，开发了中国石化加气站站长培训课程，在此基础上，组织编写了符合中国石化特色的加气站培训教材。本教材围绕中国石化发展战略、加气站建设和加气站站长成长的需要，以提高加气站站长履行岗位职责能力为重点，将在多年实践中探索出的好经验、好做法为主要内容，把解决企业所面临的新挑战、新问题为主要目标，具有较强的针对性、实效性和可操作性。这本教材的编写工作是由中国石化销售有限公司组织，浙江海洋大学石化与能源工程学院统筹协调，各有关单位、部门分工合作完成。编写过程中，各级领导给予了高度重视，一大批技术骨干、管理专家为教材的编写贡献了力量，付出了心血。

《天然气加气站运行与管理》为加气站站长及员工培训教材，在适度把握加气站安全生产管理知识的深度和广度的前提下，采用简洁明了、深入浅出的手法，系统地阐述了加气站站长和员工所必须掌握的安全管理知识。

《天然气加气站运行与管理》由中国石化销售有限公司负责组织编写，主编江宁（中国石化销售有限公司），执行主编刘华（四川石油分公司），参加编写的单位有浙江海洋大学、江苏石油分公司、浙江石油分公司、四川石油分公司、重庆石油分公司和青岛安全工程研究院。姚运涛（龙禹石油有限公司）编写了绪论，吴金林、聂立宏、张红玉、李翠翠（浙江海洋大学）编写了第1章，苑士宽等（北京普发动力控股股份有限公司）编写了第2章，陈天斌等（成都华气厚普机电设备股份有限公司）编写了第3章，黄振辉、彭焕岭等（江苏石油分公司）编写了第4章，严桢（浙江石油分公司）编写了第5章，王永杰（中国石化销售有限公司）编写了第6章，刘华（四川石油分公司）编写了第7、9、11章，封海跃（重庆石油分公司）编写了第8章，张健中（青岛安全工程研究院）、唐广宇（中国石化销售有限公司）编写了第10章。

本教材已经由中国石化销售有限公司组织审查通过，主审姚运涛（龙禹石油有限公司），参加审定的人员有闫德林、胡庆林、谭辉洪、柳飞、唐广宇。审定工作得到了北京石油分公司、广东石油分公司、陕西石油分公司等单位的大力支持，中国石化出版社对教材的编写和出版工作给予了通力协作和配合，在此一并致谢。

由于本教材涵盖内容较多，不同工艺之间存在较大差异，编写难度较大，加之编写时间紧迫，不足之处在所难免，敬请各使用人员对教材提出宝贵意见和建议，以便再版时及时修订。

编　者

目　　录

绪　论

截至2015年4月我国的汽车保有量已突破了1亿5千万辆。汽车尾气排放是城市大气污染的主要源头之一，因此，发展清洁能源汽车是一种必须的选择。在众多清洁能源汽车中，天然气汽车以其技术成熟、能耗低、污染物排放量小、能源储能丰富而倍受欢迎，是目前公认的最成熟的车用绿色替代能源之一。现阶段，发展天然气汽车对于解决环境问题和能源问题都具有极其重要的意义。

一、天然气汽车的发展情况

1. 国外天然气汽车发展概况

为保护环境减少污染，许多国家政府颁布了一系列法规，出台一系列鼓励性政策，促进天然气汽车发展，如制定更严格的汽车尾气排放标准，在天然气供应、汽车购置税费，设备供给、加气站建设等方面给予资金、税收优惠政策。

美国联邦政府1992年颁布的《能源政策法》，对于购买或改装代用天然气汽车及加气站的建设减免税作出详细规定，同时还颁布了使用天然气的减税政策，并免征天然气公司的汽车燃料销售税。有40多个州根据联邦政府的政策、法律，制定了本州有关强制和鼓励使用天然气清洁燃料汽车的政策和措施，推动了天然气汽车发展和加气站的建设。目前，全世界已有超过50个国家拥有和推广天然气汽车，主要分布在巴基斯坦、阿根廷、巴西等国家和环保法规严格的美国、意大利、新西兰、日本等国。

2. 我国天然气汽车发展概况

20世纪80年代中期，我国引进了部分加气站设备，在四川建立了我国第一个加气站；1993年中国石油天然气总公司系统引进国外有关技术并于1996年将加气站装置和汽车改装部件引进技术国产化、技术标准规范化。1999年全国清洁汽车行动协调领导小组成立，启动了北京、天津、上海、重庆、西安、深圳等12个试点城市地区的清洁能源推广应用工作，在燃气汽车的推广应用和加气站建设方面取得了前所未有的成效。

截至2014年年底，我国天然气汽车保有量已达459.5万辆(其中LNG汽车保有量为18.4万辆)，加气站近7000座[其中液化天然气(Liquefied Natural Gas，缩写LNG)加注站2500座左右]。2010~2014年，我国压缩天然气(Compressed Natural Gas，缩写CNG)汽车较上年的保有量增速为22.2%、35%、40.4%、55.2%、36.6%、LNG汽车较上年的保有量增速为280%、97.4%、73.3%、33.5%(2010年前无LNG汽车)。同期CNG加气站的建设投用增速为28.6%、27.8%、31%、23.8%、19.4%；同期LNG

加气站的建设投用增速为100%、200%、207%、35.6%。

我国天然气汽车保有量占我国汽车保有量不足4%，发展潜力巨大，而加气站建设速度低于天然气汽车的增速。

二、天然气(CNG)与其他燃料的环保性及经济效益比较

天然气汽车是通过压缩或液化的方式将天然气储存于汽车用天然气气瓶中，经减压器或气化后供给内燃机。以天然气作汽车燃料与汽油相比具有以下优点：

1. 降低污染，改善大气环境

机动车尾气是城市大气污染主要来源之一，其中主要有害成分是一氧化碳(CO)、碳氢化合物(HC)、一氧化氮(NO)和二氧化氮(NO_2)等。天然气是一种清洁能源，具有热值高、效率高、污染小等特点，燃烧完全，不易积炭，CO、NO_x和微粒的排放量均低于汽油，尤其是LNG，几乎无NO_x排出，排气污染明显降低。据有关资料显示，使用天然气作为汽车燃料与汽油作燃料相比可以减少排放90% CO、90% SO_2、72% HC、39% NO_x、24% CO_2、无粉尘排放，对改善城市环境作用显著。

2. 天然气汽车有较高的安全性

与汽油相比，天然气是相对安全的燃料。天然气爆炸下限为5%，比汽油(爆炸下限为1%)高，甲烷燃点为645℃，比汽油燃点高218℃，不易点燃。甲烷密度低，相对密度为0.55左右，泄漏的气体很快会在空气中散发，在自然环境中难以形成遇火爆燃的条件，一旦天然气从储罐或管路中泄漏，泄漏点周围会立即形成低温区，使天然气燃烧困难。

3. 有利于缓解能源紧张的供需矛盾

我国经济正处于高速发展阶段，汽车数量以2000万辆/年以上的速度递增，对石油资源需求大量增加，我国每年需要进口大量原油及成品油。使用燃气汽车可优化能源结构，保障能源供应安全。

4. 可延长发动机寿命

天然气容易扩散，以气态进入发动机，在发动机中容易和空气均匀混合，燃烧比较完全、干净；可以提高热循环效率，加快燃烧速度，充分利用燃烧热能；同时天然气辛烷值高，抗暴性能好，使用时不需要添加抗暴剂，不会稀释润滑油，因而使发动机气缸内的零件磨损大大减少，使发动机的寿命和润滑油的使用期限大幅度增长。所有这些都会降低汽车的保养和运行费用，从而提高汽车使用的经济性。

三、天然气汽车的发展前景

(1)汽车保有量的飞速增长、石油资源和环保的严峻形势，决定了发展天然气汽车成为解决能源问题和环境问题的重要途径之一。

(2)“十一五”期间，新型清洁能源汽车已被列入《国家科技发展中长期规划》，国家

将继续组织实施涉及各种清洁能源汽车的重大科技项目，重点支持包括天然气汽车在内的整车、零部件等关键技术，将进一步促进天然气汽车的发展。天然气发展“十二五”规划把以气替代车用和船用燃料列入其中。

(3)我国天然气资源大规模开发及管道建设步伐加快使发展加气站和使用天然气汽车成为可能。根据我国天然气利用规划，近十年“西气东送”、“川气东送”等一大批输气管道及沿线城市燃气管道相继建成，我国大规模利用天然气的基础设施逐步完善，天然气加气站也将逐步形成网络，为全国范围内使用天然气汽车提供了可能，同时也给加气站的建设和发展提供了巨大的机遇。

第1章　天然气基础知识

1.1　天然气组成与特性

大约2500年前，人类就知道利用天然气可以取火，并用来烧煮海水获得食盐与饮用水。但早期随石油开采得到的天然气往往被白白烧掉或放入空气中，因为当时还没有形成广泛利用天然气的市场，储运天然气的设施、设备与技术远未成熟。第二次世界大战后，管道运输得到了迅猛发展，使天然气运输变得方便、快速和安全。由于天然气使用过程中方便灵活，燃烧后残留物少，公认为是一种清洁高效能源，逐渐受到重视。目前天然气不仅作为民用、工业的燃料，石化工业的原料，作为发动机燃料也具有潜力与优势，天然气的用途日益广泛。

天然气与原油同出一源，也是以碳氢化合物为主组成的有机物，由于是气体，其组成比原油简单得多。天然气的物化性质既与原油相似又具有气体特性。

1.1.1　天然气的组成

什么叫天然气？简单讲就是来自地层中的气态烃，主要成分是甲烷等低分子烃。

1. 天然气的组成

天然气的主要成分是甲烷，其含量一般高达90%，此外还含有乙烷、丙烷、丁烷等气态烃类。从地下开采得到的天然气中还含有某些非烃类气体如硫化氢、二氧化碳、氢气、氮气以及极少量的硫醇、硫醚等硫化物、微量的惰性气体氩气、氦气和水分等。

天然气通常是无色的气体，比空气轻，相对密度为0.55～0.75。含有硫化物等杂质的天然气带有强烈的刺激性气味，其颜色往往呈浅灰或灰黄色，含有戊烷以上烃类的天然气具有汽油味。

2. 天然气的分类

天然气没有统一的分类方法，常见的分类方法主要有以下几种：

(1)按来源分。根据天然气的来源可分为常规天然气与非常规天然气。

①常规天然气。常规天然气指由常规油气藏开采得到的天然气，即勘探实践发现的能够用传统的油气生成理论解释的天然气。这类天然气包括气田气、伴生气和凝析气三种。

(a)气田气。气田气也称气层气，指的是在地层中呈气态单独存在，采上地面后仍为气态的天然气，主要成分是甲烷，含量可高达80%～98%，乙烷、丙烷、丁烷等烃类含量较少。

(b)伴生气。伴生气也称油田气，顾名思义是指溶解在原油中或者呈气态与原油共存，随原油一起被采出的天然气。伴生气的甲烷含量一般占65%～80%，此外还有相当数量的乙烷、丙烷、丁烷甚至更重的烃类。

(c)凝析气。凝析气是指在地层的原始条件下呈气态存在，在开采过程中由于压力降低和温度变化而凝结出液体烃类的天然气。凝析气的组成大致与伴生气相似，不过其戊烷、己烷以及更重的烃类含量比伴生气要多，经分离可以得到天然汽油甚至轻柴油等液体产品。

②非常规天然气。非常规天然气种类多，成因复杂，储量远比常规天然气丰富。通常指那些难以用传统的油气生成理论解释，在地下赋存状态和聚集方式与常规天然气具有明显差异的天然气。如煤层气、页岩气、致密气等。

(a)煤层气。煤层气是煤矿的伴生气体，存在于煤层中，俗称“瓦斯”，其主要成分是甲烷。我国煤层气资源丰富，据估计拥有资源量37万亿立方米，居世界第三。

(b)页岩气。页岩气是一种主要以吸附或游离状态存在于页岩层中的天然气，是重要的非常规天然气资源。我国页岩气资源量134万亿立方米，储量占世界的19%，位居全球之首。

(c)天然气水合物。天然气水合物是分布于深海沉积物或存在陆域的永久冻土层中，由天然气与水在高压低温条件下形成的类冰状结晶物质。由于其外观像冰一样而且遇火即可燃烧，所以又被称可燃冰。

$1m^3$ 可燃冰可释放 $160 \sim 180m^3$ 甲烷。

我国天然气水合物资源同样可观，仅南海就拥有相当于700亿吨石油的资源量；青藏高原冻土带和东海也可能大量存在。经推算，我国天然气水合物资源量相当于目前已探明化石燃料资源量的总和。

(d)致密气。致密气即致密砂岩气，指渗透率小于 $0.987 \times 10^{-4} \mu m^2$ (0.1md)的砂岩地层天然气。我国致密气资源量可靠，据有关方面评估，致密气技术可采资源量(9～13)万亿立方米，至2013年年底，致密气探明可采储量1.8万亿立方米。致密气开采已进入快车道。

(e)生物气。生物气是指在微生物作用下生成的天然气，范围较广。通常所说的生物气是在一定的温度条件下通过厌氧微生物分解有机物生成的以甲烷(含量60%～70%)为主，含有二氧化碳及少量氮气和其他微量气体的沼气。

上述的煤层气、页岩气和致密气是世界公认的三大非常规天然气。现在使用的气体燃料绝大部分是常规天然气，非常规天然气只占一小部分，但从长远来看，后者将会在经济社会发展和人们生活中显现出越来越重要的作用。

(2)按烃类组成分。由组成的烃类进行分类，天然气可分为干气与湿气、贫气与富气。

①干气。在 $1m^3$ 天然气中 C_5 以上的液体烃含量小于 $13.5cm^3$ 的叫干气。

②湿气。在 $1m^3$ 天然气中 C_5 以上的液体烃含量大于 $13.5cm^3$ 的叫湿气。

③贫气。在 $1m^3$ 天然气中 C_3 以上烃类液体含量小于 $100cm^3$ 的叫贫气。

④富气。在 $1m^3$ 天然气中 C_3 以上烃类液体含量大于 $100cm^3$ 的叫富气。

此外，还有更为通俗的提法，把甲烷含量高于90%(体)的天然气称为干气或贫气；把甲烷含量低于90%(体)，而乙烷、丙烷等烃类含量高于10%(体)的天然气称为湿气或富气。

(3)按酸气含量分。根据天然气中酸气(硫化氢与二氧化碳)含量的多少，天然气可分为酸性天然气和洁气。

①酸性天然气。指含有显著量的硫化物和二氧化碳等酸性气体的天然气，这类气体必须经过处理后才能达到管输标准或商品气质量指标。

②洁气。指含硫化物和二氧化碳甚微或根本不含的天然气，它不需要净化处理就可外输和利用。

1.1.2 天然气的性质

天然气的性质包括其物理化学性质和作为汽车发动机燃料应具有的使用性能。

1. 天然气的物化性质

在此仅对天然气一些基本术语与性质作简要介绍。

(1)相对分子质量。标准状态下1mol天然气的质量定义为天然气的平均摩尔质量，数值上等于其相对分子质量。

$$M = \sum Y_i M_i$$

式中 M——天然气的平均摩尔质量，g/mol；

Y_i——第 i 组分气体的摩尔分数；

M_i——第 i 组分气体的摩尔质量。

(2)密度。指单位体积天然气的质量，若用 ρ 表示其密度，则有：

$$\rho = m/V$$

式中 m——天然气的质量，kg；

V——天然气的体积，m^3。

在标准状态下(101.325kPa，0℃)的密度为

$$\rho_0 = M/22.4$$

由于气体的 ρ 与压力、温度有关，在低温、高压时还与气体的压缩因子有关，所以气体在任一压力、温度下的密度为

$$\rho = pM/8.314ZT$$

式中　ρ——天然气在任一压力、温度下的密度，kg/m^3；

p——绝对压力，Pa；

M——天然气相对分子质量；

Z——天然气压缩因子；

T——绝对温度，K。

在标准参比条件下(20℃与101.325kPa)，天然气的密度为0.75～0.80kg/m^3。

(3)相对密度。天然气的相对密度指在相同压力与温度下天然气的密度与空气密度之比，即ρ_t/ρ_k。如将天然气和空气视为理想气体，若用ρ_x表示天然气的相对密度，则

$$\rho_x = \rho_t/\rho_k = M_t/M_k$$

式中　ρ_t——天然气的密度，kg/m^3；

ρ_k——空气的密度，kg/m^3；

M_t——天然气的摩尔质量，kg/mol；

M_k——空气的摩尔质量，kg/mol。

ρ_x一般在0.58～0.62之间，油田伴生气的ρ_x在0.70～0.85之间，个别的也有$\rho_x>1$的天然气。

(4)天然气比容。单位质量的天然气所占的体积称为天然气的比容，即其密度的倒数。

$$\nu = 1/\rho$$

式中　ν——天然气比容，m^3/kg。

(5)黏度。当流体流动时，其内部分子间会产生阻碍运动的阻力，这种特性称为流体的黏性，衡量黏性大小的物理量称为黏度。天然气的黏度越大，阻力就越大，输送流动就越困难。黏度还与天然气的相对分子质量、组成、压力和温度有关，而且在低温和高压下变化的规律不一样。

天然气黏度变化规律如下：

①低压下(<0.98MPa)：

(a)几乎与压力无关；

(b)随温度升高而增大；

(c)随相对分子质量的增大而减小；

(d)非烃类气体比烃类气体的黏度大。

②高压下(>6.86MPa)：

(a)随压力增大而增大；

(b)随温度升高而降低；

(c)随相对分子质量的增大而增大。

黏度可分为绝对黏度和相对黏度。常用的绝对黏度又分为动力黏度和运动黏度两种。

动力黏度定义：在流体中取面积各为$1cm^2$，相距1cm的两个油层，当其中一个油

层以 1cm/s 的速度作相对运动时所产生的阻力称为动力黏度。其单位为 Pa · s，$1Pa \cdot s = 1N \cdot s/m^2 = 10^3 cP$

运动黏度(ν)是其动力黏度(η)与同温度下密度(ρ)的比值，即

$$\nu = \eta/\rho$$

运动黏度的单位是 m^2/s，常用单位是 mm^2/s。

(6)热值。一定体积或质量的天然气完全燃烧所发出的热量称为热值，也称发热量，有高热值与低热值之分。前者是燃料的燃烧热和水蒸气的冷凝热的总数，即燃料完全燃烧放出的总热量。后者仅是燃料的燃烧热，不包含水蒸气的冷凝热。气体燃料的热值单位为 J/m^3，液体或固体燃料为 J/kg。

GB 17820—1999、GB 18047—2000 规定：天然气高热值 $>31.4MJ/m^3$。

(7)含水量。天然气的含水量指天然气中水蒸气的含量。常用绝对湿度、相对湿度和露点表示。

单位体积天然气中所含水蒸气的质量称为绝对湿度。

单位体积天然气中所含最大水蒸气质量称为天然气的饱和含水量，此时称为天然气的饱和状态。

在一定条件下，天然气的含水量与饱和含水量之比称天然气的相对湿度。在天然气的开采、加工处理和输送过程中，常用露点表示其饱和含水量。所以露点是指在一定条件下，天然气被水饱和时的温度，或者说天然气中刚出现一滴露珠时的温度。如：某种天然气的露点为 -10℃，表示在 -10℃时天然气处于含水饱和状态，此时只要温度稍作降低，就会从天然气中凝析出液态水(露珠)。

在管道输送天然气时，必须保持温度在露点以上，以防天然气中的水蒸气凝结，阻碍输气。在天然气交接点的压力与温度条件下，天然气的露点应比当地最低环境温度低 5℃。

(8)压缩因子。在高压低温下，任何气体对理想气体状态方程都会出现明显偏差，而且压力越高，温度越低，偏差越大。实际气体的这种偏差可用 pV/RT 来说明，这个比值称为压缩因子，也称偏差因子，通常用 Z 表示。理想气体的 $Z=1$，而实际气体的 Z 根据压力、温度不同或大于 1，或小于 1。当 $Z<1$ 时，真实气体较易压缩；当 $Z>1$ 时，真实气体较难压缩，所以 Z 反映了真实气体压缩的难易程度。

同理，天然气的压缩因子 Z 可用下式求得：

$$Z = pV/RT$$

式中 p——绝对压力，kPa；

V——气体摩尔体积，m^3/mol；

R——气体常数；

T——绝对温度，K。

Z 也可以用图解法、经验公式法或状态方程求得。

(9)比热容。单位质量的天然气温度升高1℃时所吸收的热量(或降低1℃所释放的热量)称为比热容，简称热容，常用C表示。对于气体，工程上常用的有定压比热容、定容比热容和摩尔比热容三种。

定压比热容指单位质量的气体在压力不变的条件下，温度升高或下降1℃或1K所吸收或放出的热量，用C_p表示。

定容比热容指单位质量的气体在体积(容积)不变的条件下，温度升高或下降1℃或1K所吸收或放出的热量，用C_v表示。

摩尔比热容指1mol气体的热容，用C_m表示。对于理想气体，存在如下关系：

$$C_{pm} = C_{vm} + R$$

式中R为气体常数。上式的意义是1mol理想气体温度升高1K时，在等压过程中比等容过程中要多吸收8.31J的热量，转化为气体膨胀时对外所做的功。

(10)导热系数。在温差为1K时，每秒通过单位面积、单位长度物质的热量称为导热系数，也称热导率，常用λ表示，其单位为J/(m·s·K)。它表示物质传递热量的性能。

气体的导热系数随温度升高增大，在通常的压力范围内，其导热系数随压力变化很小，所以在工程计算中常可忽略压力对气体导热系数的影响。在较高压力条件下，天然气的导热系数λ利用常压下的导热系数λ_0和对压力的校正值求得，即

$$\lambda = \lambda_0 \cdot (\lambda/\lambda_0)$$

也可查阅相关图表获得。

(11)标准状态与标准体积。天然气在常温常压条件下为气态，具有很强的压缩性，只有在确定的温度、压力前提下才能以体积来计量。

①标准状态。在天然气产业，常用天然气在某一特定状态下的体积作为计量单位，这样的状态称为标准状态。

我国石油石化行业天然气计量的标准状态为：20℃、101.325kPa(1标准大气压)。

我国城市燃气行业采用的标准状态为：0℃、101.325kPa(1标准大气压)。

②标准体积。天然气在标准状态下的体积称为标准体积，如在标准状态下计量的1立方米天然气称为1标准立方米，用1Nm^{3}表示。

(12)天然气状态。天然气在通常温度、压力下呈气态，但可以通过温度、压力、体积等参数的变化而改变。当体积一定时，天然气的状态变化主要由温度和压力决定。

①临界状态。气体的临界状态是气体转化为液体的一个特定状态。在低温高压下，任何气体都可以转化为液体。温度越低，使气体变为液体的压力越低；温度越高，必须相应地提高压力才能使气体液化，但当温度高到某一值后，无论压力加到多大也不能使气体液化。

这种由气体转化为液体所允许的最高温度称为该气体的临界温度；在临界温度时气液转化所需的最低压力称为临界压力。由临界压力与温度所决定的气体状态称为临界状

态。天然气的主要成分是甲烷，甲烷的临界温度为 -82.6℃，临界压力为4.62MPa，气体的临界温度越低，越不易液化，所以天然气较难液化。

②压缩天然气。指其压力处于 $10MPa \leq p < 25MPa$ 之间的气态天然气，是天然气加压以气态储存在容器中。压缩天然气与管道天然气的组分相同，主要成分是甲烷。压缩天然气是天然气应用过程中最主要的存在状态。

③液化天然气。对常压下为气态的天然气进行冷却至 -162℃左右，使气态转变成液态，此时其体积只有同量气态天然气体积的1/625，质量仅为同体积水的45%左右。同样液化天然气的主要成分是甲烷。液化天然气是天然气储存与应用的主要方式之一。

(13)天然气泄漏。由于天然气密度、黏度小，容易流动扩散。在加气站运行过程中，其加气站内压缩机、加气机、加气枪、脱水装置、管线、仪表等设备、部件处于高压、低温或高温状态，同时还会受到腐蚀、热胀冷缩、振动等物理化学作用，导致部件接口、密封圈、弹簧、管壁等处出现松动、磨损、老化、脆裂而发生泄漏。天然气泄漏可能会产生严重后果。

①LNG 泄漏在空气中形成冷蒸气云，冷蒸气云和 LNG 直接接触人体都会造成低温灼伤、冻伤。

②空气中的天然气浓度达到5%～15%，一旦遇火源就会发生爆炸；若天然气浓度 >15%，遇火源则发生火灾事故。

③若空气中天然气浓度达到20%～30%，工作人员会因缺氧而造成窒息。

④由于泄漏，压缩机的产气量减少。

所以在加气站，工作人员通过看、听、闻、摸等形式定时巡查设备、部件工作是否正常，是否存在泄漏或安全隐患是一项非常重要的工作，必须严格执行。同时根据要求，必须在加气站规定部位安装可燃气体检测报警装置。

(14)天然气燃烧、爆炸特性。天然气是一种易燃、易爆气体，其燃烧、爆炸特性可用相关的术语、指标进行说明。

①闪点。在一定的条件下，可燃物逸出的蒸气和空气组成的混合物与火源接触发生瞬间闪火时的最低温度称闪点。物体的闪点越高，其安全性越好。天然气的闪点为 -190℃，其主要组分甲烷的闪点为 -188℃，可见天然气的闪点很低，遇火源容易燃烧。

②燃点。在一定的条件下，当火源靠近可燃物表面可燃混合气着火并持续燃烧5s时的最低温度称燃点。同理，物体的燃点越高，其安全性越好。天然气的燃点为650℃，甲烷的燃点为538℃，由于甲烷的性质比较稳定，所以天然气并不容易燃烧。

③自燃点。在一定条件下，可燃物在没有火源时自行着火的温度称为自燃点。甲烷的自燃点为595℃(645℃)，自行氧化着火的温度很高。可见，以甲烷为主要成分的天然气，在外界没有火源的情况下，其自行着火燃烧是很难发生的。

④爆炸极限。天然气本身既不会燃烧，也不会爆炸，必须与空气(氧气)以一定比

例混合形成可燃(或可爆)混合气遇火源才会燃烧或爆炸。反映可燃物发生爆炸危险性的主要指标为爆炸极限，所谓爆炸极限是指可燃物遇火源发生爆炸的浓度范围。能发生爆炸的最低浓度称为爆炸下限，能发生爆炸的最高浓度称为爆炸上限。上下限之间的浓度称爆炸浓度范围或称爆炸极限，用天然气在空气中的体积百分数表示。天然气发生爆炸的危险性主要取决于其爆炸极限，爆炸下限越低、爆炸极限越宽，爆炸危险性越大。爆炸下限较低的可燃气体，若发生泄漏，即使量不大，也容易进入爆炸极限范围；爆炸上限较高的气体，如果在相对封闭的容器或管道中，不需要很大的量也能进入爆炸极限范围。

注意，当天然气在空气中的浓度低于下限时，遇火源既不会爆炸，也不会燃烧；当天然气在空气中的浓度高于上限时，遇火源不发生爆炸，但能发生燃烧。如果此时天然气浓度得不到补充，其浓度因燃烧而下降进入爆炸范围，则会发生爆炸。

在容器、管道中，若存在天然气泄漏与空气形成混合气，其浓度在爆炸极限内，遇火源即发生爆炸，而且这种爆炸的破坏性、危害性更大，有可能造成重大人员伤亡和严重财产损失。所以，在天然气集输、净化、使用过程中要特别重视做好各项防火、防爆工作，防止各类火灾、爆炸事故的发生。

表1-1为一些物质的燃烧、爆炸参数。

表1-1 常见物质的燃烧、爆炸参数

名称	最大爆炸压力/kPa	爆炸下限/%	爆炸上限/%	蒸气相对密度(空气为1)	闪点/℃	自燃点/℃
甲烷	720	5.0	15.0	0.55	气态	595
乙烷	—	3.0	12.5	1.04	气态	515
丙烷	860	2.1	9.5	1.56	气态	470
丁烷	860	1.5	8.5	2.05	气态	365
戊烷	870	1.4	7.8	2.49	< -20	285
氢	740	4.0	75.6	0.07	气态	560
一氧化碳	730	12.57	4.0	0.97	气态	605
硫化氢	500	4.3	45.5	1.19	气态	270
城市煤气	700	4.0	30.0	0.5	气态	560
车用汽油	850	1.1	7.0	3.20	< -20	260
车用柴油	750	0.6	5.0	7.00	—	—

物质的爆炸极限并不是一个定值，随其压力、温度和所处环境的不同而变化。

(15)天然气窒息特性。天然气无色无味(使用过程中偶尔闻到的刺激性气味是加臭剂所致)，本身并无毒性，其性质与甲烷相似，属单纯窒息性气体。当空气中含有高浓度天然气时人会因缺氧(氧浓度变稀)而引起窒息。如空气中天然气浓度达到20%～30%时，人就会出现头痛、头晕、乏力、呼吸和心跳加快、运动失调，若不及时撤离，可致窒息死亡。一旦有人发生窒息，要立即采取撤离现场、人工呼吸等救护措施，并迅速送往医院救治。

(16)硫化氢毒性。硫化氢(H_2S)是一种无色、剧毒、酸性气体，有特殊的臭鸡蛋气味，高浓度的H_2S可以麻痹人的嗅觉神经而感觉不出其存在。所以用鼻子作为检测这种气体的手段是致命的。

H_2S毒性作用的特点是其浓度越低，对眼睛和呼吸道的刺激越明显，而浓度越高，对人体全身性作用越明显，表现为中枢神经系统症状和窒息。H_2S对人体的毒害见表1-2。

表1-2　H_2S对人体的毒害

浓度/(mg/m^3)	接触时间/min	人体反应
50 ~ 100	60	眼睛与呼吸系统发炎
200 ~ 300	60	眼睛刺痛流泪、呼吸系统发炎
500 ~ 700	15 ~ 60	头晕目眩、恶心、肺水肿等，甚至昏迷死亡
700 ~ 900	几秒钟	昏厥、死亡
1000 ~ 2000	顷刻	即刻倒下、停止呼吸

由于H_2S是一种强烈的神经毒气，所以在天然气管输、民用、汽车燃料的规格指标中作了严格的规定，这对保护作业人员和天然气用户的生命安全非常重要。

此外，H_2S是一种化学活性很强的物质，必须对天然气中的H_2S含量加以限制，防止对设备、管线等金属材料产生严重腐蚀。

2. 天然气的燃料特性

使用和推广天然气汽车，可以充分利用天然气资源，减少对石油能源的依赖，减少环境污染，经济与社会效益明显。实践证明，天然气作为汽车燃料较石油燃料具有优势。

(1)抗爆性能好。天然气的主要成分是甲烷，甲烷的辛烷值高达130(目前我国车用汽油的辛烷值最高为98)，所以天然气燃料辛烷值高，抗爆性能好。为了发挥高辛烷值的潜力，可以通过提高压缩比来提高发动机的热效率，弥补由于其热值低导致的发动机功率下降，使天然气汽车获得较好的动力性和燃料经济性。

(2)燃烧完全。天然气本身是气体，与空气混合均匀，燃烧完全，不易结炭，发动机工作平稳，噪声小。

(3)环境污染小。天然气作为汽车燃料的最大优点在于其有害排放物少，对环境的污染小。表1-3为美国汽车燃用汽油和天然气不同排放的数据。

表1-3　美国汽车排放物测试对比

品种 \ 排放物	CH	CO	NO_x	SO_x	Pb
汽油	0.54	8.35	1.92	0.71	0.08
LNG	0.26	0.03	1.23	0	0

据国内测试资料，LNG 汽车与汽油车相比：CH 减少 72%；NO_x 减少 39%；CO 减少 24%；SO_x 减少 90%；苯、铅等减少 100%。噪声降低 40%。可见，天然气减排效果非常明显。

(4)安全性好。天然气的燃点在 650℃以上，比汽油的燃点 427℃高得多，与汽油相比，不易点燃；天然气的相对密度小，泄漏的气体能很快在空气中散发，很难形成可燃混合气。此外，天然气的释放过程是吸热过程，也使天然气燃烧困难，所以较汽油安全性好。

(5)维修费用少。天然气燃烧完全，不易发生窜漏，对发动机润滑油的劣化变质作用小，可延长润滑油的换油期。相应地对发动机的磨损减小，可减少维修次数，维修费用约为汽油车辆的 70%，延长发动机使用寿命。

(6)价格便宜。天然气资源丰富，供应可靠。目前的天然气价格比汽油便宜 40% ~ 50%，比柴油便宜 15%左右，价格优势明显。

当然，天然气作为发动机燃料也有一些不足，如同一汽车燃用 CNG 与汽油比，其发动机功率下降 10% ~15%；天然气的能量密度低，CNG 汽车一次携带的燃料少，导致汽车行驶的里程较短；CNG 储气瓶体积大，质量重，减少了汽车的有效载荷与空间。

1.2　天然气净化

1.2.1　天然气净化的意义

从地层中采出的粗天然气含有多种组分，其中有天然气的有用组分，如甲烷、乙烷、丙烷等，也含有水、机械杂质、硫化氢、二氧化碳和有机硫等，某些气体还含有放射性气体等。粗天然气会对生产、安全、环境保护造成各种影响，用户不能直接使用，必须对其进行净化加工处理，使之成为合格的天然气产品。天然气净化工艺包括脱硫、脱水、硫黄回收以及尾气处理等四类工艺，目的是使天然气满足商品气或管输气的质量指标以及环保的要求。因此，在整个天然气工业中，天然气净化、加工是成为商品天然气必不可少的环节，地位也越来越重要。

天然气净化、加工工艺见图 1-1，气田气或者油田伴生气以及各级分离器分出的粗天然气，经分离除去液固杂质后，进入脱酸单元，分离出的酸性气体硫化氢，用于回收硫黄；分离出的二氧化碳或注入地层或放空和销售；脱酸后的气体进入脱水单元降低气体中的水含量，后进入凝液回收单元，凝析出气体内的中间组分和较重组分，确保气体内甲烷含量。凝液回收的目的一方面是为了控制天然气的烃露点以达到商品气质量指标，避免气液两相流动；另一方面，回收的液烃有很大的经济价值，可用作汽油、柴油或进一步分离成乙烷、丙烷、丁烷或丙丁烷混合物(液化石油气)等，也可合成化工原料；经过凝液回收后的气体做为商品天然气进入长输管道外输。加气母站从长输管道取气再进行脱酸、脱水处理后压缩，供给 CNG 用户。以上单元中，脱酸和脱水合称天然气净化，凝液回收和凝液稳定称为气体加工。

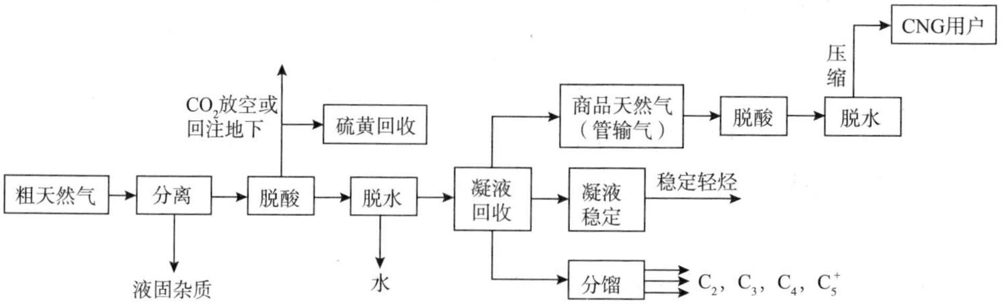

图 1-1　天然气净化、加工工艺方框图

1.2.2　天然气质量指标

商品天然气主要有管输天然气、压缩天然气、液化天然气三种，其中管输天然气消费量较大，因此，都把管输气的质量指标做为商品天然气质量指标。各国的国情不同，天然气标准也不同。

原石油工业部于1988年发布了天然气行业标准(SY 7514—88)，在此基础上国家质量技术监督局于1999年重新修订并发布天然气国家标准(GB 17820—1999)，随着环保要求和技术进步，对天然气指标要求也更加严格。2012年又发布新的国家天然气标准(GB 17820—2012)，见表1-4。天然气按高位发热量和水露点及总硫、硫化氢和二氧化碳含量分为一类、二类和三类，其中，我国一类气指标已经达到国际先进水平，三类气是应对我国国情的过渡性指标，作为民用燃料的天然气，总硫和硫化氢含量应符合一类、二类气质量指标。

表 1-4　天然气技术指标(GB 17820—2012)

项　目		一类	二类	三类
高位发热量/(MJ/m^3)	≥	36	31.4	31.4
总硫(以硫计)/(mg/m^3)	≤	60	200	350
硫化氢/(mg/m^3)	≤	6	20	350
二氧化碳/ %(体)	≤	2	3	—
水露点		在交接点压力下，水露点应比最低环境温度低5℃		

注：(1)本标准中气体体积的标准参比条件是101.325 kPa、20℃状态下的体积。

(2)进入输气管道的天然气，水露点的压力应是最高输送压力。

压缩天然气储存在压力为20～25MPa的气瓶内，H_2S分压高产生腐蚀，因此要求H_2S含量控制在15 mg/m^3以内。表1-5是车用压缩天然气质量指标，本标准适用于压力小于25 MPa车用燃料的压缩天然气。H_2S指标控制在15 mg/m^3。另外，表1-5中规定了氧气含量指标，因氧气含量过高，会使天然气的爆炸极限加宽至5%～64%，也会与加臭剂形成更强烈的腐蚀。因此，从安全角度考虑需要控制氧气的含量，但从地下开采的天然气并不含有氧气，大多是在后期处理时空气混入，其余指标则是 GB 17820—2012 的二类气。

表 1-5　车用压缩天然气质量指标（GB 18047—2000）

项　　目	技术指标
高位发热量/（MJ/m^3）	≥31.4
总硫（以硫计）/（mg/m^3）	≤200
硫化氢/（mg/m^3）	≤15
二氧化碳/%（体）	≤3
氧气/%	≤0.5
水露点	在汽车驾驶的特定地理区域内，在最高操作压力下，水露点应不高于－13℃；当最低温度低于－8℃时，水露点应比最低环境温度低5℃

注：（1）本标准中气体体积的标准参比条件是101.325kPa、20℃状态下的体积。

（2）为确保压缩天然气的使用安全，压缩天然气应加有特殊气味，必要时加适量加臭剂，保证天然气浓度在空气中达到爆炸下限的20%被察觉。

表1-4 和表1-5 中都对硫化氢、二氧化碳、总硫、水露点等指标做了限制，这些都是从经济、安全、环境保护等方面考虑，唯有高位发热量是天然气使用价值的唯一体现，也是天然气质量的一个重要指标。

以上标准中虽没有明确规定天然气中机械杂质的具体指标，但我国输气管道工程设计规范（GB 50251—2015）中对天然气中的固体颗粒有明确要求，见表1-6。

表 1-6　天然气输气管道技术指标（GB 50251—2015）

项　　目	技术指标
高位发热量/（MJ/m^3）	≥31. 4
总硫（以硫计）/（mg/m^3）	≤200
硫化氢/（mg/m^3）	≤20
二氧化碳/%	≤3
水露点	在最高操作压力下，水露点应比最低输送环境温度低5℃
烃露点	烃露点应低于最低环境温度
机械杂质	进入输气管道的气体必须清除机械杂质

注：本标准中气体体积的标准参比条件是101.325kPa、20℃状态下的体积。

液化天然气（LNG）是以甲烷为主的液烃混合物的液体，常压下将天然气冷却至－162℃而成，我国目前还没有LNG的质量标准，对质量要求只停留在合同阶段。天然气技术标准和车用压缩天然气质量指标只涉及少量参数，都不适用于LNG。LNG主要物理性质见表1-7。

表 1-7　液化天然气物理性质

甲烷含量/%	颜色	气液体积比	常压沸点/℃	燃点/℃	密度/(kg/m^3)	发热量/(MJ/m^3)
75～99	无色透明	625∶1	-162	650	430～470	36～46

1.2.3　天然气脱硫

含有硫化氢和硫化物的天然气称为酸性天然气，不含硫化氢的天然气称为"甜气"或脱硫气。天然气中含有过量的硫化氢不仅对人体造成危害，还会对生产和安全造成危害。

硫化氢有剧毒，低浓度时有臭鸡蛋气味，易溶于水中呈弱酸性，增加天然气对金属管道和容器的腐蚀；燃烧后生成的二氧化硫也有毒，是大气主要污染物之一，会对人体的呼吸系统造成危害；过多的二氧化硫溶于水会形成酸雨，对大气和地表环境造成破坏。因此，需将天然气中的硫化氢控制在一定范围内。

1.2.3.1　天然气脱硫方法

目前脱硫工艺有很多种，按照操作特点、脱硫原理，可将这些工艺分为间歇法、化学溶剂吸收法、物理溶剂吸收法、氧化还原法、固体脱硫法等类别。

1. 化学溶剂吸收法

在一个塔器内以弱碱性溶液作为吸收剂与酸气反应，生成某种化合物，在另一塔器内，改变工艺条件(加热、降压、汽提等)使化学反应逆向进行，释放出酸气，碱性溶液得到再生，恢复对酸气的吸收能力，保证天然气脱酸过程循环连续进行。其中甲基二乙醇胺具有显著的节能效果，在天然气进入管输前的脱酸时被广泛应用。

2. 物理溶剂吸收法

以有机化合物作为溶剂，在高压、低温下使酸气组分溶解于溶剂内，吸收了酸气的溶剂又在低压、高温下释放酸气，使溶剂恢复对酸气的吸收能力，保证整个脱硫工艺得以循环。由于物理溶剂没有发生化学反应，只是单纯的溶解，因此，再生时所需的加热量较少。

3. 氧化还原法

又叫直接氧化法，以氧化还原反应为基础，硫化氢在液相中直接氧化为单质硫，即脱硫和硫回收合为一体，此方法应用并不多，适合于原料气压力低、酸气浓度高的场合。

4. 固体脱硫法

塔器内装有一定固体颗粒吸附剂，气体通过吸附剂床层时，硫化氢与固体颗粒发生化学反应，反应物滞留塔内从而实现天然气脱硫。常用的固体吸附剂有氧化锌、活性炭、分子筛、氧化铁等，一般用于处理含微量硫化氢的气体，基本能完全脱去硫化氢。

加气站脱硫主要应用的脱硫剂是氧化铁，因此，本节主要介绍氧化铁脱硫法，我国压缩天然气的硫化氢指标含量控制在 15mg/m^3，如果管输气的硫化氢含量已经在 15mg/m^3 以下，不需进行脱酸工艺，直接进入到脱水单元。

1.2.3.2 氧化铁脱硫剂及原理

氧化铁脱硫剂属于固体脱硫法的一种，是以水和氧化铁($Fe_2O_3 \cdot H_2O$)为主要成分加上成型剂及造孔剂而成，对 H_2S 有很高的反应活性和吸收能力，水合氧化铁脱硫剂硫容大，设备投资费用少、操作简便，适合低含硫天然气的脱硫。常温下，水和氧化铁($Fe_2O_3 \cdot H_2O$)具有脱硫作用，失去水分子的非水合物的氧化铁常温下不具有脱硫作用。经过近几年的改进，氧化铁的耐水强度、脱硫精度得到了很大的提高，脱硫精度可达 0.03 ~ 6mg/m^3。

脱硫反应方程式：$Fe_2O_3 \cdot H_2O + 3H_2S \rightarrow Fe_2S_3 \cdot H_2O + 3H_2O + 21.74kJ(5.2kcal)$

$Fe_2O_3 \cdot H_2O + 3H_2S \rightarrow 2FeS + S + 4H_2O$

再生反应方程式：$2Fe_2S_3 \cdot H_2O + 3O_2 \rightarrow 2Fe_2O_3 \cdot H_2O + 6S + 393.76kJ(94.2kcal)$

从反应式看出，再生时水合硫化铁 $Fe_2S_3 \cdot H_2O$ 与氧气反应，氧气来自空气，且再生条件不需加热等，操作简便。若气体中有 O_2 时，当 $O_2/H_2S \geqslant 2.5$ 时，脱硫与再生同步进行，因此在有氧碱性条件下有利于氧化铁脱硫剂的正常使用，则上两反应式合并为 $2H_2S + O_2 = H_2O + 2S$，氧化铁实际上相当于催化剂。

水和氧化铁($Fe_2O_3 \cdot H_2O$)可写成 2(FeOOH)，即 O ═Fe—OH，当含有 H_2S 的气体通过脱硫剂时，H_2S 扩散到水和氧化铁($Fe_2O_3 \cdot H_2O$)颗粒表面，由于 H_2S 易溶于水，当气膜中有水存在时，H_2S 溶解于水进而电离，即 $H_2S = HS^- + S^{2-}$，电离出的 S^{2-} 和 HS^- 取代了 O ═Fe—OH 中的 O ═和—OH，生成 S ═Fe—SH，即 $Fe_2S_3 \cdot H_2O$ 和 FeS。北方地区原料气温度低，水含量也较低，因此需要加湿罐加湿，加湿的目的是为了 H_2S 溶于水电离后与 $Fe_2O_3 \cdot H_2O$ 发生反应。而南方温度高本身水含量高些，不需要加湿罐。这也同时解释了失去水分子的氧化铁 Fe_2O_3 结构发生了变化，不会发生取代反应不具有脱硫作用的原因。因此脱硫塔内温度不应过高，否则水和氧化铁失去结晶水而失去脱硫的功效。

1.2.3.3 氧化铁脱硫工艺

氧化铁脱硫工艺类似分子筛脱水，但更简单，再生不需要加热和冷吹，工艺流程见图 1-2。原料气经入口分离器脱除液固杂质后进入到加湿罐后，自上而下进入到脱硫塔内部，气体中的 H_2S 与水和氧化铁($Fe_2O_3 \cdot H_2O$)发生反应生成 $Fe_2S_3 \cdot H_2O$(水和硫化铁)，反应物 $Fe_2S_3 \cdot H_2O$ 滞留塔内，使硫化氢从天然气中分离，不含酸气的气体从塔底流出后进入到脱水单元。当脱硫塔内的水和氧化铁($Fe_2O_3 \cdot H_2O$)反应 50% ~80% 时，需将酸气切换至另一塔内进行脱酸，然后切断需要再生的塔，打开再生塔顶放空阀逐渐降低塔压，降低至常压后缓慢打开塔底进气阀，使空气缓慢进入塔内，水和硫化铁($Fe_2S_3 \cdot H_2O$)与空气中的氧气接触发生可逆反应，重新生成水和氧化铁($Fe_2O_3 \cdot$

H_2O)。由于可逆反应放出的热量多，此过程应严格控制塔温，否则容易引起燃烧事故。当床层温度不上升开始下降时，并且进出口的氧含量基本相等即可结束再生，再生所需时间取决于吸硫量。脱硫剂再生 2～3 次后活性大大降低，因此一般不进行再生，但最终都需要更换，更换脱硫剂时，务必小心谨慎。

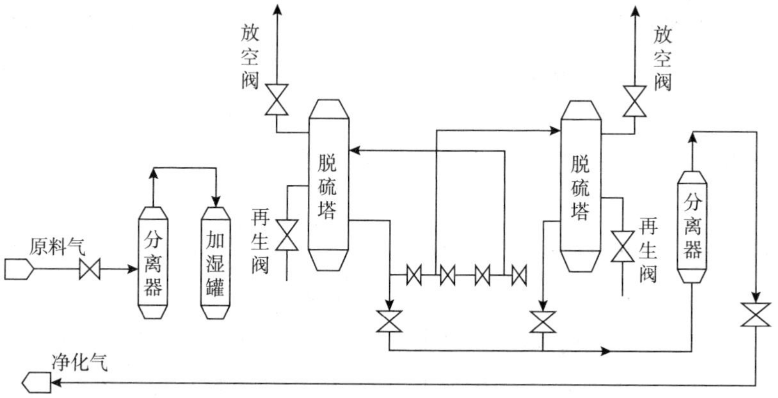

图 1-2　天然气脱硫工艺流程图

流程中加湿罐的目的是给原料气加湿，加湿是为了 H_2S 发生电离，即水分在脱硫过程中起到介质作用，原料气过干过湿都会影响脱硫效率。要求气体中的水汽含量以不超过操作温度条件下饱和为宜，但严禁原料气带液，否则会堵塞脱硫剂微孔和严重损坏其强度。

1.2.4　天然气脱水

从油气井开采出来的天然气，一般都含有饱和量的水蒸气，过量的水蒸气会给输送、加工及使用带来各种影响，为了满足管输和商品天然气的要求，总要进行脱水处理。天然气含水的危害如下。

(1)气体中存在过量的水蒸气不仅降低了商品天然气的热值，而且，液态水的存在会形成气液两相共流，降低管道输送能力，同时，也加强了酸性组分(H_2S、CO_2)对压力容器及管道的腐蚀。

(2)过多的水气存在会形成系统冰堵，高压天然气在管道、阀门等，极易形成大压降、大温差，导致气体温度骤降至零下几十度，液态水的析出在低温下冰冻发生冰堵现象，导致加气站不能正常加气，汽车无法启动和运行。

(3)在高压低温状态下，液态水在储气容器中生成冰雪状的天然气水合物，同样会堵塞管道和阀门。

因此，无论是管输气还是天然气汽车，天然气中的含水量务必达到标准。天然气的脱水深度应根据加气站所在地区的最低大气温度来确定，只要将天然气的含水量脱出到符合标准，就不会发生因天然气含水引起的问题。

天然气含水量有“绝对含水量”和“露点”两种表示方法。

天然气含水量指单位体积天然气中水含量。

露点指在压力一定条件下，天然气中水蒸气开始凝结成露的温度。

天然气脱水前后的露点之差称为露点降，即进入脱水装置前气体露点与脱水后气体露点之差。露点降越大，脱水效果越好。

1.2.4.1　天然气脱水方法

根据天然气原料气的不同和用户的使用标准不同，采用的脱水方法也不相同，按照脱水原理可分为溶剂吸收法、冷凝分离脱水法、膜分离脱水法和固体干燥剂吸附脱水法等。

1. 溶剂吸收法

某些溶剂对天然气、烃类溶解度很低，而对水蒸气溶解度高，因此具有很强的吸水性能。此工艺一般采用两塔流程：在吸收塔内，天然气中的水蒸气及液态水从塔底自下而上与溶剂逆流接触，水蒸气被溶剂吸收，天然气被干燥后流出吸收塔。吸收水蒸气后的溶剂进入到再生塔内，改变再生塔工艺条件，如加热等，使溶剂与天然气分离，溶剂脱出水分后，重新返回吸收塔循环使用。油气田广泛采用甲基二乙醇胺脱水。

2. 冷凝分离脱水

高压气体经过节流降温后进入低温分离器，从气体内分出冷凝水，使流出分离器气体的露点降低，从而气体得到干燥。

3. 膜分离脱水法

利用气体中各组分通过薄膜渗透性能的不同，将某种气体组分从气流中分离，从而达到天然气脱酸、脱水的目的。此方法不需加热再生，节能显著，如膜污染只需更换膜组件就可以，具有非常广阔的前景。

4. 固体干燥剂吸附脱水

固体表面对临近气液分子存在吸附力，可捕捉临近的气液分子，这种现象称吸附，吸附剂是多孔性的固体，使接近固体表面的其中一种或多种组分吸附于固体表面上，其他的气体则不吸附，从而达到分离目的。此法脱水程度高。

1.2.4.2　分子筛吸附剂

虽然天然气在进入长输管道之前已经进行了脱酸脱水处理，但只是水含量达到管输的标准，远远达不到车用加气标准，应对其进行深度脱水。目前，在天然气深度脱水中主要使用的固体吸附剂有活性氧化铝、硅胶及分子筛三大类。应根据工艺要求进行经济比较后，选择合适的吸附剂。由于硅胶与液态水接触易炸裂，选择性不明显，易于为液态烃堵塞，吸水放出大量吸附热，极易破裂产生粉尘。氧化铝再生时消耗热量多，空隙不均匀，选择性差，因此，在加气站的脱水中，分子筛应用比硅胶和氧化铝要广泛，我国的CNG加气母站都选用分子筛方法进行脱水，本节也主要介绍分子筛干燥剂脱水。

分子筛是一种人工合成的吸附剂，内部有很多均一孔径的空腔，当被吸附分子直径小于分子筛空腔孔径时，才能进入空腔内部被吸附，因此，分子筛具有独特的吸附性能。

1. 选择吸附性

分子筛具有较大吸附比表面积，且内部空腔孔径均匀，只有分子直径小于筛空腔孔径的气体分子才能进入筛孔内被吸附，例如4A分子筛内部的空腔孔径约为0.40nm，乙烷分子直径为0.43nm，水分子直径是0.29nm，小于空腔直径的水分子被分子筛吸附，大于空腔直径的乙烷等则不能被吸附，因此分子筛的吸附具有很强的选择性。

2. 优选吸附性

分子筛表面具有大量较强的电荷，因而，对于那些能够进入筛孔内的分子，必定优先吸附极性强的分子。甲烷分子直径为0.38nm，水分子直径是0.29nm，即水分子和甲烷都可以同时进入到0.4nm分子筛空腔内部，但由于水是强极性分子，甲烷为非极性分子，所以必定是优先吸附强极性的水分子，因此，分子筛是干燥脱水的优良吸附剂。分子筛吸附天然气中各种气体的优先顺序如下：

$H_2O > NH_3 > CH_3OH > CH_3SH > H_2S > COS > CO_2 > N_2 > CH_4$

可见，水最容易被分子筛吸附，H_2S、CO_2次之，而甲烷最不易被吸附。

3. 高效吸附性

分子筛的高效吸附性主要表现在以下三方面。

(1)低浓度下的吸附。图1-3显示三种吸附剂的湿容量与相对湿度的关系。不管哪一种吸附剂，都是相对湿度愈小，湿容量愈小，但相对湿度低于30%时分子筛的吸附性能要好于氧化铝和硅胶。

(2)高温吸附。三种吸附剂的湿容量与温度的关系都是温度愈高，湿容量愈小，但当温度较高时分子筛仍有很好的吸附性能，见图1-4。分子筛在较高的温度下，仍能吸附相当数量的水分，而活性氧化铝和硅胶，则丧失了吸附能力。

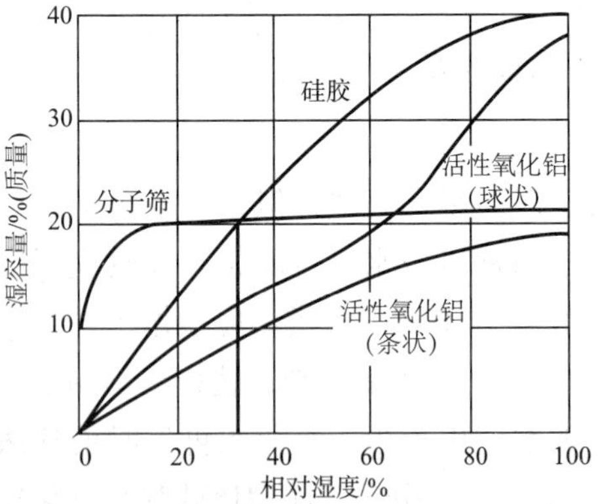

图1-3　不同湿度下几种吸附剂的平衡吸附量(静态、常温)

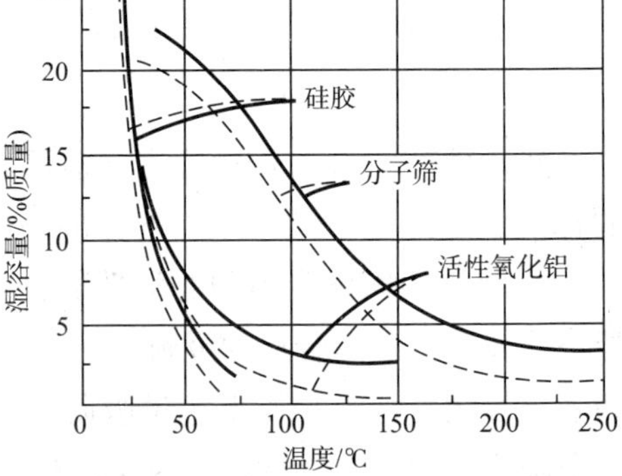

图1-4　不同温度下几种吸附剂的平衡湿容量

(3)高效吸附。分子筛对像水等极性分子在分压或浓度很低时的吸附速率要远远超过硅胶和活性氧化铝。同时，分子筛使用寿命长，在正确的操作和维护下，经分子筛脱水后，干气露点可达 -76℃以下，寿命可达3~5年。

工业用的分子筛是球形颗粒状，大小适度而且均匀，具有很高的机械强度以防止破碎和产生粉尘、粉化等，具有良好的化学稳定性和热稳定性，且再生简单，只需加热就可以脱附吸收的水分，因而在深度脱水时被广泛应用。

1.2.4.3 分子筛吸附操作原理

吸附塔内部的分子筛吸附传质见图1-5(a)，由于湿气从上部进入，湿气最先与 *BB* 线上方的分子筛接触，此段最先被水饱和而失去吸附水气的功能，称为饱和吸附段；阴影部分为吸附传质段，此段分子筛已经吸附一定量的水分，但还没有达到饱和，仍然具有吸附水的功能；*AA* 线下方的分子筛孔道内没有吸附水分子，此段分子筛最为洁净，称未吸附段。此段虽未吸收水分，但可能吸附酸气或烃类组分。随着气体不断地通过分子筛床层，饱和吸附段高度越来越大，吸附传质段也不断向下推进，即 *AA* 线和 *BB* 线同时向下推进，这段时间内，出塔气体的水浓度很低为 C_B，见图1-5(b)。当 *AA* 线达到床层最下端时，即 t_B 时刻，流出床层的气体水浓度开始由 C_B 迅速上升至 C_E，t_B 称为吸附过程的转效点，C_B 称为转效浓度；当 *BB* 线到达床层最下端时，整个分子筛床层都被水分饱和，完全失去吸附水分的能力，此刻，出塔气体与进塔气体水浓度相当。因此，为保证出塔后气体的干气质量，应始终保持床层下端有未吸附段的存在，未吸附段的高度越大，干气水露点越低，即未吸附段对出塔干气质量起着决定性作用，但未吸附段太高则脱水周期缩短。

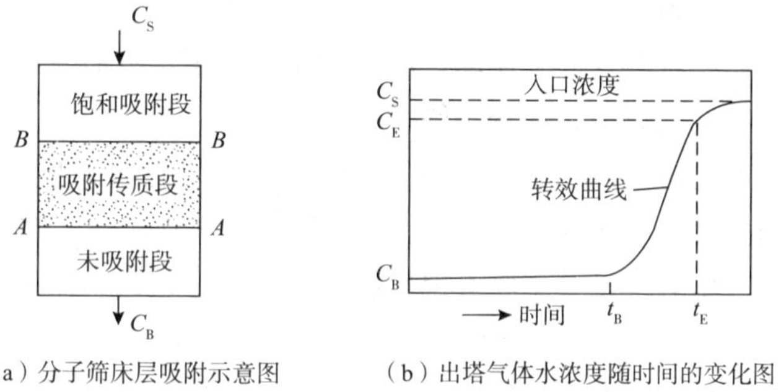

图1-5 吸附塔内部的分子筛吸附传质

1.2.4.4 分子筛脱水工艺流程

在出塔气体水含量上升之前应停止塔内进湿气，即分子筛脱水不能连续生产，为保证连续生产需要，采用两塔流程或三塔流程，流程中必须包括吸附、再生和冷吹三道工序，但加气站一般都采用两塔流程，见图1-6。若此时流程左塔为吸附塔对湿气脱水，右塔为再生塔对分子筛再生，两塔同时进行，湿气经过入口分离器除去液固杂质后，自上而下进入左侧的吸附塔内，当气体通过塔内的分子筛床层时，气体中的水分子随气流进入分子筛内部的空腔，由于水分子属于强极性分子，因此被优先吸附在空腔内不再随气体流动，而甲烷等烃类气体都因属于非极性分子，会顺利通过，气体得到干燥，干燥后的气体由塔底流出。

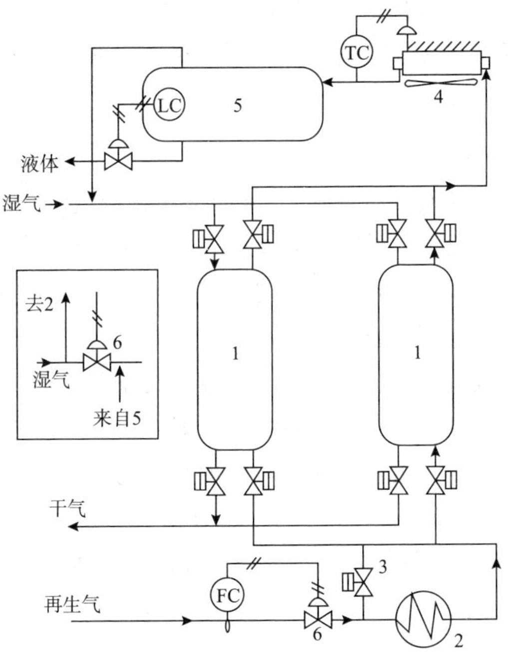

图 1-6　分子筛脱水工艺流程图

1—吸附塔；2—加热器；3—加热炉旁通阀；4—冷却器；5—分离器；6—再生气流量控制阀

湿气进吸附塔方向为上部进入，下部流出，即保证流动气体对床层的扰动最低，容许有较大的气体流速。若湿气向上流动，底部分子筛吸附水分后床层膨胀，分子筛颗粒之间会产生无序运动发生磨损，使分子筛颗粒破碎形成粉尘。

为了保证脱水工艺正常进行，分子筛的再生也是一个关键，再生不仅影响干气的质量，也关系装置的处理量，再生是为了除去分子筛空腔内水分，恢复分子筛的吸水活性。工业上常用的再生方法是分子筛升温脱附，因为温度愈高，湿容量愈小。

一般情况下采用脱过水的干气作为再生气，再生气量为干气质量流量的 5% ~ 10% 。将干气经过加热器加热到一定温度，从右侧再生塔底进入，自下而上穿过右侧整个床层，利用再生气所具有的热量使分子筛温度升高，带走分子筛空腔内的水分。再生塔顶部流出的气体含有大量分子筛空腔逃逸出的水分，经冷却器降温、气液分离器脱出游离态的水后，与原料气会合重新进入左侧吸附塔进行脱水干燥处理。

分子筛再生时，干热气自下而上通过再生塔，在整个床层中，上部饱和段吸附水量最多，污染也最为严重，床层下部未吸附段没有吸附水分，最为洁净，而未吸附段的洁净度是控制干气露点的关键。如再生时自上而下，上部饱和段脱附的水分和其他杂质等一同通过整个床层，下端的未吸附段被上层的饱和段的水气和杂质严重污染，在重新脱水时干气质量得不到最好的保证，因此，再生时干气进塔方向与湿气进塔方向相反，同时，下层分子筛脱附的水蒸气也可赶走上部吸附的其他组分。

脱附完成后，吸附床层的温度很高，不利于吸附，需要用干气进行冷却，这一过程称为冷吹，干气不经过加热炉，经过加热炉旁通阀3，自下而上经过右侧的再生塔，这样可以确保冷吹过程中，未吸附断床层没有含水气流过，冷却完成后方可重新进行吸附操作。

随着气体源源不断地通过左侧吸附塔，塔内分子筛空腔吸附的水分逐渐增加，分子筛对水分的吸附能力也逐渐下降，当到达一定时间，从吸附塔出口流出的气体中水浓度就会超过规定值，需对该吸附塔内分子筛进行再生脱附。即两塔进行流程切换，左塔为再生塔，右塔为吸附塔，周而复始进行脱水操作，以保证整个工艺连续运行。

吸附周期应根据湿气中含水量、干气露点标准、再生能耗等进行综合确定。吸附周期长，意味着再生次数少，吸附剂寿命长，但床层较长，固定投资较高。常见的吸附循环一般取8~12h。要求干气露点低时应采用短周期，气体处理量一定时，短周期意味着需要较多的吸附剂，增大吸附塔的高度。

1.2.4.5 分子筛脱水系统操作维护

保持脱水系统洁净，就是保证分子筛的脱水效率和使用寿命，需做好以下几方面的工作：

(1)设置入口分离器或涤气器，分离出原料湿气中的液态水和杂质，且分离器的安装距离吸附塔越近越能保证进气的洁净度。如分离器距离吸附塔过远，气体虽然经过分离器处理干净，但远距离输送过程中可能又生成新杂质污染脱水系统；并定期清洗分离器或更换分离器滤芯。

(2)再生温度应该由脱水深度决定，再生温度越高，分子筛吸附剂再生越完全，但其有效使用寿命越短；温度过低，分子筛再生不完全，空腔内残留其他杂质影响脱水效率。分子筛的再生温度一般由分子筛厂商提供，不可超过厂商提供的温度范围。

(3)自再生塔塔顶流出的热再生气经冷却、分离出凝液后掺入原料气返回脱水流程，要求再生气与原料气的温度应尽量一致。如两股气体温差太大，会产生冷凝液烃和水，影响分子筛寿命。

(4)需要改变塔内压力时，应缓慢增压或减压，避免扰动分子筛床层使分子筛粉末化。

1.2.4.6 CNG脱水方式比较

CNG脱水工艺分为前置脱水、级间脱水和后置脱水三种。

1. 前置脱水

脱水设备处于压缩机前端，进入压缩机的气体为干气，不会对压缩机造成磨损，可延长压缩机的使用寿命；分子筛不会被压缩机的润滑油污染，延长了分子筛的使用寿命；压力等级较低，故障率相对较低，维护管理都较简便。

2. 后置脱水

脱水在压缩机后进行，净化后的天然气不会受压缩机的二次污染，气质稳定，且脱水后气体露点低。同时，未经过精处理的湿气和杂质会造成压缩机阀件及活塞的过早磨损；此外，由压缩机分离出的冷凝水占脱水量的90%左右，故减少了脱水系统的负荷。

3. 级间脱水

处于压缩机间，操作复杂，优缺点介于高压脱水与中压脱水之间。

前置脱水在压缩机前脱水，压缩机工作状态更好，但占地面积相对较大，一般是母站或进气气质要求高的进口压缩机采用前置脱水。后置脱水结构紧凑，占地面积小，适用于常规加气站。级间脱水一般用于多个压缩机串联使用的情况，目前加气站基本不采用这种工艺模式。

1.3 压缩天然气

目前世界上的天然气运输特别是陆上运输主要由管道承担，但在某些特殊条件下也可以利用车、船等运输工具，以压缩天然气 CNG 和液化天然气 LNG 的方式运输天然气。国内一些燃气公司已采用 LNG、CNG 槽车给中小城镇或居民小区及加气站供气。CNG 一般是指存储压力为 15 ~ 25MPa 的高压天然气。在 25MPa 的压力下，天然气可压缩至标准体积的 1/290。压缩天然气与管道天然气的组分相同，主要成分为甲烷，此外还含有乙烷、丙烷、丁烷等烃类气体及微量的氮气、二氧化碳、硫化氢等非烃类气体。

1.3.1 CNG 供应链

管道或气井生产的天然气经过计量调压净化压缩后即为 CNG，CNG 的应用方式主要有两种；一种是在输配气站减压后作为民用或工业燃料，另一种是在 CNG 加气站以高压状态直接作为汽车燃料。常见的 CNG 供应链如图 1-7 所示。

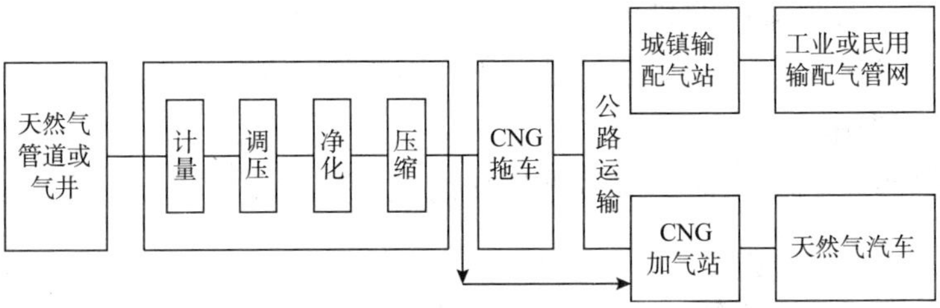

图 1-7　CNG 供应链示意图

在气源地的充气站，天然气经计量、调压后进入净化装置，然后经压缩机加压至15 ~ 25MPa，并通过高压胶管和快装接头向 CNG 钢瓶拖车充气。压缩前净化的目的是脱除天然气中的水、硫化氢、二氧化碳等杂质。如果作为民用燃料的天然气，其气质应符合 GB 17820《天然气》一类气或二类气的技术指标；如果将 CNG 作为汽车燃料，其气质应符合 GB 18047《车用压缩天然气》的技术指标。图 1-7 所示供应链(汽车燃料部分)取气、计量、调压、净化和压缩是在 CNG 母站进行，通过 CNG 拖车运到子站，在子站通过加气机对汽车进行加气。CNG 常规站直接从站内输气管道取气，计量、调压、净化和压缩，不用 CNG 拖车进行输送，直接在站内通过加气机对汽车进行加气。

早在 1931 年意大利就建成了世界上第一座 CNG 加气站。前苏联在 1938 年研制出两种压缩天然气汽车，中国在 1962 年开始进行 CNG 汽车研究。CNG 拖车运输工艺是由美国德克萨斯天然气输送公司于 1975 年开发并获得专利的，它是一种高压储运、中低压输配的天然气非管道输送技术，它是指在环境温度或稍低于环境温度下，用安装在汽车上的高压钢瓶组运输天然气的技术。最初用于将边远单井采出的少量天然气运出，后来用于向距离输气管网较远的居民小区、工业区和汽车加气站等用户的点式供气。1999 年，北京某燃气公司研制开发出瓶装 CNG 输配工艺技术并获得专利，同年 12 月 16 日该燃气公司在国内完成首例瓶装压缩天然气输配工程，日供气量 4500m^3。

1.3.2　天然气压缩

天然气的压缩是靠压缩机来实现的。压缩机是一种用于压缩气体以提高气体压力，使气体具有一定能量的机械。因应用场合的不同而有多种形式，如往复式、离心式和螺杆式等。天然气汽车加气站使用的大都是具有曲柄连杆的往复活塞压缩机，往复式压缩机由曲柄连杆机构将驱动机的回转运动变为活塞的往复运动，活塞在气缸内作往复运动，使气体在气缸内完成进气、压缩、排气等过程，从而提高了气体的压力。该压缩机主要用于流量不太大但压力相对较高的场合，可较好适应加气站频繁变化的工作参数。

1.3.3　压缩天然气储存

储气装置一般有地下储气井、气瓶组和大型储气装置等。地下储气井类似于油气井，它利用置于井中的钢套管储气。2004 年 8 月四川阆中市投资 2150 多万元建成了全国首个天然气深井储气系统解决城市供气调峰问题。每口储气井深 250 多米，单井储气(容积)量为 2500m^3，12 口井的总储气量为 30000m^3。这种储气装置占地少且比地面储气安全，缺点是钢管连接存在薄弱处，需通过有效固井加强。加气站的储气井水容积有 2m^3、3m^3、4m^3 等规格。

气瓶组储气装置分为大型储气瓶和小型储气瓶两类，储气瓶上有安全阀、排污阀、供气阀。小型储气瓶按美国运输部标准(DOT)制造的小气瓶，有 45L、50L、80L 等几种规格；大型储气瓶按美国机械工程协会(ASME)压力容器标准制造，有 750L、1000L、1300L、1700L 等几种规格，大型储气瓶的安全性能比小型储气瓶更优，且运行成本低。

大型储气装置大多采用圆柱型储气单元，每个储气单元有 2m^3、3m^3、4m^3、6m^3 等几种规格。该储气装置的优点是安全可靠、泄漏点少、供气时系统阻力小。

1.3.4 压缩天然气运输

CNG公路运输采用特殊设计的钢瓶拖车，钢瓶拖车由拖车和牵引车头两部分组成，在平板拖车上安装有高压储气瓶组。CNG拖车根据高压储气瓶组的类型分为集束瓶组式集装箱拖车(也称为小气瓶集装撬)和管束式集装箱拖车(也称为CNG长管拖车)。

集束瓶组式集装箱拖车由许多类似于氧气瓶的小容积气瓶组合而成，每个气瓶的几何容积一般为200L左右，压缩气体集束瓶组式集装箱由缠绕气瓶组与框架等部件组成。为保证使用的安全性，除每只气瓶有专用瓶阀(瓶阀带易熔塞和爆破片)，每组气瓶还设有安全泄放装置、球阀及排污装置。操作仓设有充气管路、快装接头、安全附件等。长管容器的制造一般按美国联邦规范49FER《3AA和3AAX无缝瓶式容器规范》或美国运输部DOT特许规范制造。某公司生产的集束瓶组式集装箱拖车技术参数见表1-8。

表1-8 某公司生产的CNG集束瓶组式集装箱拖车技术参数

项　目	技术参数	项　目	技术参数
使用环境温度/℃	-40~60	重装天然气体积/Nm^3	6210
液压试验压力/MPa	30	数量/支	115
气密性试验压力/MPa	20	额定载重/kg	4360
公称工作压力/MPa	20	额定质量/kg	30000
单瓶水容积/L	210	集装箱尺寸/(mm×mm×mm)	12192×2438×2500
总水容积/m^3	24.15	装运介质	CNG

压缩气体管束式集装箱拖车是由容积较大的导管式储气瓶组合而成，每个气瓶的几何容积一般为$2m^3$左右。前段设有安全泄放装置，后端操作仓设有充卸气管路、快装接头、排污装置、安全附件等。某公司生产的管束式集装箱拖车技术参数见表1-9。

CNG拖车的单车运输量与钢瓶材质、钢瓶数目、钢瓶容积、CNG充装压力与温度、牵引车性能等因素有关，装运能力一般为4000~7200Nm^3天然气。在供气规模较小时，CNG拖车既可作为运输设备，又可用作储气设施。

表1-9 某公司生产的CNG压缩气体管束式集装箱拖车技术参数

项　目	技术参数	项　目	技术参数
使用环境温度/℃	-40~60	充装天然气体积/Nm^3	~4780/~4530
设计温度/℃	-40~60	数量/支	10/8
液压试验压力/MPa	33.4	额定载重/kg	3430/3250
气密性试验压力/MPa	20	额定质量/kg	28548/29850
公称工作压力/MPa	20	集装箱尺寸/(mm×mm×mm)	10363×2438×1960/12192×2438×1435
单瓶水容积/L	1900/2250		
总水容积/m^3	19/18	装运介质	CNG

1.3.5　压缩天然气减压

CNG拖车到达城镇输配气站后要通过站内的高压胶管和快装接头卸气。由于拖车钢瓶中CNG压力高达20MPa，采取两级或三级减压方式。一般降压后进入输配气管网的压力为0.3MPa。CNG减压过程可近似地看作绝热节流过程，随着压力降低，温度也降低。为避免低温对设备造成脆性损坏，在一级和二级减压阀前需设置换热器，以保证减压后的天然气仍为常温。

CNG拖车将气卸入加气站，加气站将气通过加气机加入CNG汽车高压气瓶，CNG车载高压气瓶中的CNG气体压力随着燃料的使用不断变化，要保持较稳定的混合比，是靠CNG汽车减压调节器来完成的。CNG汽车减压调节器将气瓶中的20MPa降至常压进入混合器与空气混合，一般要经过三级减压。

1.4　液化天然气

1.4.1　LNG基本性质

液化天然气(Liquefied Natural Gas，简称LNG)，是天然气经净化、压缩和冷却至-162℃左右后液化而成的。净化处理主要包括清除H_2S、CO_2和H_2O，以免低温下冻结和堵塞。

物理特性。LNG是一种低温沸腾液体，在运输存储时极不稳定，沸点常压下LNG密度为0.42~0.46g/cm^3，密度随着温度的升高而降低。LNG气液比大，续航能力比CNG好，经济性好，是一种比CNG更洁净的能源。

1.4.2　LNG供应链

LNG供应链主要包括天然气预处理、液化、储存、运输和利用五个环节。由陆上或海上油气田开采的天然气在液化工厂经过预处理后进行液化，运输到LNG接收站，然后由气化站进入管网供用户使用，或者由LNG加注站供给LNG汽车和CNG汽车使用。常见的LNG供应链如图1-8所示。

1.4.3　天然气液化

1.4.3.1　天然气液化原理

使气态的天然气转化成液态方法有加压液化和降温液化，目前在工程上一般使用低温液化。工业上液化制冷主要有等熵膨胀制冷(膨胀机)、等焓膨胀制冷(节流阀)、蒸汽压缩制冷、绝热去磁制冷、He_3—He_4稀释制冷、脉冲管制冷、辐射制冷、热电制冷等。目前，天然气液化中主要采用前两种制冷方法。

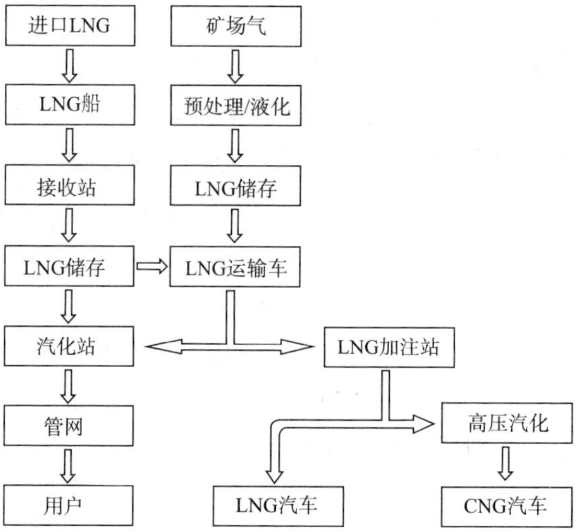

图 1-8　LNG 供应链示意图

1. 等熵膨胀制冷(膨胀机)

气体等熵膨胀制冷时，其微分等熵效应可用下面微分方程表示：

$$\alpha_s = \left(\frac{\partial T}{\partial P}\right)_s$$

$$dq = dh - vdp = C_p dT - T\left(\frac{\partial v}{\partial P}\right)_p dp$$

$$ds = \frac{dq}{T} = C_p \frac{dT}{T} - \left(\frac{\partial v}{\partial T}\right)_p dp$$

式中　α_s——气体等熵膨胀过程中温度随压力变化；

T——气体的绝对温度，K；

P——气体的压力，Pa；

q——气体的热量，J；

h——气体的焓，J；

ν——气体的体积，m^3；

C_p——气体的等压热容，J/(K · mol)；

s——气体的熵，J/K。

在等熵过程中，

$$\alpha_s = \left(\frac{\partial T}{\partial P}\right)_s = \frac{1}{C_p} \times T\left(\frac{\partial v}{\partial T}\right)_p$$

由于$\left(\frac{\partial v}{\partial T}\right)_p > 0$，所以气体等熵膨胀时温度总是降低的，这是气体等熵膨胀时与节流过程的区别。

2. 等焓膨胀制冷(节流阀)

气体等焓膨胀制冷时，其微分等熵效应可用下面微分方程表示：

$$\alpha_h = \left(\frac{\partial T}{\partial P}\right)_h = \frac{1}{C_p}\left[T\left(\frac{\partial v}{\partial T}\right)_p - v\right]$$

$$\alpha_s = \left(\frac{\partial T}{\partial P}\right)_s = \frac{1}{C_p} \times T\left(\frac{\partial v}{\partial T}\right)_p$$

因为 $\alpha_s - \alpha_h = \frac{v}{C_p} > 0$，所以 $\alpha_s > \alpha_h$。

气体的微分等熵效应总是大于微分等焓效应，对于同样初参数和膨胀压力，等熵膨胀比节流膨胀的温降要大的多，差值是膨胀机的功耗。等熵膨胀还可以回收膨胀功，可提高气体液化装置循环的经济性，所以目前小型天然气液化装置中通常采用膨胀机制冷循环的原因。

1.4.3.2 液化天然气的液化

天然气液化是将天然气经过净化处理后，采用制冷工艺使天然气在 -162℃左右变为液体。液化天然气的液化流程以制冷方式可分为级联式液化流程、混合制冷剂液化流程和带膨胀机的液化流程。实际生产中采用的液化流程可能是由各种液化流程中某些部分组成的复合流程。

1. 级联式液化流程

级联式液化工艺流程由三级独立的制冷循环组成，制冷剂分别为丙烷、乙烯、甲烷。每个制冷循环中均含有三个换热器。第一级丙烷制冷循环为天然气/乙烯/甲烷提供冷量；第二级乙烯制冷循环为天然气/甲烷提供冷量；第三级甲烷制冷循环为天然气提供冷量；通过9个换热器的冷却，天然气的温度逐步降低，直至液化。

该液化流程在蒸发温度较高的冷剂时将冷量传给工艺气还将冷量传给了温度较低的冷剂，使其液化并过冷。分级制冷还可减小压缩功耗和冷凝负荷，在不同的温度下为天然气提供冷量，能耗低，气体液化率高(可达90%以上)，但所需的设备多，投资大，制冷剂用量多，流程复杂。

2. 混合制冷剂液化流程

混合制冷工艺由阶式制冷工艺演变而来的，多采用烃类混合物(N_2、C_1、C_2、C_3、C_4、C_5)作为制冷剂，代替阶式制冷工艺中的多个纯组分。其制冷剂组成根据原料气的组成和压力而定，利用多组分混合物中重组分先冷凝、轻组分后冷凝的特性，将其依次冷凝、分离、节流、蒸发得到不同温度级的冷量。根据混合制冷剂是否与原料天然气相混合，分为闭式和开式两种混合制冷工艺。

(1)闭式循环。闭式循环的制冷剂循环系统自成一个独立系统。混合制冷剂被制冷压缩机压缩后，经水(空气)冷却后在不同温度下逐级冷凝分离，节流后进入冷箱(换热器)的不同温度段，给原料天然气提供冷量。原料天然气经“三脱”处理后，进入冷箱(换热器)逐级冷却冷凝、节流、降压后获得液态天然气产品。

(2)开式循环。原料天然气经“三脱”处理后与混合制冷剂混合，依次流经各级换热器及气液分离器，在逐渐冷凝的同时，也把所需的制冷剂组分逐一冷凝分离出来，按制冷剂沸点的高低将分离出的制冷剂组分逐级蒸发，并汇集构成一股低温物流，与原料天然气逆流换热的制冷循环。开式循环系统启动时间较长，且操作较困难，技术尚不完善。

与级联式液化流程相比，混合制冷工艺具有流程短、机组少、投资低等优点；缺点是能耗比级联式高，对混合制冷剂各组分的配比要求严格，设计计算较困难。

3. 膨胀制冷工艺

膨胀制冷工艺利用原料天然气的压力能对外做功以提供天然气液化所需的冷量。系统液化率主要取决于膨胀比和膨胀效率，该工艺特别适用于天然气输送压力较高、而实际使用压力较低，中间需要降压的气源场合。优点是能耗低、流程短、投资省、操作灵活；缺点是液化率低。

1.4.4 LNG 储存与运输

1.4.4.1 LNG 储存

LNG 是在 -162℃左右的超低温状态下存储的，因此要求 LNG 储存设备具有以下的特殊性能：

(1)普通的材料在低温状态下强度、韧性、耐腐蚀等基本性能很差，需要低温下性能良好的金属材料；

(2)储罐内外温差大且 LNG 极易吸热，一旦吸热 LNG 迅速蒸发产生气体使储罐内压力升高迫使储罐开启安全阀释放压力，甚至破坏储罐，需要良好绝热性能的储罐或其他设施；

(3)高安全性能，LNG 蒸发速率非常快，LNG 泄漏后会迅速挥发形成可燃气团危险性高。

LNG 在储存时不同部位密度会发生变化，导致 LNG 在储罐中出现分层。当罐内液体垂直方向上温差大于 0.2℃或者密度差大于 0.5kg/m^3 时，就会认为罐内液体发生分层。LNG 存储在非常态下的多组分化合物，除了甲烷外还有少量的其他组分例如氮气(含量超过 3% 时比较显著)，当储罐漏热时容易吸热蒸发，氮气的沸点 -196℃比甲烷更低，在吸热时会优先蒸发。氮气的相对分子质量比甲烷大，蒸发以后剩余的 LNG 密度会比之前减小；另外 LNG 吸热温度会升高，其密度是温度的函数，当压力一定时温度提高 1℃密度降低约 1.35kg/m^3。所以，新充装的 LNG 温度比储罐剩余的 LNG 温度低密度大，充注时混合不充分可能会出现分层的现象。分层是一种不稳定热力学体系，储罐受热产生的自然对流力使罐内 LNG 密度趋于均匀，导致翻滚现象。翻滚使 LNG 短时间内产生大量蒸气，储罐压力增高、泄压阀开启。

LNG 存储是常压低温存储，其抗正压、负压的能力都不好。一般加气站 LNG 储罐最大工作压力1.2MPa左右。超压会使安全阀开启排除部分LNG蒸气甚至影响储罐安全使用。一般情况下环境温度过高、阀门误操作、存储时间过长、储罐及附件漏热都可能造成储罐压力升高。负压也会破坏储罐，在加(油)气站加注过快时可能出现。

1.4.4.2 LNG运输

LNG运输是整个LNG产业链中至关重要的环节，从LNG液化工厂开始到加气站和用户都是运输的过程，由于LNG的低温危险特性要求在运输的各个环节保证绝热、安全输送。目前LNG运输方式有以下几种。

1. 船舶运输

我国进口LNG都是海上运输，其特点是输送量大，运输稳定，综合运输成本低，安全性也较高。运输长度超过7000km时，水运是唯一经济的运输方式。液化天然气由码头装入LNG船，通过海洋、河流进行输送，到接受码头卸载上岸，再分配到用户。海上运输时间比较长，要求LNG船有可靠的绝热保冷设计和防泄漏安全设计等。

2. 管道运输

目前长距离的LNG管道输送还不成熟，也无应用实例。根源在于LNG管道的保冷材料、保冷方式及管道低温输送工艺非常复杂，投资费用高，这些缺陷都使LNG管道比CNG天然气管道发展缓慢得多。

使用较多的LNG管路运输是在加气站内，管路通常采用奥氏体不锈钢材料。奥氏体不锈钢具有优异的低温性能，但线膨胀系数较大。在LNG温度条件下，不锈钢收缩率约为千分之三，100m管路大约收缩300mm，会出现冷收缩引起的管路破坏。因此在管路设计时，必须考虑有效的措施来补偿。为了补偿冷收缩，一般采用弯管和膨胀节。虽然在设计时考虑了冷收缩的补偿，但是在温度变化速率较大时，还存在温度变化过快、热应力过大而使材料或连接部位产生损坏的问题。这就要求在低温管道和设备进入低温液体前，首先进行预冷操作，确保投运安全。

3. 槽车运输

槽车公路运送是我国LNG主要运输方式，LNG槽车运输遍布全国，其特点是一次输送量小、输送灵活、初期投资小、回收周期短，对零散的天然气回收优势大。LNG槽车运输是将LNG从母站送往子站，或者将液化天然气接收站的LNG运送到各地用户。LNG槽车是常压低温输送，公路上运行时，对周围的人流车流建筑物影响大，尤其要保证运输安全，对槽车储罐的日蒸发率也有严格的要求。

4. 铁路运输

通过铁路进行LNG运输，特点是比槽车运输运量大，经济性好，2004年2月20日，新疆广汇鄯善LNG铁路专用线竣工。成为中国首条LNG铁路运输专用线。

5. 罐式集装箱运输

LNG罐式集装箱运输采用的是非固定连接，即可以连接在机车上运输也可以卸载下来放置现场使用。采用的是高真空多层绝热，绝热性能好，无损储存时间长，自重轻，灵活机动，可以公路、水路、铁路联运，也可以直接作为储存容器。我国于 2002 年 11 月发布《液化天然气罐式集装箱》标准 JB/T 4780—2002。罐式集装箱运输已成为 LNG 国内运输的发展趋势。

1.4.4.3 天然气储运方式比较

天然气储运的方式有四种：气态压力储运(CNG)、液化储运(LNG)、吸附储运(adsorbed natural gas)、水合物储运(natural gas hydrates)。前面两种是最常用的天然气储运方法。后两种技术不是很成熟，具有一定的发展前景，具体情况见表 1-10。

表 1-10 天然气储运方法比较

储运方法	优　点	缺　点
气态压力储运	技术成熟	压力高，初投资大
低温液化	储存密度高	温度低，成本高
吸附储运	压力较低	吸附剂寿命短
水合物储运	储存密度高、费用低	形成条件苛刻

1.4.5 LNG 汽化及冷能利用

LNG 汽化过程是一个吸热过程，LNG 汽化器按照加热类型可以分为空气加热、水加热、蒸汽加热、燃料加热等。目前在南方 LNG 加气站以空气加热为主，水加热为辅。空气加热汽化器，用于汽化量较小场合，受环境条件影响大，结构简单、运行费用低。

LNG 在汽化过程中会产生大量的冷能，8MPa 下 1tLNG 从 -161℃ 转化成 20℃ 的天然气时所释放的冷能约为 330kW · h。利用空气加热汽化器时这部分冷能随空气流失，不但是资源的浪费也会给周围的环境造成冷污染，随着我国 LNG 的大力发展，LNG 的使用量逐年增长，这种冷能带来的危害也越来越大，为此，通过特定的技术工艺回收冷能，能够节约资源，减少环境污染。在国外已经可能利用冷能进行发电、冷冻、液化等。

第 2 章　压缩天然气加气站

本章主要对 CNG 加气站的分类、工艺、设备、维护保养及故障排除等内容进行了介绍。

2.1　CNG 加气站及其分类

CNG 加气站是指以压缩天然气(CNG)形式向以天然气为燃料的汽车(NGV)或专门运输 CNG 的车载储气瓶组充装压缩天然气的场所。通常人们习惯按照加气站的不同特征来对它们分类。

2.1.1　按加气站设备的安装方式分类

根据设备成撬方式的不同，现场安装存在较大差异，分类如下。

2.1.1.1　厂房式加气站

这种加气站是将压缩机安装在固定的厂房内，其他配套设备按照其使用特性和运行安全要求，分别设置在厂房内或厂房外，见图 2-1。

2.1.1.2　撬装式加气站

加气站不设固定的压缩机厂房，压缩机及其他配套设备按功能分别制作成不同的单元撬，直接在露天条件下安装和使用，见图 2-2。

图 2-1　厂房式加气站

图 2-2　撬装式加气站

2.1.1.3　可移动式加气站

这种加气站是将压缩机及加气机等配套设备全部安装在一个设备平台上，接上外部电源后即可对外经营。这些平台通常是可移动平板拖车，实现加气设备的相对可移动性。一些可移动式加气站自身还配有天然气发电机，以便在没有外部电力供应的环境下使用，见图 2-3。

2.1.2 按加气站气源供应方式分类

根据加气站气源来源和加气用户的不同，加气站分为常规站、母站和子站三种类型。

2.1.2.1 常规加气站

从城市天然气管道上直接取气，经过工艺处理并增压后，通过加气机给天然气汽车充装 CNG 的场所，见图 2-4。

图 2-3 可移动式加气站

图 2-4 常规加气站

2.1.2.2 CNG 加气母站

从进入城市的天然气管道上直接取气，经过工艺处理并增压后，通过加气柱给运输天然气的车载储气瓶组充装 CNG 的场所。

在天然气管网难以到达或铺设管道成本较高的地方建设加气站或进行天然气供气，通常在进入城市的高压输气管道附近建设加气母站，通过天然气运输车将压缩后的天然气运输到加气子站，作为子站的气源，或运输至减压站，经降压后给周边的工业、民用用户供气，见图 2-5 和图 2-6。

图 2-5 CNG 加气母站概貌

图 2-6 CNG 加气母站主要设备

2.1.2.3　CNG 加气子站

利用天然气运输车的车载瓶组内的 CNG 作为气源，经过二次增压后，通过加气机为 NGV 汽车充装 CNG 的场所，见图 2-7。

图 2-7　加气子站

2.1.2.4　L-CNG 加气站

在没有天然气管网的地方建设加气站，除了采取母、子站的形式外，还可采取将液化天然气加压、汽化后，给 NGV 汽车充装 CNG 的加气方式。对该种类型的加气站，将在后续章节中做详细介绍。

2.2　加气站等级划分及其选址要求

天然气加气站既可以独立建设，也可以与母站、加油站或液化天然气加气站联合建设。

2.2.1　加气站等级划分

根据《汽车加油加气站设计与施工规范》(GB 50156)，加气站的等级划分如下：

(1)加油与 CNG 加气合建站的等级划分，应符合表 2-1 的规定。

表 2-1　加油与 CNG 加气合建站的等级划分

级别	油品储罐总容积/m^3	常规 CNG 加气站储气设施总容积/m^3	加气子站储气设施/m^3
一级	$90 < V \leq 120$	$V \leq 24$	固定储气设施总容积≤12(18)，可停放 1 辆车载储气瓶组拖车；当无固定储气设施时，可停放 2 辆车载储气瓶组拖车
二级	$V \leq 90$		
三级	$V \leq 60$	$V \leq 12$	固定储气设施总容积≤9(18)，可停放 1 辆车载储气瓶组拖车

注：(1)柴油罐容积可折半计入油罐总容积。

(2)当油罐总容积大于 $90m^3$ 时，油罐单罐容积不应大于 $50m^3$；当油罐总容积小于或等于 $90m^3$ 时，汽油罐单罐容积不应大于 $30m^3$，柴油罐单罐容积不应大于 $50m^3$。

(3)表中括号内数字为 CNG 储气设施采用储气井的总容积。

(2)LNG 加气站与常规加气站或加气子站的合建站的等级划分，应符合表 2-2 的规定。

表 2-2　LNG 加气站与常规加气站或加气子站的合建站的等级划分

级别	LNG 储罐总容积 V/m³	LNG 储罐单罐容积/m³	CNG 储气设施总容积/m³
一级	$60 < V \leqslant 120$	≤60	≤24
二级	$V \leqslant 60$	≤60	≤18(24)
三级	$V \leqslant 30$	≤30	≤18(24)

注：表中括号内数字为 CNG 储气设施采用储气井的总容积。

(3)加油与 LNG 加气、L－CNG 加气、LNG/L－CNG 加气以及加油与 LNG 加气和 CNG 加气联合建站的等级划分，应符合表 2-3 的规定。

表 2-3　加油与 LNG 加气、L－CNG 加气、LNG/L－CNG 加气以及加油与 LNG 加气和 CNG 加气合建站的等级划分

合建站等级	LNG 储罐总容积/m³	LNG 储罐总容积与油品储罐总容积合计/m³	CNG 储气设施总容积/m³
一级	$V \leqslant 120$	$150 < V \leqslant 210$	≤12
	$V \leqslant 90$	$150 < V \leqslant 180$	≤24
二级	$V \leqslant 60$	$90 < V \leqslant 150$	≤9
	$V \leqslant 30$	$90 < V \leqslant 120$	≤24
三级	$V \leqslant 60$	≤90	≤9
	$V \leqslant 30$	≤90	≤24

注：(1)柴油罐容积可折半计入油罐总容积。

(2)当油罐总容积大于 90m³ 时，油罐单罐容积不应大于 50m³；当油罐总容积小于或等于 90m³ 时，汽油罐单罐容积不应大于 30m³，柴油罐单罐容积不应大于 50m³。

(3)LNG 储罐的单罐容积不应大于 60m³。

(4)其他要求

①下列加油加气站不应联合建站：

(a)CNG 加气母站与加油站；

(b)CNG 加气母站与 LNG 加气站；

(c)LPG 加气站与 CNG 加气站；

(d)LPG 加气站与 LNG 加气站。

②CNG 加气站储气设施的总容积，应根据设计加气汽车数量、每辆汽车加气时间、母站服务的子站的个数、规模和服务半径等因素综合确定。在城市建成区内，CNG 加气站储气设施的总容积应符合下列规定：

(a)CNG 加气母站储气设施的总容积不应超过 120m³。

(b)CNG 常规加气站储气设施总容积不应超过 30m³。

(c)CNG 加气子站内设置有固定储气装置时，站内停放的车载储气瓶组拖车不应多于 1 辆。固定储气设施采用储气瓶时，其总容积不应超过 18m³；固定储气设施采用储气井时，其总容积不应超过 $24m^3$。

(d)CNG 加气子站内无固定储气设施时，站内停放的车载储气瓶组拖车不应多于 2 辆。

(e)CNG 常规加气站可采用 LNG 储罐做补充气源，但 LNG 储罐容积、CNG 储气设施的总容积和加气站的等级划分，应符合国标的相关规定。

2.2.2 加气站选址要求

(1)城市区域划分。城市按其建设及功能的完善程度不同，划分为以下不同功能区域。

①城市中心区。城市中重要市级公共设施比较集中，人群流动频繁的公共活动区域，或城市中为分散市中心活动强度的、辅助性的次于市中心的市级公共服务中心。

②城市建成区。城市行政区内实际已经成片开发建设、市政公用设施和公共设施基本具备的地区。

③郊区。中心城市行政边界以外的邻接地域，主要是城市化地区核心以外的城市边缘。

(2)加气站选址应符合城乡规划，环境保护和防火安全的要求，并应选在交通便利的地方。

(3)加气站工艺设备与站外建、构筑物的防火间距，不应小于国家相关标准。

(4)在城市建成区不宜建一级加油站、一级加气站、一级加油加气合建站、CNG 加气母站。

(5)在城市中心区不应建一级加油站、一级加气站、一级加油加气合建站、CNG 加气母站。

2.3 CNG 加气站工艺简介

本节重点对加气母站、加气常规站和加气子站的工艺进行介绍。

2.3.1 CNG 加气母站

2.3.1.1 功能

母站的功能是给 CNG 车载储气瓶组充装 CNG。为提高运行的经济性，母站一般都建在天然气高压输气管道上，具有如下特点：

(1)进气压力较高，一般在 1.0 ~ 4.0 MPa；

(2)具有多台压缩机，单台压缩机处理能力较大。母站日产 CNG 的量通常在 $(5 \sim 10) \times 10^4 m^3$ 以上。

2.3.1.2 典型工艺流程

加气母站的工艺流程根据进站天然气的气质及选用设备的不同，有多种工艺方式，选择不同的工艺方式主要取决进站天然气的硫含量以及脱水的方式。以下是几种典型工艺。

(1)低含硫进站天然气的典型工艺(见图 2-8)。

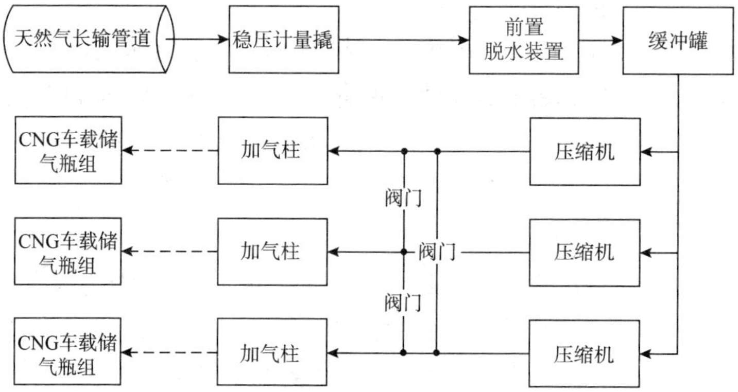

图 2-8　低含硫进站天然气的典型工艺

(2) 高含硫进站天然气的典型工艺(见图 2-9)。

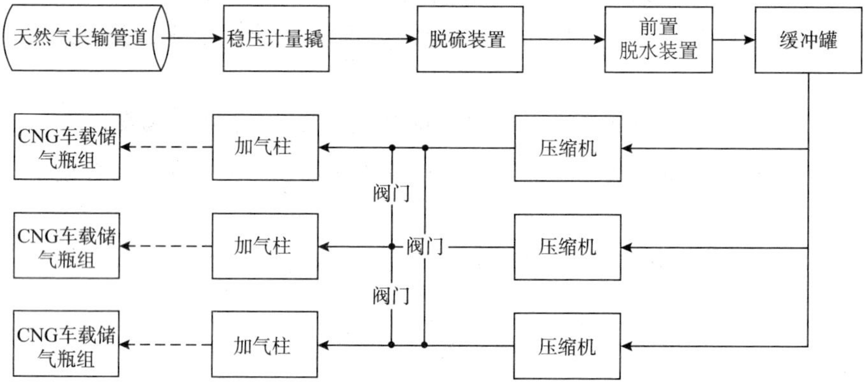

图 2-9　包含脱硫装置的加气母站工艺流程简图

(3)附设常规站的母站工艺(见图 2-10)。

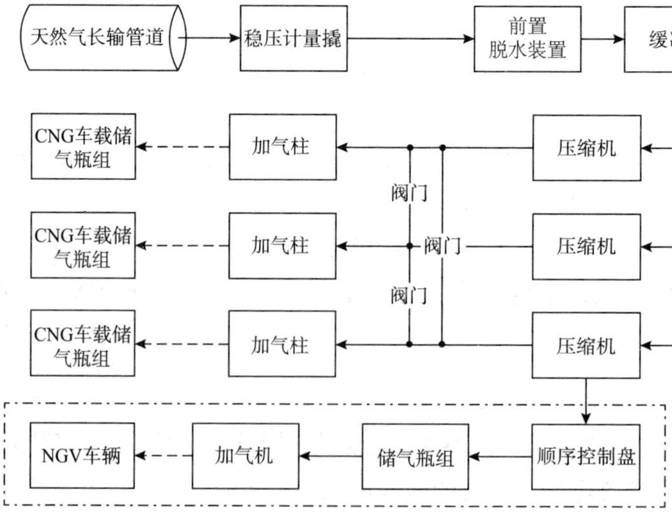

图 2-10　附设常规站的母站工艺流程简图

2.3.2　CNG 常规站

2.3.2.1　功能

常规加气站通常建在城市中压管网附近，从城市中、低压输气管道中取气，经过脱硫、脱水、增压后给 NVG 车辆供气，其工艺与加气母站类似。

2.3.2.2　典型工艺流程

按站内气源流向，一般由进站调压计量撬、脱硫装置、脱水装置、压缩机、优先顺序控制装置、储气设施、加气机等设备单元组成(见图 2-11)，其中脱硫装置根据气质情况确定是否需要；脱水装置按其安装的位置不同，分为前置、级间、后置等脱水方式。在常规站中，前置脱水和后置脱水两种工艺使用较为广泛。不同脱水工艺的特点在后续章节中介绍。

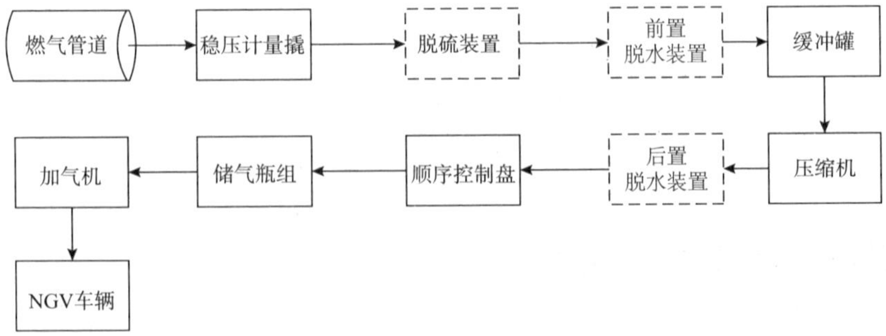

图 2-11　CNG 常规站典型工艺流程简图

2.3.3　CNG 子站

2.3.3.1　功能

加气子站从车载储气瓶组拖车中取气，经过再次增压后，通过加气机给 NGV 车辆充装 CNG。

加气子站相对于常规站，具有如下特点：

(1)建站地点比较灵活、不受城市输气管网的限制；

(2)可以从多座母站运气，气源来源可靠性高；

(3)设备种类少、工艺相对简单；

(4)设备占地面积较小；

(5)设备运行维护成本较低。

2.3.3.2　典型工艺

(1)使用往复式压缩机进行增压的子站工艺，见图 2-12。

(2)使用液压平推式增压的子站工艺。采用专用的液压平推子站运输车将天然气运

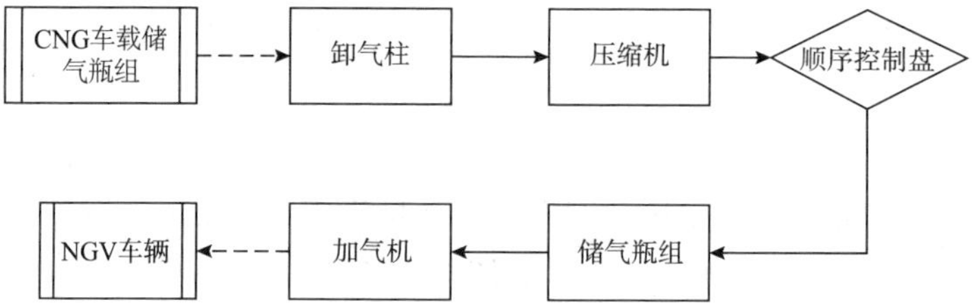

图 2-12　使用往复式压缩机进行增压的子站工艺简图

进站内，用子站增压撬中的高压液压泵将液压油顺序推送进运输撬车的储气瓶中，将瓶中的 CNG 置换出来，再通过加气机给 NGV 车辆加气，见图 2-13。

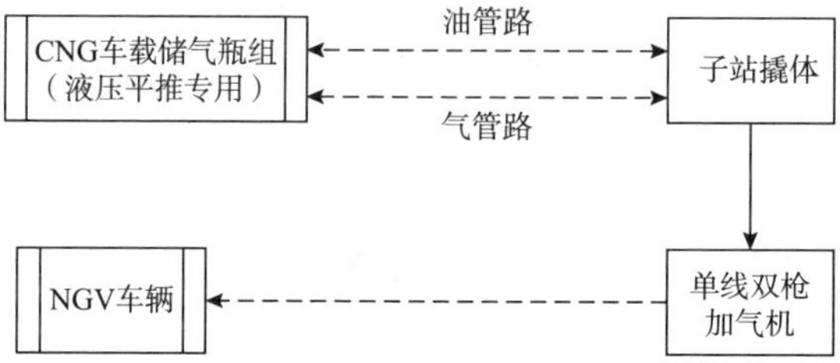

图 2-13　使用液压平推式增压设备的子站工艺简图

2.4　CNG 加气站主要设备

本节对于加气站内的一些关键设备，从功能、原理、特点等方面进行简要介绍。

2.4.1　调压计量撬

调压计量撬如图 2-14 所示。

2.4.1.1　功能

调压计量撬主要用在 CNG 加气母站和常规站中，其功能是将进站天然气进行初步过滤，经降压、稳压后进行计量，给后端的压缩机提供压力稳定的气源，满足压缩机工况要求。

图 2-14　调压计量撬

调压计量撬主要由过滤器、前端汇管、流量计、调压器、高压阀门、压力表、安全阀、末端汇管及安装管道组成。在进站天然气压力变化不大时，可以不设置调压功能，只对管道进行稳压即可。

根据上游气源供应方对计量方式的要求的不同，可选择把流量计放在该撬中或由气源供应方单独安装计量撬。

2.4.1.2 工艺流程

调压计量系统可以选用单路设计(1 + 1)、双路设计不带旁通(2 +0)或双路设计带旁通(2 +1)等几种形式，如图2-15 ~ 图2-17 所示。

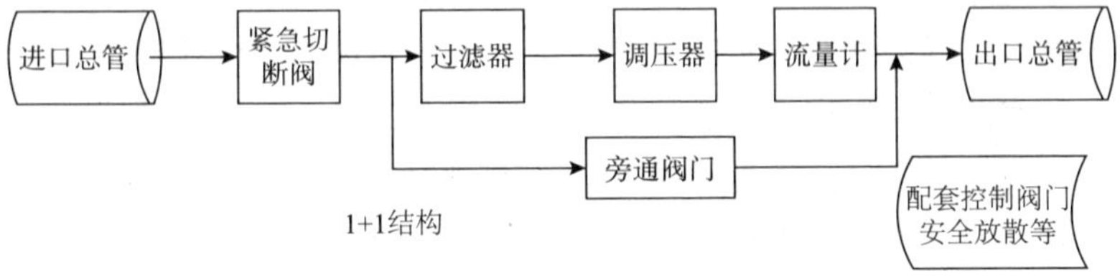

图2-15 单路设计带旁通的调压计量撬的工艺流程简图

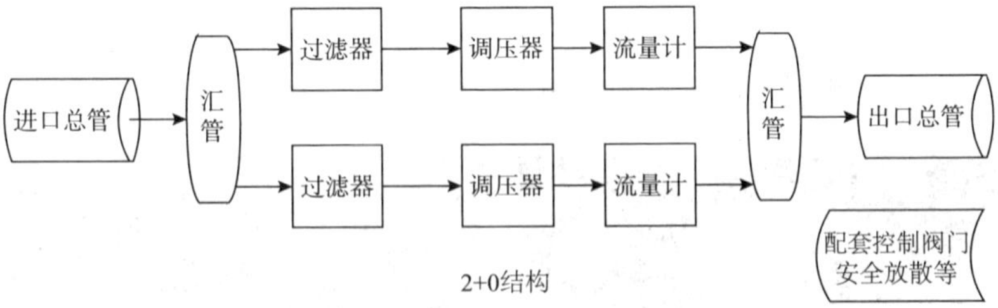

图2-16 双路设计不带旁通的调压计量撬的工艺流程简图

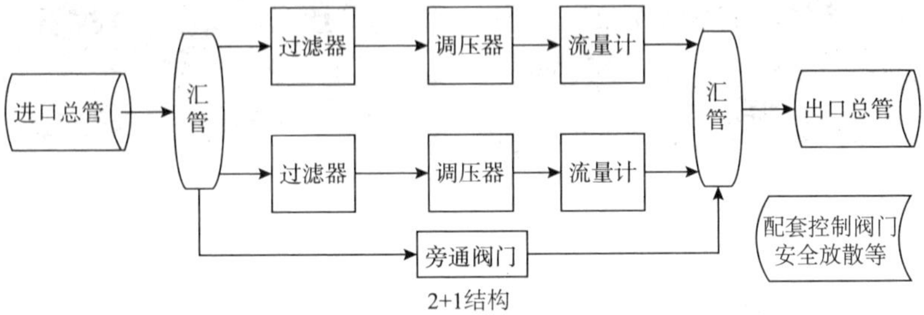

图2-17 双路设计带旁通的调压计量撬的工艺流程简图

2.4.1.3 工作原理

当调压器出口流量增加时，主调膜片在压差驱动下带动阀杆运动，使阀口开大增大流量；反之降低阀口开度，减小流量。当出口出现故障造成出口压力升高至一定值时，切断机构动作，切断进口气源。

上游过来的天然气到达调压计量撬时，首先经过一个过滤器进行过滤，过滤掉上游管网中的一些杂质，使得进入调压计量橇的天然气满足 GB 17820 的标准，可以有效的保护计量器和减压阀；经过过滤器后到达调压计量橇前端汇管，单路调压计量管线上的配置多数为：高压球阀、流量计、调压阀(器)、针阀、单向阀、压力表等；旁通管线上的配置就相对比较简单了，多数只配置了高压球阀和单向阀；天然气经过调压管线后进入到调压计量橇末端汇管，进入下一流程。此外调压计量橇还需配置安全放散管路以及排污管路。

2.4.2 干燥系统

干燥（也称脱水）系统主要用在 CNG 母站和常规站中。

开采出来的天然气会含有一定的水分，这些水分如果不进行处理，在天然气输配过程中，过饱和的水蒸气凝析出来后会聚集在管道低点，造成输气管道堵塞、腐蚀等。尽管天然气在进入管道前已经过了脱水处理，但只能达到《天然气》（GB 17820）中有关水露点的气质要求，即：在交接点压力下，水露点应比最低环境温度低 5℃。根据《车用压缩天然气》（GB 18047）规定，汽车用压缩天然气的水露点在汽车驾驶的特定地理区域内，在最高操作压力下，水露点不应高于 -13℃；当最低气温低于 -8℃时，水露点应比最低气温低 5℃。因此，对 CNG 母站、常规站来说，由管道进站的天然气还必须要进行再次干燥处理。常用脱水设备类型见图 2-18 和图 2-19。

图 2-18　低压（前置）天然气脱水装置

图 2-19　高压（后置）天然气脱水装置

2.4.2.1　工作原理

CNG 母站、常规站的天然气脱水处理通常采用分子筛变温变压吸附的原理，以吸附剂表面对气体分子的吸附为基础，利用吸附剂对不同气体组分有选择的特点，对天然气中的水分进行脱除。

脱水过程中，通常采用双吸附塔轮流操作，一台用于吸附、另一台同时用于再生。吸附塔工作在吸附阶段时，塔内处在较低温度、较高压力下，主要吸附天然气中的水分，未被吸附的天然气通过吸附层流出；工作在再生阶段时，塔内处在较高温度、较低压力下，被吸附在分子筛中的水分通过蒸发排除，为下一次吸附做准备。

2.4.2.2　脱水方式

根据脱水装置在工艺流程中的安装位置不同，分为低压脱水（前置脱水）、中压脱水（级间脱水）及高压脱水（后置脱水）三种方式。

低压脱水是将脱水装置安装在压缩机的气源入口之前，先脱水后压缩。采取这种方式主要是防止对气体压缩时因产生凝析水并与气体中残余硫化氢结合后，造成压缩机缸体内壁出现硫锈蚀。此外，低压脱水设备因工作压力低，设备制造难度、运行费用相对较低，但设备价格较高、体积较大。低压脱水方式在进站天然气压力较高的母站、常规站中使用较多。

高压脱水是将脱水装置安装在压缩机的出口之后，属于先压缩后脱水。采取这种方式，可以严格控制压缩后的天然气水露点，防止不达标的CNG进入用户车辆。因脱水装置工作在较高工作压力下，设备体积也可做的较小、价格也相对较低，但设备制造难度较大、运行维护费用较高。高压脱水在进站天然气压力较低的常规站中有不少应用。

在进站天然气压力较低的情况下，为解决低压脱水效果差、高压脱水运行费用高的问题，在采用多级压缩机的加气站中，也可采用级间脱水的方式。级间脱水设备通常安装在压缩机的一级压缩缸体出口和二级压缩缸体入口之间的管路上，实际安装工艺较为复杂。这种方式在大型压缩机上有一些应用。低压、级间、高压脱水方式的比较见表2-4。

表2-4 低压、级间、高压脱水方式比较

因 素	低 压	级间、高压
处理气量	处理气量较大	处理气量较小
管网压力	管网压力不宜太低	与管网压力无直接关系
压缩机	不受压缩机开机时间的限制	易受压缩机负荷变化影响
气质要求	对管网气质要求不高(有益于保证压缩机工作环境并延长寿命)	对管网气质有严格要求(当管网气体质量不高，如含水、硫、凝析油及固态杂质，有可能对压缩机造成腐蚀、磨损、液击等损伤)
运行费用	维修、运行费用较低(不受高压/低压交变负荷影响，无润滑油污染，吸附剂、零部件寿命较长)	维修、运行费用较高(高低压切换冲刷吸附剂，压缩机润滑油有可能污染吸附剂，吸附剂寿命较短，高压零部件易损坏，再生气回收利用困难)
设备体积	较大	较小
吸附剂装填量	多	少
设备投资	较高	较低

2.4.2.3 工艺流程

脱水装置由入口过滤器、吸附罐A、吸附罐B、加热器、再生气压缩机、液气分离器、再生气冷却器、后置过滤器以及一些阀门、管件组成，其工作流程见图2-20和图2-21所示。

脱水装置的工作流程分为干燥流程和再生流程，双塔循环工作。

(1)干燥流程。当天然气进入干燥器后，在前置过滤器中进行过滤，进入吸附罐A内，天然气中的水分被罐内的分子筛吸附，成为干燥的成品气，经后置过滤器精滤后由管道输出。

(2)再生流程。在吸附罐A进行干燥的同时，在阀组的控制下，出口的天然气通过罗茨风机增压，至加热器、吸附罐B、冷却器、分离过滤器，再次进入干燥器的入口，

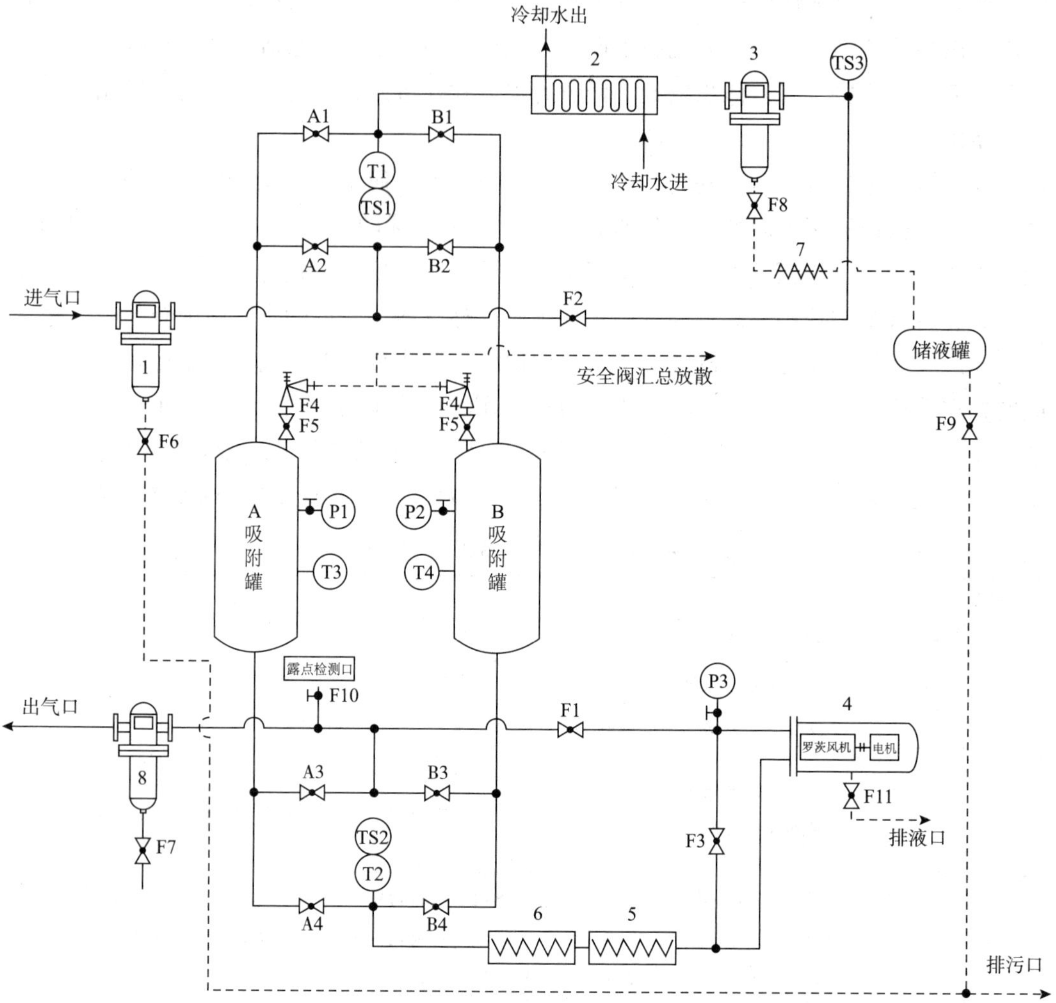

图 2-20　前置脱水装置工艺原理图

1—前置过滤器；2—水冷却器；3—分离器；4—罗茨风机组件；5—一级加热器；6—二级加热器；7—电热防冻带；8—后置过滤器；A1—A 塔再生气出气阀；A2—A 塔湿气进气阀；A3—A 塔成品气出气阀；A4—A 塔再生气进气阀；B1—B 塔再生气出气阀；B2—B 塔湿气进气阀；B3—B 塔成品气出气阀；B4—B 塔再生气进气阀；F1—循环加热系统检修切断阀；F2—冷却分离系统检修切断阀；F3—风机回气旁通球阀；F4—吸附回路安全阀；F5—吸附回路安全阀前球阀；F6—前置过滤器排污阀；F7—后置过滤器排污阀；F8—分离器排污阀；F9—排污球阀；F10—露点检测用针阀；F11—风机容器排液球阀；T1—再生气排气温度表；T2—加热器排气温度表；T3—A 塔温度表；T4—B 塔温度表；TS1—再生气排气温度传感器；TS2—加热器排气温度传感器；TS3—冷却器排气温度传感器；P1—A 塔压力表；P2—B 塔压力表；P3—再生管路压力表

和入口天然气混合后，进行脱水操作，形成闭式再生回路。

再生回路中气体由鼓风机加压后，进入加热器，在加热器的作用下，温度迅速升高，将热量带到吸附罐 B，使塔内的分子筛温度升高到一定程度，析出已被吸附的水分，由流动的高温干燥气体带走至冷却器，温度急速降低至 40℃左右，其中的水气凝

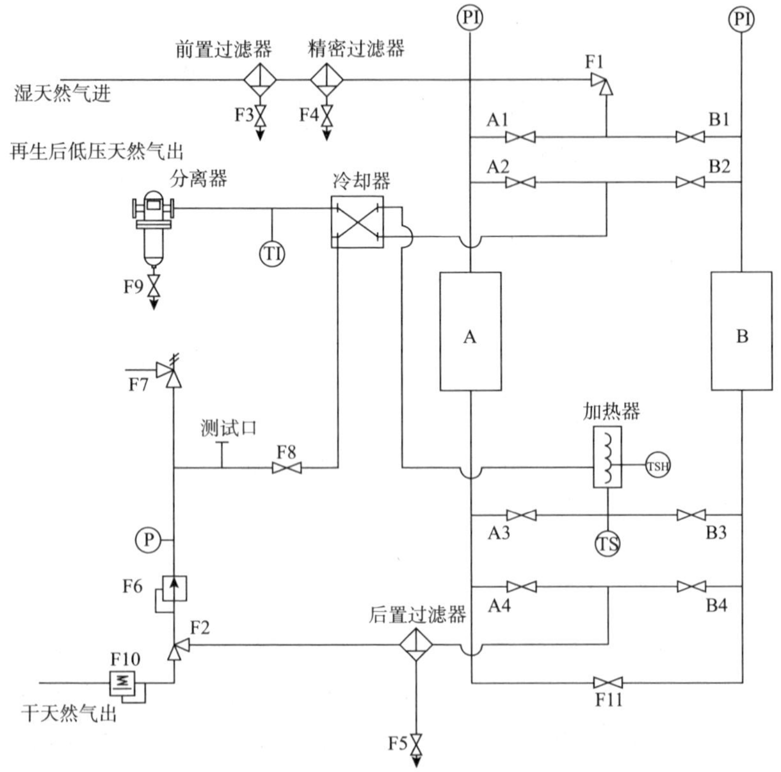

图 2-21　后置脱水装置工艺原理图

A1—A 塔进气阀；B1—B 塔进气阀；A2—A 塔再生排气阀；B2—B 塔再生排气球阀；

A3—A 塔再生气进气阀；B3—B 塔再生气进气阀；A4—A 塔排气球阀；B4—B 塔排气球阀；

F1、F2、F8—截止阀；F3、F4、F5 、F9—排污阀；F6—减压阀；

F7—安全阀；F10—压力保持阀；F11—均压阀；

结成水，由液气分离器分离，从排污阀中排出。如此循环往复一定时间，饱和吸水的分子筛被活化再生，再次具备吸附水分的能力。

2.4.3　压缩机

压缩机是 CNG 加气站的核心设备，其作用是将天然气增压至指定的工作压力，满足对天然气运输车储气瓶组或 NGV 车辆对充装压力的要求。

2.4.3.1　结构原理及构成

活塞压缩机的机构学原理如图 2-22 所示，曲柄 1 的旋转运动通过来回摆动的连杆 2 转换成十字头 3 的往复运动，用于实现气体压缩的活塞 7 通过一根细长的活塞杆 4 连接在十字头上，与十字头同步往复运动。活塞同心地安装在圆筒形气缸 10 内，气缸的一端或两端设有端盖，相应的前部和后部端盖称为缸盖和缸座。活塞、气缸、缸盖及缸座共同围合成的封闭空间就是用于进行气体压缩的工作腔，当活塞在十字头带动下做往复运动时，工作腔容积做周期性变化，即可实现气体的吸入、压缩和排出。气体进出工作腔的控制部件11、12称为气阀，控制进气的部件11称为吸气阀，控制排气的部件12则称为排气阀。活塞杆穿出气缸端盖的部位存在环形间隙，需要进行密封，该密封元件5称为填料。活塞与气缸之间同样也存在环形间隙，导致活塞两侧产生气体泄漏，对这一部位进行密封的元件8称为活塞环。

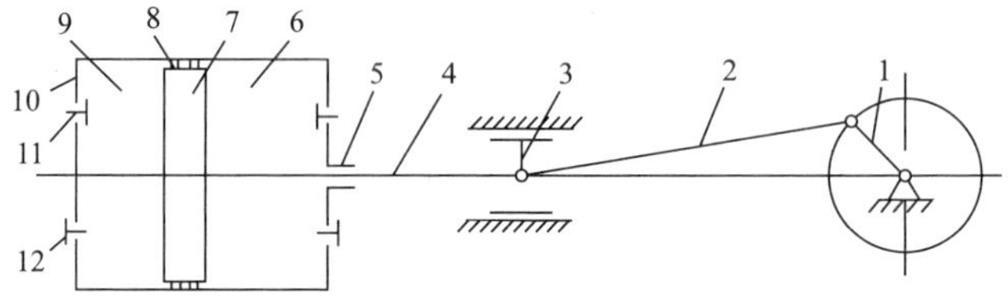

图2-22　压缩机的机构学原理及构成示意图

1—曲柄；2—连杆；3—十字头；4—活塞杆；5—填料；6，9—工作腔；7—活塞；8—活塞环；10—气缸；11—吸气阀；12—排气阀

2.4.3.2　压缩机的基本概念

(1)单作用、双作用。对一个气缸而言，可能只有活塞的一侧有工作腔，活塞往复运动一周只完成一个工作循环，这称为单作用气缸。如图2-22所示，在活塞的两侧都有工作腔，活塞往复运动一周完成两个相同的工作循环，这称为双作用气缸。显然，在同样气缸尺寸的情况下，双作用气缸较单作用气缸的气量处理能力要大近一倍。如果一台压缩机的气缸为单作用气缸则压缩机可称为单作用式压缩机；若均为双作用气缸可称为双作用压缩机。

(2)级(单级、多级)。被压缩气体进入工作腔内完成一次气体压缩称为一级。显然，双作用气缸两侧用于相同压缩目的，应算作一级。一台压缩机的进、排气压力相差较大时，可能需要若干级才能满足压力提升的要求，这称为多级压缩。相应只需要一级就能达到压力提升目标的 压缩机则称为单级压缩机。有些文献中提及压缩机“段”的概念，实际上“段”就是“级”，所谓几段压缩机就最几级压缩机。天然气汽车加气站所使用的压缩机都是多级压缩机，一般有2~5级。

(3)列(单列、多列)。一台压缩机，尤其是多级压缩机中，可能有不止一个连杆，我们把一个连杆所对应的一组气缸及相应动静部件称为一列，一个压缩机有几个连杆就是几列。一列可能对应一个气缸，也可能对应串在一起的几个气缸。一列上可能只有一级，也可能有几级。天然气压缩机一般多为2~4列，而且多数情况下每列都设置两级。对于两个不同级的气缸设在同一列的工作腔内时，称之为级差式气缸。

(4)水冷、风冷、混合冷却。多级压缩机每一级排出的气体温度都较高，在进入下一级进行压缩前需要先冷却降温；压缩机本身的气缸在工作过程中温度较高，也需要进行冷却；压缩机的润滑油因带走机器的摩擦热而温度升高，所以同样需要进行冷却。上述热量如果是通过冷却水带走，则称为水冷压缩机；如果是通过强制或自然流动的空气直接带走，则称为风冷压缩机。有时这些部位采 用循环水冷却，而循环水又通过风冷散热器进行降温后循环使用，这种冷却方式称为混合冷却。

(5)有油、无油润滑。一般来说，有相对运动的接触部件之间需要进行润滑。工作腔部分的气缸与活塞环之间存在摩擦，一般的压缩机通过向缸内注油来减小这一部位的摩擦，这称为气缸有油润滑压缩机。有些压缩机对被压缩气体的洁净度要求较高，不希望油混入；还有些压缩机被压缩气体遇润滑油会产生爆炸，如氧气压缩机，所以这时就不能向气缸内注油，活塞环与气缸之间就 只能干摩擦了，这称为气缸无油润滑压缩机。显然，有油、无油的概念仅指气缸内部。无油压缩机的活塞环材料比较特殊，本身类似于固体润滑剂而有一定的自润滑性能。天然气压缩机两种气缸润滑方式都有应用。一般讲无论哪一种压缩机，曲轴、连杆、十字头等部位都需用油润滑的，现在一些小型压缩机中应用滚动轴承并用润滑脂润滑时，才称为全无油润滑压缩机。

2.4.3.3　压缩机的结构形式

(1)按照压缩机气缸轴线相对于地平面的位置及彼此间的关系，可将其分为图2-23所示的一些形式，这些形式又大致可概括为三类：

①立式压缩机——气缸中心线与地面垂直，见图2-23(a)；

②卧式压缩机——气缸中心线与地面平行，见图2-23 (b) ~(d)，包括一般卧式、对动式、对置式；

③角度式压缩机——见图2-23 (e) ~(j)，包括L型、V型、W型、扇型、星型等。

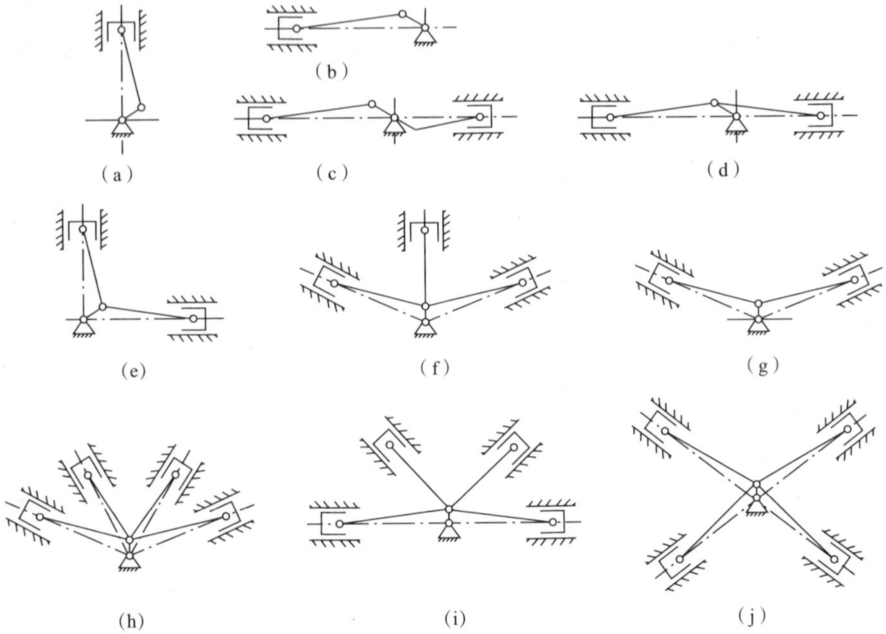

图2-23　压缩机结构形式

(a)立式；(b)卧式；(c)对动式；(d)对置式；(e)L型；(f)W型；(g)V型；(h)、(i)扇型；(j)星型

(2)不同形式的压缩机有各自不同的优缺点，因而其适用的场合也各不相同。当然，这些所谓的优缺点也是相对而言的，很难定论哪种压缩机最适于哪一用途，这也是多种形式的压缩机在天然气汽车加气站中都有应用的原因所在。概括地讲，这三种类型压缩机的大致特点如下：

①立式压缩机。立式压缩机的主要优点是：主机直立，占地面积小；活塞重量不支承在气缸上，没有因此而产生的摩擦和磨损。缺点是：大型时高度大，需设置操作平台，操作不方便；管道布置困难；多级压缩时，级间设备占地面积大。所以，立式压缩机现仅用于中、小型及微型，使机器高度均处于人体高度便于操作的范围内，且中型压缩机主要用于无油润滑结构——活塞无需支承而仅需导向。此外，级数以少为宜，以避免管道布置的麻烦。

②卧式压缩机。卧式压缩机大都制成气缸置于机身两侧的结构，其优缺点恰好和立式压缩机相反。卧式压缩机的级间设备甚至可配置在压缩机的上方或下方，中、大型压缩机宜采用卧式结构。在三种类型的卧式压缩机中，一般单列卧式压缩机应用较少。

在卧式压缩机中，相对列活塞相向运动的对动式压缩机，也即一般简称为D型的压缩机，其动力平衡性能特别好，并因为相对列的作用力能全部或部分地相互抵消，使主轴承仅受相对列力矩转化的力，故轴承受力情况改善，且不论奇数列还是偶数列都可做成对动式结构，所以现在应用最普遍。对动式压缩机的缺点主要是：两相对列中，总有一列十字头上作用的侧向力向上，而在两止点位置侧向力小时，其重力又向下，因此造成十字头在运动中有敲击，并导致活塞杆随之摆动，从而影响填料的密封性及耐久性；仅两列的对动式压缩机，其总切向力曲线很不均匀，由此时飞轮矩要比角度式结构大。

所谓对置式压缩机，就是其相对列的活塞部件做同步运动，摆放位置对称，故称对置。采用单一连杆而具有框架式十字头的对置式压缩机主要用于超高压的增压压缩机。超高压机一般都是单作用式，采用框架式十字头可使相对列的气体力抵消掉一部分，从而减少了连杆、曲轴的负荷。此外，两列均无向上的侧向力，故运转时比较平稳。这种结构往复质量很大，但因考虑到密封元件等的耐久性，超高压压缩机一般转速不高，其惯性力不超过最大气体力。

③角度式压缩机。角度式压缩机优点是结构紧凑，每个曲拐上装有两根以上的连杆仗，使区轴结构简单、长度较短，并可采用滚动轴承，缺点是大型时高度大。故角度式压缩机适于用作中、小型及微型压缩机。在V型、L型、W型、T型、扇型及星型等角度式压缩机结构中，星型是较少应用的，因为星型的润滑问题较难解决，当多于一个曲拐时，连杆的安装也很困难；其余几种形式，应视气量及级数等情况选用。角度式压缩机中应用最多的是V型 和L型，其管道和中冷器等附件安装布置也不大方便。角度式压缩机的动力平衡性也比较好，结构紧凑。

天然气压缩机这三种形式都有应用。立式结构多为两列，也有三列结构，一般用于常规站和子站，较少用于母站，因为其排量不适于做得太大。卧式压缩机主要用对动式结构，母站、常规站、子站都有应用，前者多为2～4列，后两者一般为1～2列。角度式压缩机主要应用的是V型、W型和L型，也有双重V型和W型结构，但同其他几种形式比较，就显得有些复杂了。角度式结构中L型应用在中国也较多，这是因为传统的动力用压缩机中国均为L型结构，许多工厂有生产此种结构的基础。

2.4.3.4　压缩机工作原理

压缩机工作原理见图2－24。

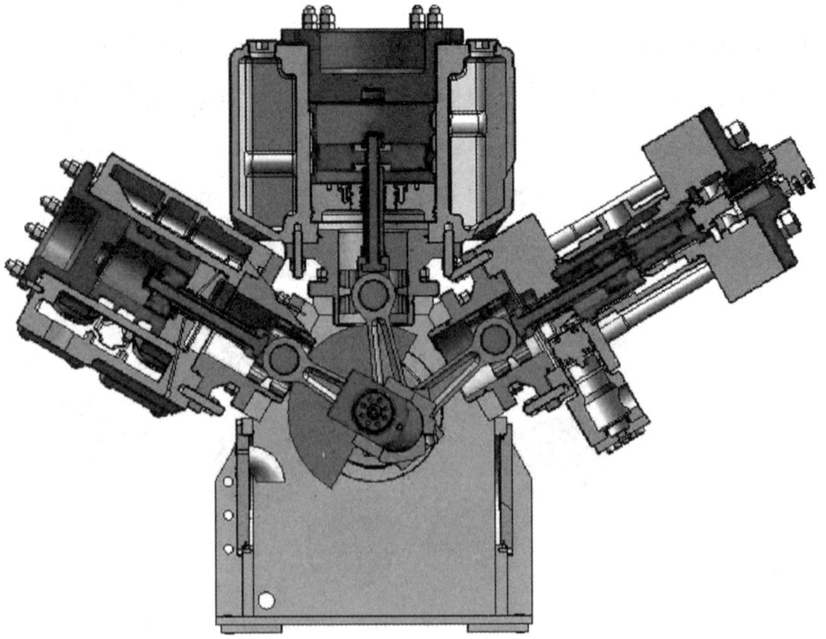

图2－24　压缩机工作原理图

(1)压缩气体的过程。往复活塞式压缩机，是通过曲柄连杆机构将电机的旋转运动转化为活塞在气缸内的往复直线运动，使气缸内的容积发生周期性变化，再通过气缸上装有能根据气缸内压力自动实现进、排气的气阀(其中进气阀只能向缸内开启，排气阀只能向缸外开启)，从而实现天然气的吸入、压缩和排气过程。当活塞从该侧上死点位置开始移动时，该侧气缸容积逐渐变大，气缸内气体压力就降低，排气阀关闭，进气阀打开，吸入气体，一直到活塞运动到该侧的下死点。当活塞从该侧下死点位置继续移动时，该侧气缸容积逐渐变小，气缸内气体压力就逐渐增大，进气阀关闭，压力增大到一定程度时，排气阀打开，排出气体。这样循环往复，就实现了对气体的压缩。

(2)多级压缩和气体级间冷却

①多级压缩和气体级间冷却可以省功。由于压缩机转速较高，压缩过程更接近绝热过程，当总压缩比较高时，采用单级压缩能耗很高。采用多级压缩并将每一级压缩后的气体冷却到接近进气温度，就更接近等温过程所以能耗较低。所以多级压缩机要设冷却器。

②降低排气温度。压缩比越高，排气温度越高，当总压缩比较高时，采用单级压缩时排气温度可能达到不能允许的程度，所以此时也必须采用多级压缩。

③级数的合理选择。理论上级数越多越接近等温过程，但级数过多，不但成本太高，而且由于冷却器及级间管路等的压力损失增大，反而会造成能耗增加。对 CNG 压缩机而言，通常情况下，进气压力 0.1～0.75MPa 采用四级压缩，进气压力 0.75～2.5MPa 采用三级压缩，2.5MPa 以上采用两级压缩，7MPa 以上采用一级压缩。

2.4.3.5　压缩机的结构、组成

压缩机主要由入口阀门、入口过滤器、主机、主电机、油泵、换热器、过滤分离器、水泵、冷却器、出口过滤器、电控柜、仪器仪表以及相应的管件组成，见图 2-25。

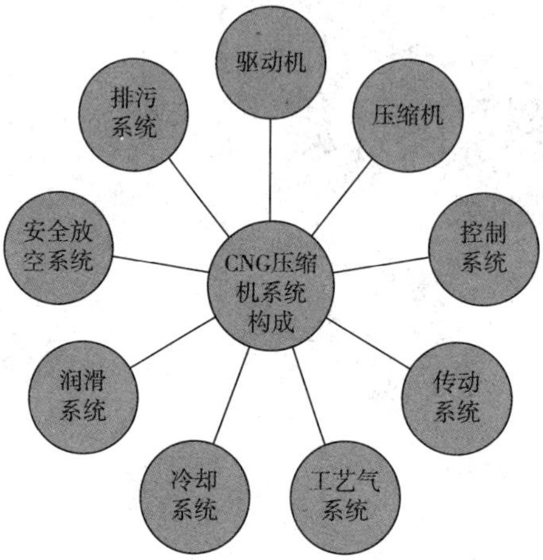

图 2-25　压缩机系统构成

下面举例介绍压缩系统、冷却系统、润滑系统的工作原理。

(1)压缩系统。压缩机工作时由主电机带动主机的曲轴进行圆周运转，通过十字头、连杆把曲轴的圆周运动转化为活塞杆的往复运动，推动安装在活塞杆上的活塞对天然气做功。

进入压缩机的天然气经过过滤器进行过滤后，进入压缩机的一级气缸进行压缩；一级压缩后天然气进入换热器进行换热，进入分离器进行过滤分离，而后进入二级气缸进行压缩；后续的三级、四级压缩以此类推。天然气在进入压缩气缸前要检测管道天然气的压力、温度，进入压缩气缸后也要检测天然气的压力、温度等相关参数，确保压缩机工作在设计的参数范围内，如图 2-26 所示。

(2)冷却系统。经过压缩后的天然气温度较高、为保证天然气在进入下一级压缩时的温度在设计范围内，压缩后的天然气要通过换热器进行换热，经过换热器换热后的天然气最终排气温度通常不会高于环境温度 15℃，见图 2-27。

(3)润滑系统。通过辅助电机驱动的油泵，对主机部分的曲轴、轴承、十字头或有油强制润滑的气缸进行润滑，见图 2-28。

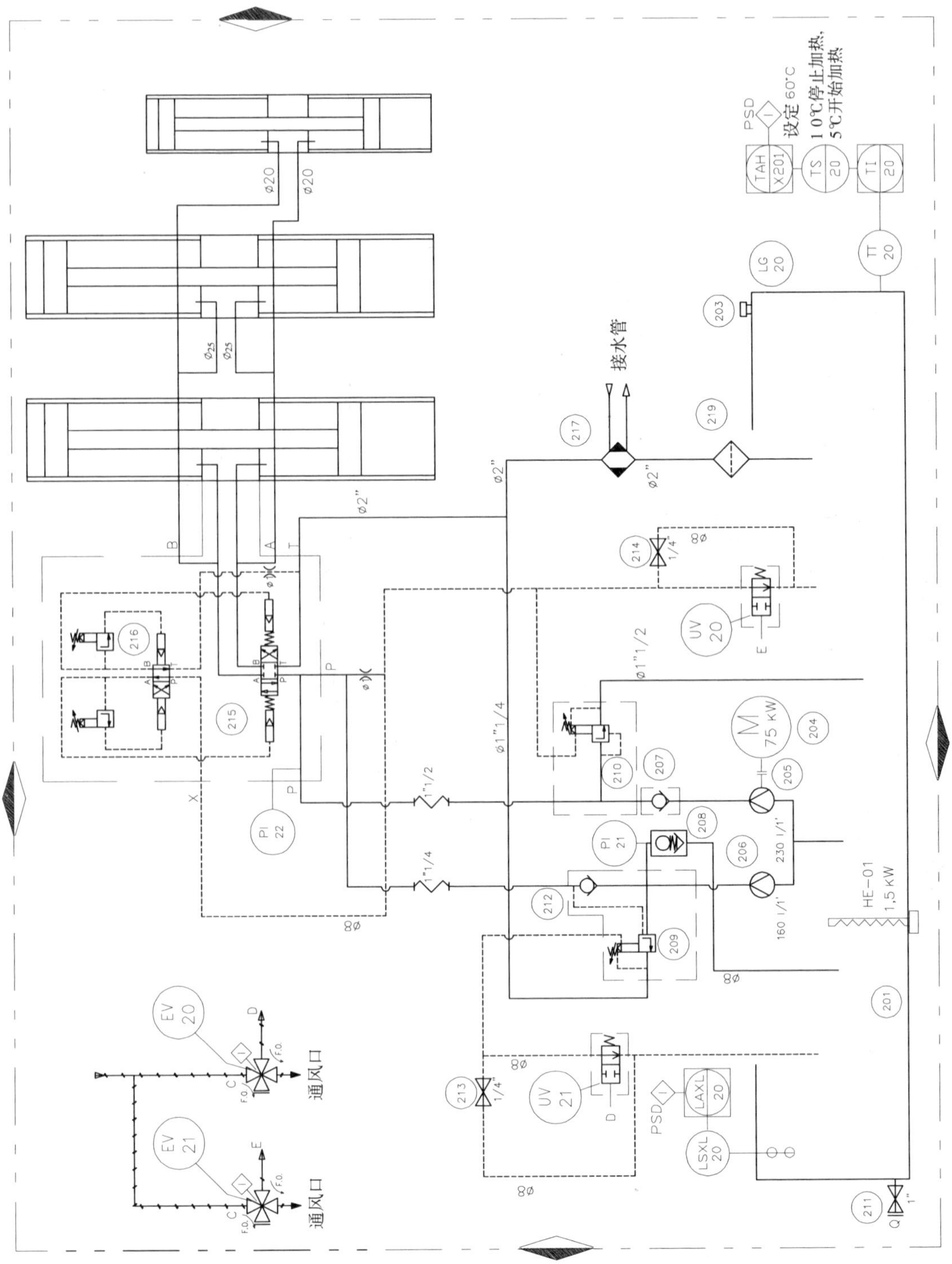

图2-26　压缩机工艺气系统流程图

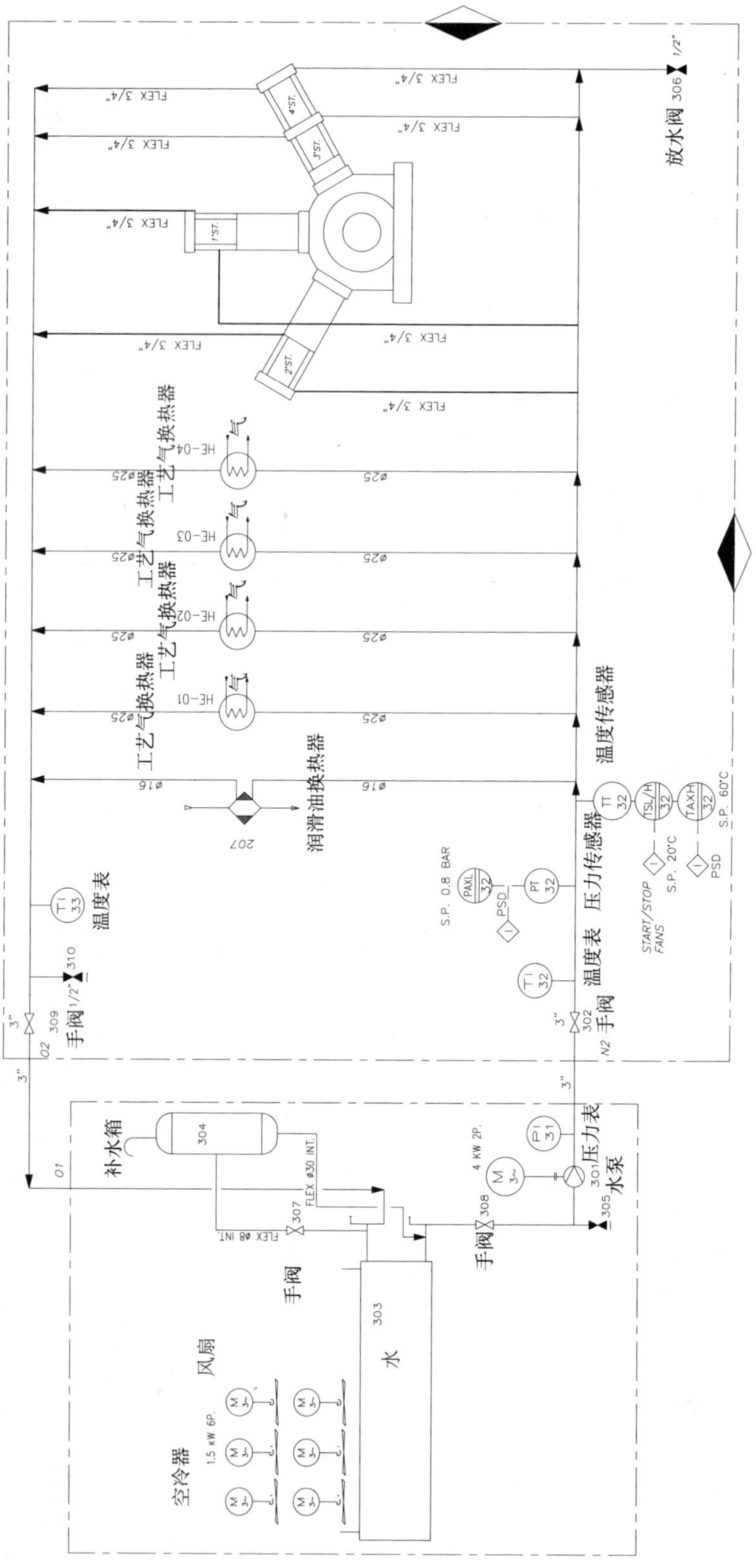

图2-27 冷却系统工艺流程图

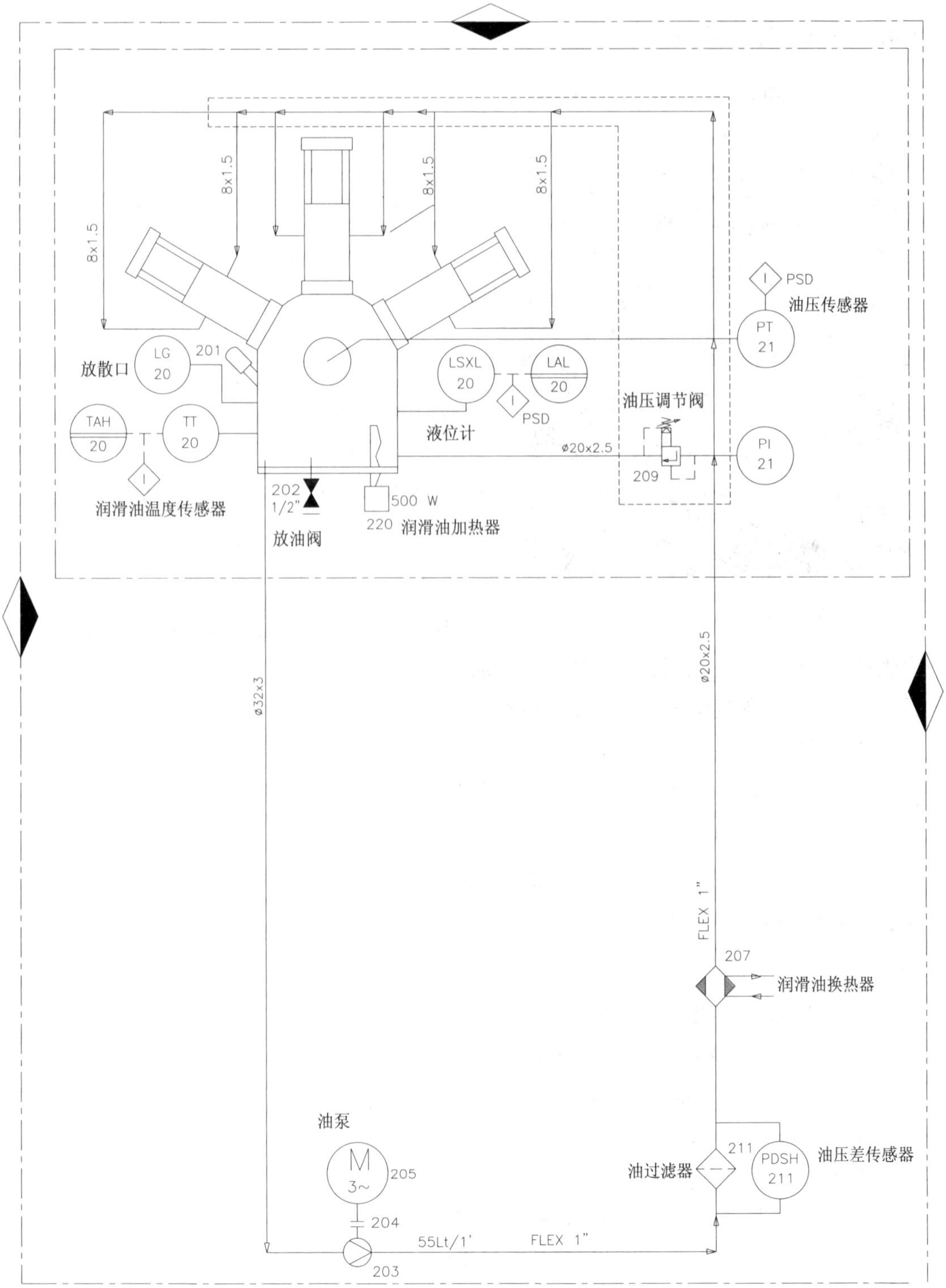

图 2-28　润滑系统工艺流程图

2.4.4 CNG 加(卸)气柱

CNG 加(卸)气柱如图 2-29 所示。

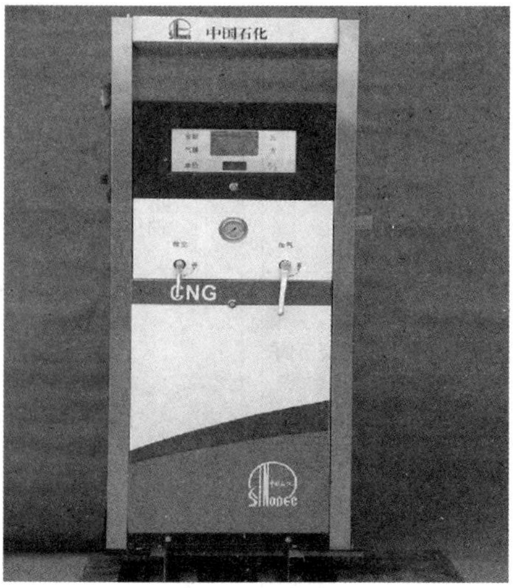

图 2-29 CNG 加(卸)气柱

用于向车载储气瓶组充装(卸出)CNG，并带有计量装置的专用设备。

在加气母站加气过程中，通过加气柱将加气站高压管道和 CNG 车载储气瓶组进行连接，同时对加气数量进行计量。

在 CNG 子站中，通过卸气柱将 CNG 车载储气瓶组和站内管道相连，实现卸气的目的，同时对卸气数量进行计量。

加气柱和卸气柱设备构成相近、功能相近、天然气流向相反，本节以加气柱为例进行介绍。

2.4.4.1 工作原理

压缩天然气经过输送管道进入加气柱，依次流经入口球阀、电磁阀、质量流量计、加气球阀、拉断阀、高压软管、快速接头，最后充装到压缩天然气运输槽车。质量流量计测出流经加气柱的气体的质量、温度等参数的物理信号由信号转换器转换成电信号传送到电脑控制器，电脑控制器经自动计算得出相应的体积(质量)、金额并由显示屏显示给用户，从而完成一次加气计量过程。

2.4.4.2 结构、组成

加气柱由质量流量计、拉断阀、高压软管、快速接头、电脑部件、高压阀门、显示仪表以及相应的管件组成。

2.4.4.3 主要功能

(1)采用 CNG 专用质量流量计作为计量器具，能精确计量。

(2)由微机控制器控制，能自动显示加气量及加气金额。

(3)具有定金额、定加气量的预置加气功能。

(4)当加满气时，具有自动停机功能。

(5)断电后能使数据长期保存，并具有停电复显的功能。

(6)可以复显最近的加气数据，以备查验。

(7)可以统计当班加气累计数值和汇总累计数值。

(8)具有自动检测故障功能，能自动显示故障代码。

2.4.4.4 加气柱工艺流程

加气柱工艺流程见图 2-30。

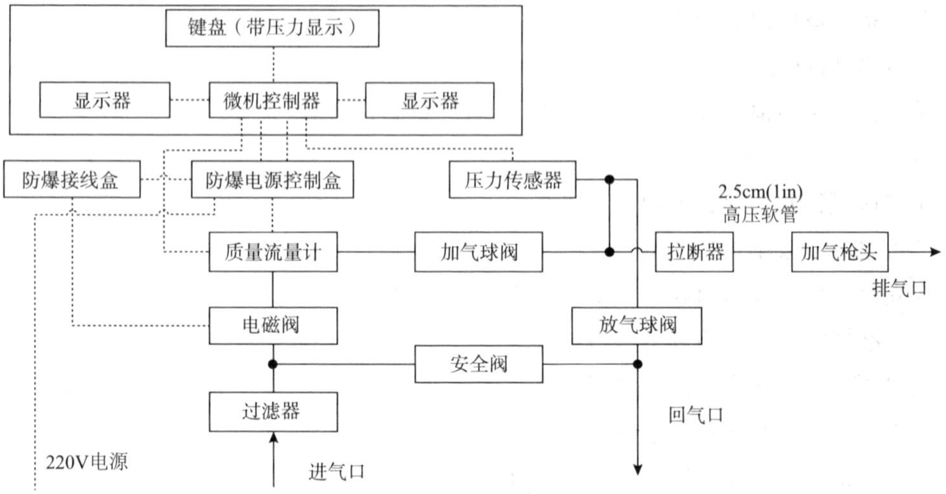

图 2-30 加气柱工艺流程简图

2.4.5 储气系统

在 CNG 常规站和 CNG 子站中，均需要设置储气系统，对 CNG 进行储存。通俗的讲，只要加气站有给 NGV 车辆加气的功能，就需要在站内设置储气系统。

2.4.5.1 储气系统的作用

(1)可以在站内储存一定量的压缩天然气，当加气车辆较少时，无需启动压缩机，即可实现加气作业；

(2)CNG 压缩机多为往复式压缩机，工作时进入设备的气体压力波动会很大，增加了储气系统，可以对压缩机的冲击气流起到缓冲作用，保证输出气流的稳定性；

(3)配备了储气系统，可使压缩机在系统工作时有停机的机会。当储气瓶组充满气体时，先由储气瓶组给汽车加气，储气瓶组的气体不够时，再起动压缩机。这样可缩短压缩机的工作时间，减小设备磨损，延长使用寿命。

(4)增大储气系统的容量，可在不改变加气站供气能力的条件下适当减小压缩机的排气量，降低加气站的投资成本。

2.4.5.2 储气系统的分类

目前国内主流的储气设施为大容积储气瓶组和储气井，两种储气设施比较如下：

(1)大容积储气瓶组

①制造过程全在地面上完成，便于完成各项检验。

②瓶体部分进行 100% 的无损探伤和壁厚检测。

③瓶体进行过定型试验，每支气瓶均经过水压试验，可以对实验过程进行 100% 的可以操作的量化检验。

④每 3 年进行 1 次定期检验。

⑤设备制造厂组装完毕，现场安装工程量小。

⑥可移动性强。

⑦存在一定残值，即使到了使用期限，储气瓶可作为废钢处理。

(2)储气井

①制造过程基本全在地面以下进行；

②占地面积较小；

③安全性比储气瓶组高，相对于储气瓶组，国标中允许更高的储气系统总容积；

④标准规定只对井筒部分进行试验.

⑤水压试验方法为直接向井里注水，由于井筒和固井装置全在井下，没有有效的检测手段来保证完成水压过程中的各种检验。

⑥一般检测的检验周期为3年，全面检测的检测周期为6年。

⑦施工组装在现场作业，需要用户提供配套的水、电等条件。

⑧施工周期长，施工受天气和环境影响大。

⑨而且在矿区、地下为花岗岩地质条件地区及喀斯特地貌的地区不能采用地下储气。

⑩不可移动。

⑪基本没有残值，报废后只能废弃。

2.4.5.3 储气系统单个容积

(1)储气瓶组。储气瓶组由多个储气单位组成，根据国内主流设备厂家的产品情况，储气瓶组的单瓶水容积有0.92m^3、1.13m^3、1.33m^3、2m^3…等参数；

①单瓶水容积较大的储气瓶。瓶体长度达到10m以上，占地面积较大，折算成一个水立方的价格较低。

②单瓶水容积较小的储气瓶。瓶体长度可以做到6m以下，占地面积较小，折算成一个水立方的价格较高。

(2)储气井。储气井的单井水容积有2m^3、3m^3、4m^3、5m^3、6m^3…等参数；

需要根据当地地质条件、储气井厂家技术条件等因素，确定单井水容积。

场站建设时根据储气系统总容积、分组情况、设备投资等因素进行选型。

2.4.5.4 储气系统高中低比例

为了提高储气系统的利用率，需要把储气系统按高压、中压、低压进行分组，通常情况下，高压组水容积最小，低压组水容积最大。根据国内建站的实际经验，通常高：中：低压按1：1：2和1：2：3比例进行分配。

2.4.5.5 储气瓶组

图2-31为站用储气瓶组。

CNG站用储气瓶组是按用户要求，把一定数量的大容积钢瓶置于特制的固定框架内，实现对压缩天然气的储存。CNG储气瓶组整体由无缝容器、操作装置、排污装置、

图 2－31　站用储气瓶组

安全装置四部分组成。

(1)钢质无缝容器。CNG 钢质无缝气瓶如图 2－32 所示，是储存高压天然气的钢质瓶式压力容器，并取得国家 AR1 压力容器制造许可证。该产品受国家质量技术监督局颁发的《固定式压力容器安全技术监察规程》监察。容器所储存的气体需达到 GB 17820《天然气》一类、二类气的技术指标和 GB 18047《车用压缩天然气》的要求。

图 2－32　站用储气瓶

(2)操作装置。操作装置位于储气瓶组的一端。每组气瓶设进、出气汇管，并在每组钢瓶的一端装有进、出气球阀。

(3)排污装置。每只容器一端(同操作装置位于储气瓶组的同一端)设有排污阀，对每个瓶体的排污阀进行汇总。

(4)安全装置。安全装置位于 CNG 站用储气瓶组的另一端。

每个压力等级的瓶组均安装有一个安全阀，安全阀前装有球阀，平时该球阀处于常开位置，安全阀后设置统一的放散汇管。

2.4.5.6　储气井

图 2－33 为站用储气井。

高压地下储气井属固定式压力容器，容器的主体(井筒)埋于地下(属隐蔽工程)，裸露在地面的部分为容器的井口装置及相关连接附件。储气井主要由以下部分构成，如图 2－34 所示。

(1)井口装置(阀门、压力表、短节、接头、O 型密封圈等组成件)；

(2)储气井主体(下封头组合件、上下法兰组合件、套管)；

(3)排污系统；

(4)固井水泥环(井眼及水泥固井层)。

图 2-33　站用储气井

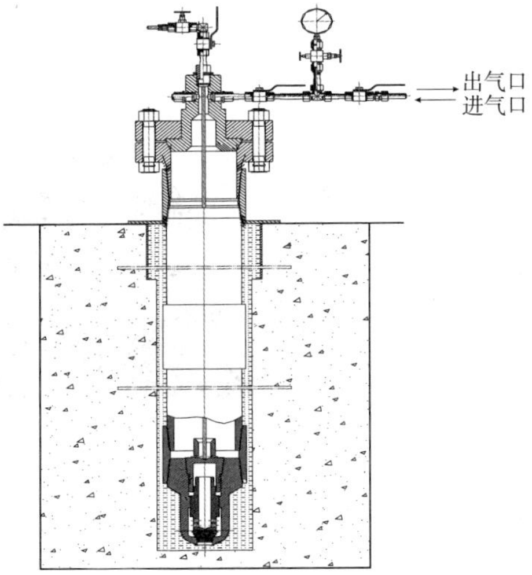

图 2-34　储气井结构图

2.4.6　加气机

图 2-35 为 CNG 加气机。

用于向燃气汽车储气瓶充装 CNG，并带有计量、计价装置的专用设备。GB 501156 在 CNG 加气站中，通常选用三线双枪加气机，计量精度为 ±0.5%，带有防拖断阀。在显示屏上显示“单价”、“总价”及“加气量”；

图 2-35　CNG 加气机

受到场地等因素影响，目前国内也有部分三线四枪的加气机在使用；

在液压平推子站中，根据它的工艺特点，均选用单线双枪的形式的加气机。

2.4.6.1　工作原理

压缩天然气经过输送管道进入加气机，依次流经入口球阀、过滤器、单向阀、电磁阀、质量流量计、应急球阀、拉断阀、高压软管、枪阀、加气枪头，最后流入被充气汽车的气瓶。质量流量计测出流经加气机的气体的密度、质量等参数的物理信号由信号转换器转换成电信号传送到电脑控制器，电脑控制器经自动计算得出相应的质量、金额并由显示屏显示给用户，从而完成一次加气计量过程。

在整个加气过程中，电脑控制器通过压力传感器动态全过程监控系统压力，当加气机输出压力达到 20MPa 或用户设定压力时，电脑控制器会自动关闭电磁阀，停止加气。其流程如图 2-36 所示。

2.4.6.2　设备构成

CNG 加气机主要由流量计、加气枪、安全阀、拉断阀、阀门、连接管路、电气设

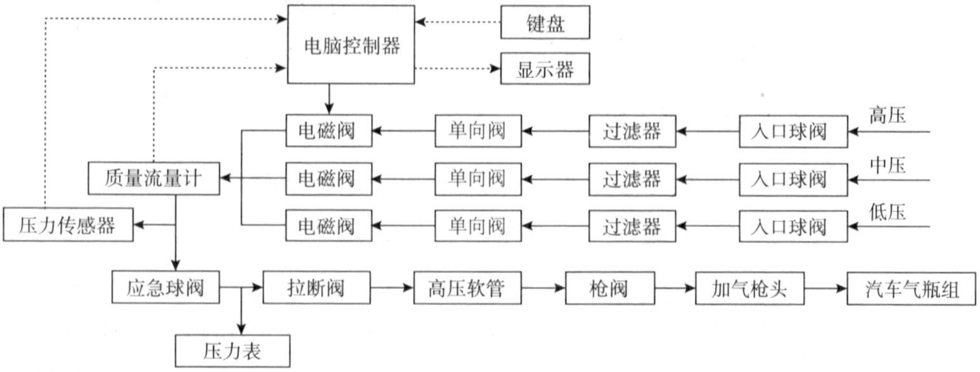

图 2-36　加气机工艺流程简图

备和微机控制器等组成。

2.4.7　顺序控制盘

顺序控制盘是配合加气站中储气系统的分组而配备的一种装置，它的作用是控制储气系统按照高压、中压、低压的顺序进行充装作业，同时具备向 CNG 加气机直充的功能；顺序控制盘分为机械式和气动式两种。

2.4.7.1　机械式充气顺序控制盘

利用三个设定了不同开启压力的单向阀来进行顺序控制，这种设备结构简单，价格便宜，但压力控制不精确。图 2-37 为机械式顺序控制盘。

2.4.7.2　气动控制顺序控制盘

利用气动阀的程序控制来确定充气顺序，这种设备控制精确，没有节流现象，但价格较高。图 2-38 为气动式顺序控制盘。

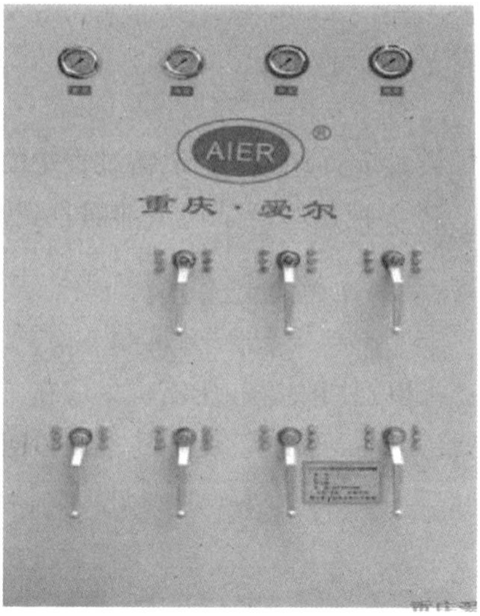

图 2-37　机械式顺序控制盘

图 2-38　气动式顺序控制盘

通常情况下，压缩机和顺序控制盘进行一对一配置时(如加气子站)，采用气动式；压缩机和顺序控制盘进行多对一配置时(如常规站)，采用机械式。

2.4.8 缓冲罐、回收罐、排污罐

在CNG加气站中，通常设有缓冲罐、回收罐和排污罐(见图2－39)。

图2－39 加气站缓冲罐/回收罐/排污罐

2.4.8.1 缓冲罐

天然气在输配过程中会有一定的压力波动，同时CNG加气母站、常规站所用压缩机均为活塞式压缩机，从管道取气过程属于间歇性取气(虽然频率比较快)，加剧了天然气的波动，对压缩机的运行存在一定影响，为了降低这种影响，通常在压缩机入口，设置缓冲罐，减缓气流波动，提高压缩机的运行稳定性。

2.4.8.2 回收罐

在压缩机停机后，站内高压管道及压缩机中会存留高压的天然气，在下次开机时，如果不把这部分气体排除，会造成压缩机的负载启动，造成无法启动或对压缩机存在较大损害。为了避免这种现象，需要在压缩机停机后排除高压管道中的天然气。通常在加气站中设置回收罐，用于回收并储存这部分气体，在下次开机时，对回收罐中的天然气进行再次压缩以达到重复利用的目的。如果没有回收罐，压缩机的余气会直接排放到大气中，造成环境的污染和能源的浪费，增加了加气站的安全隐患。

2.4.8.3 污水罐

加气站在运行过程中，会存在天然气中的烃类、杂质、水分、运营过程中的润滑油等污染物，需要定期排放，为了防止环境污染，需要把这些污染物全部回收到污水罐，进行集中处理。

2.4.8.4 应用现状

国内现有加气站中，子站设备无需缓冲罐；可以把回收罐和压缩机集成在一个撬体中，也可以在站内设置一个回收罐，几台压缩机共用；部分厂家把缓冲罐和回收罐合并，同时实现缓冲和回收的功能。

2.4.9 液压活塞式CNG子站压缩机

图2－40为液压活塞式CNG子站压缩机。

图 2-40 液压活塞式子站压缩机

液压压缩机用在加气子站中，其功能和机械式子站压缩机相同，是加气子站的核心设备，需要配合卸气、储气、加气、站控等配套系统，共同完成 CNG 充装作业。

2.4.9.1 工作原理

工字形活塞杆将上面气缸分隔为 A、B 两个腔，将下面气缸分隔为 C、D 两个腔，如图 2-41 所示。

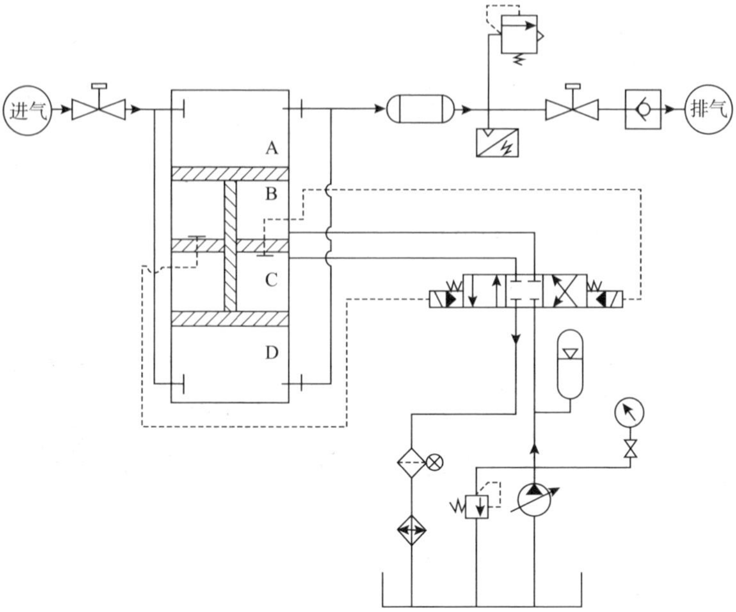

图 2-41 液压活塞子站压缩机结构示意图

工艺流程如下：

(1)液压站输出的高压油进入 C 腔，B 腔的油回油箱(近似认为回油箱的油压力为0)，活塞杆向下运动，槽车内气体进入 A 腔，(一级进气)，而 D 腔的气体则经压缩后流出(一级压缩)，进入冷却器，完成一级压缩过程；当活塞运行到极点时，液压站换向阀将会换向，输出的高压油进入 B 腔，C 腔的油回油箱，活塞杆向上运动，槽车内气体进入 D 腔，(一级进气)，而 A 腔的气体则经压缩后流出(一级压缩)，进入冷却器，完成一级压缩过程。

(2)当两个这样的气缸串联时，就构成了两级压缩。

2.4.9.2　系统构成

(1)天然气压缩系统；

(2)液压系统；

(3)驱动电机；

(4)过滤分离系统；

(5)优先顺序控制系统；

(6)冷却系统；

(7)仪表控制系统；

(8)PLC 控制系统；

(9)ESD 紧急关断系统。

2.4.10　液压瓶推子站

该工艺是以自动控制的方式，运用成套专用设备，将特殊性质的液体，以高压充入压缩天然气(CNG)长管拖车的瓶式压力容器中，将容器内的压缩天然气推出，经过过滤后，通过加气机实现给以天然气为燃料的汽车加气的设备集合。

2.4.10.1　工艺示意图

图 2-42 为液压瓶推子站工艺示意图。

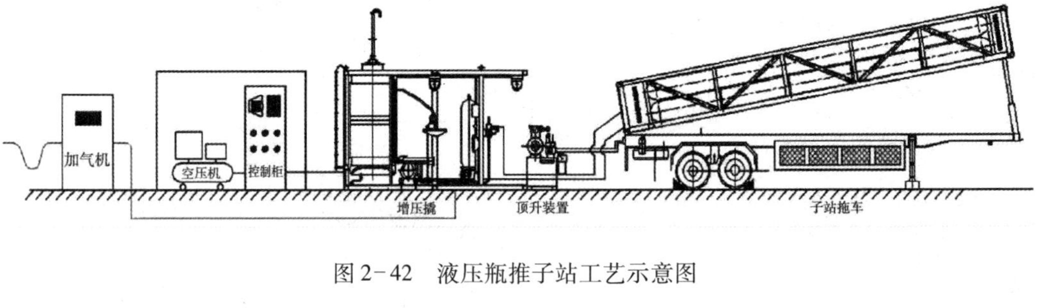

图 2-42　液压瓶推子站工艺示意图

2.4.10.2　主要设备

(1)CNG 高压运输槽车

①工作原理。液压瓶推式子站用 CNG 高压运输槽车为专用槽车，区别于普通槽车

的方面有：

(a)瓶组和桥架为分离结构；

(b)储气瓶组是单独工作的；

(c)工作时瓶组要靠顶升装置升起一定的角度。

具体的工作原理为：CNG高压运输槽车卸气前，首先由液压撬输出高压液压油顶升起槽车的储气瓶组，待瓶组顶升到指定的高度时，高压油泵开始工作，高压油被输送到储气瓶组中，高压油把储气瓶组中的天然气顶出储气瓶组。

②结构、组成。CNG高压运输槽车由高压CNG瓶组、挂车桥架、顶升装置及一些列相应的阀门和管件组成。

(2)液压设备

①流程示意图如图2-43所示。

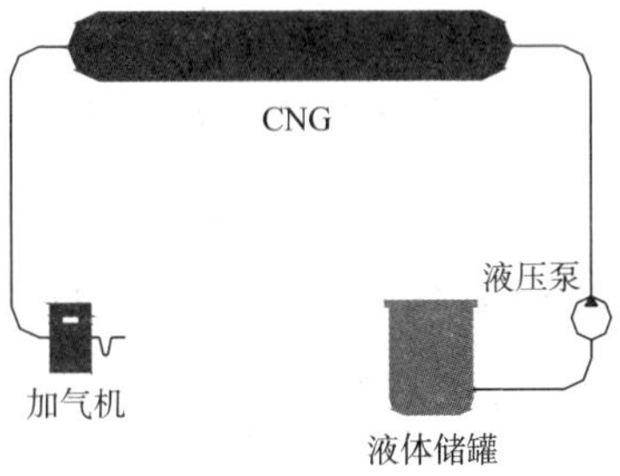

图2-43 液压瓶推子站示意图

②工作原理。该撬装式CNG液压加气装置是利用特殊性质的液体，用高压液压泵(压力不高于22MPa)直接将液体注入液压式天然气汽车拖车的储气钢瓶中，将钢瓶内的压缩天然气推出，再通过液压增压箱体的加气仓内的加气机把高压天然气注入汽车的储气瓶内达到给汽车加气的目的。

③结构、组成。液压设备由储油箱、液压泵、主电机、换向阀、过滤器、橇体以及相关阀门和管件组成。

2.4.11 加气站自控、仪表

2.4.11.1 控制系统组成

CNG加气站自控主要包括CNG生产区、控制室、收费室、加气机等部分。自控仪表包括一次仪表(就地指示和远传)、工艺管网监控系统、可燃气体报警系统、视频监控系统等。

通常采用工控机+PLC控制系统进行整站的控制，采用PLC通过数据采集、逻辑控制，工控机监视管理相结合的模式，对工艺生产参数进行统一控制和管理，并接收压缩机及干燥器PLC输出信号。

对于设备数量较少，控制比较简单的加气站，可以不设工控机，利用压缩机的PLC对加气站进行控制。

2.4.11.2 压缩机控制系统

每台压缩机由厂家配套提供一台控制柜，采用PLC控制器完成对压缩机自带的各级排气压力、润滑及冷却压力，电机温度、各级排气温度、及供气、润滑温度，电磁阀及压力开关等检测点的检测和控制；并对压缩机的运行状态进行实时监控，具备手动启停压缩机控制功能及与其他控制系统联锁停机功能。并将压缩机运行监控数据通过以太网上传至工艺管网监控系统。

2.4.11.3 工控机+PLC控制系统

将压缩机、干燥器等设备的信号上传至该监控系统集中管理。

(1)储气设施压力高报、高控功能，达到高报设定值时，控制室声光报警。达到高控设定值时，控制室声光报警并联锁停压缩机。

(2)控制室设置对站区所有压缩机的紧急切断按钮。控制室和现场设置对单台压缩机的手动启、停控制。

(3)ESD紧急停车及联锁控制

2.4.11.4 可燃气体报警系统

加气站可燃气体报警系统设置独立控制系统。可燃气体泄漏检测采用点型探测器，可燃气体控制器实现对站内各检测点燃气泄漏的检测、报警和联锁控制功能等。

站内各区检测到 CH_4 浓度达到20% LEL，控制室声光报警。其中CNG生产区燃气泄漏浓度与压缩机停机联锁，并启动CNG生产区排风设备进行空气置换。

2.4.11.5 干燥器控制系统

每台干燥器由设备厂家配套提供PLC监控系统，系统负责对干燥器的运行状态实时监控，采集主加热器、辅加热器及相应的温度测点信号并进行显示和控制。将干燥器运行监控数据通过以太网上传至工艺管网监控系统。

2.4.11.6 加气站IC卡管理系统

CNG加气机的配套软件管理系统，能有效地规范管理、提高工作效率、方便决策。加气设备的流量信号上传至IC卡管理系统，每台由一块智能数显仪表采集，并显示其累积和瞬时流量。

2.4.11.7 视频监控系统

加气站附以监控设备，一方面用于监控财产和人员，另一方面也可监测站内设备使用状态安全与否。监控摄像头数量根据现场实际确定，一般来说，以下几个主要区域必须配备足够摄像设备以保证有效监控。

(1)围堰区。围堰内主要有LNG储罐、LNG潜液泵橇、L-CNG柱塞泵橇及配套管线等。监控重点是LNG储罐根部位置，LNG潜液泵橇进液管段、潜液泵橇、L-CNG柱塞泵橇进液管段、柱塞泵、柱塞泵出液管段、卸车口接入LNG潜液泵橇管段。

(2)加气区。加气区主要设备有LNG加液机、CNG加气机。监控重点是LNG加液机加液枪操作区域，CNG加气机加气枪作业区域，还有潜液泵橇出液管至LNG加液机管段的管沟盖板。

(3)其他主要设备区。这个区域主要有卸车口、放散塔、高压汽化器、储气设施、顺序控制盘等。监控重点是卸车口接管位置，放散塔管口，汽化器进液口和出气口，储气井井口及排污管，储气瓶组罐身等。

(4)站控区域。站控区域主要有站内控制系统和视频监控主机，这两个设备监控都是为了防止恶意破坏及违规操作。

以上7个控制系统相互结合达到加气站安全运营、平稳加气的控制目标。

2.4.12　加气站电气系统

加气站电气系统由供电系统、站区配电及线路、站内建、构筑物照明、消防系统配电组成。

2.4.12.1　供电系统

加气站用电负荷符合《供配电系统设计规范》GB 50052 所述“三级负荷”的规定，供电电源为单回路，工作电源由市电提供10kV 电源。

站内设置箱式变压站，以箱式变电站为中心，采用放射式配电方式为设备配电，增加供电的可靠性。

2.4.12.2　站区配电及线路

(1)站内的汽车加气岛、CNG 工艺装置区、储气设施区为爆炸危险环境，需要按规范的要求进行设计及选择电气设备。电力及照明设备选用隔爆型，防爆等级不低于 Ex-dIIBT4。

(2)站内其他非爆炸危险环境，电力及照明设备按其所在的环境选用防护型或一般型电气设备。

2.4.12.3　站内建、构筑物照明

建、构筑物内照明根据所处环境，设定相应的照度值，满足照明要求。消防泵房、控制室、变配电室及爆炸危险场所内，设置应急照明灯，综合楼内设置疏散照明。

2.4.12.4　消防系统配电

站内设有消防泵房时，消防泵房内设置消防泵控制柜，从变配电室及发电机房各引一路电源至消防泵控制柜，柜内设置双电源自动转换开关，当一路电源故障时，自动切换至另一路电源，保证消防系统供电的可靠性。

2.5　保养与维护

为了加气站设备保持良好的状态，必须进行定期维护和周期性检查。对每一台设备，需要建立维护保养周期表，在表上注明各种维护保养操作。注明需要进行维护保养的原因和需要进行的维护工作，在运行多少小时后需要进行的维护工作，这些就构成了保养程序的内容。

2.5.1 压缩机

2.5.1.1 保养分为例行保养和定期保养

根据压缩机的磨合特性，应进行走合保养。定期保养按规定的运转周期分为一级保养、二级保养和三级保养。电机的保养按电机生产厂家的使用说明书进行。

1. 例行保养

指压缩机在每班作业前后及运转中，为及时发现隐患和保持良好的工作条件所进行的以清洁、紧固、调整、润滑、防腐为主的检查和预防性的保养措施。

2. 定期保养

指压缩机在运行一定时间后，为消除不正常状态，恢复良好的工作状况所进行的一种预防性的维护保养措施。

3. 走合保养

指新机或大修后的机械，在投入使用初期所进行的一种磨合性保养。压缩机的走合保养按实际运行 300h 进行，走合期满后应进行一次一级保养，然后更换一次润滑油。

2.5.1.2 保养作业内容

1. 例行保养

检查各种安全设施，如发现不安全因素，及时报告，及时清除。

检查气、水、油等管路的密封处，密切注视机器在运行中温度、压力的变化。若发现异常情况应立即报告，并查明原因，果断处理。

详细作好压缩机运行记录，停车故障及修理等记录，并做好交接班记录。

检查紧固件的紧固情况，防止由于松脱而发生事故。特别应注意卡套式接头连接的各管口要保证处于拧紧状态 ，不得有任何松动 ，防止松脱事故。

检查机身油池内的油位，做好加油工作。

监视油过滤器前后的压差及时清洗滤油器。

定时排污，每 1 ~ 2h 排放油水分离器的油水一次，排污时间为 5 ~ 15s。每次开机前和停机后均应进行排污。

清洁压缩机外部的尘灰及污物并作好运行记录。

定期对 PLC 柜内元器件进行检查，发现有灰尘及时清理，防止风道堵塞或风机损坏造成过热；防止因粉尘过多引起电气相间短路、对地短路的危险。

2. 一级保养

一级保养应每天或每班进行，即日常维护保养。内容如下：

检查压缩机机身油池的油位，油位必须保证在视窗中间部位。

加油时应注意：严禁在机器运行时加油。

加油时，要取掉呼吸器盖板，然后加入规定牌号的经过过滤的（滤网孔径 80 目）润滑油。

在启动压缩机之前，应检查各气、水阀门的关闭或开启情况，保证阀门处于规定情况下，才能开机。

检查机器振动是否正常。

按规定每小时应作如下记录：

(1)水压、油压；

(2)进气压力、级间压力、排气压力；

(3)进气温度、排气温度；

(4)当出现故障及故障处理后应作详细记录；

(5)检查压力表的读数是否异常，如不正常，应找出原因后，进行处置。

新机运行300h后应更换机身油池内的润滑油，以保证润滑油洁净，待再运行800h后再次更换油池内的润滑油，以后则每3000h更换一次。

3. 二级保养（2000h）

同“一级保养”。

重点检查各级的压力状况，若压力不正常，则应检查相应的高压级活塞环是否磨损，相应的气阀是否失效，若有，则应作相应的处置。即检查气阀、活塞、活塞环、阀片、阀簧是否完好，进行维修或更换。

清洗气阀一次，清洗阀座、阀盖积炭，检查气阀气密性。

正常情况下整机填料总漏气量不超过总气量的0.5%，如超过此标准，则应检修相应的填料组件。

清洗油泵粗滤油器及精过滤器。

检查连杆大头瓦与曲拐的配合间隙是否正常，小头瓦与十字头销配合间隙是否正常。

检查十字头与滑道的配合间隙是否正常。如有不正常，则应作相应维修或更换。摩擦面(气缸镜面、十字头滑道)有无拉毛现象。

4. 三级保养（4000h）

同“一级保养”及“二级保养”。

更换润滑油(采用合成油更换周期可延长到6000h)，润滑油必须是手册中规定牌号的新油，不应使用再生油，使用再生油可能造成压缩机损坏等严重后果。

清洗油过滤器，更换滤芯。

检查压缩机基础有无沉降。

检查压缩机和电机联轴器的径向跳动和端面跳动。若跳动超出规定值，应进行调整。

检查仪表控制系统，修复或更换失效和动作不可靠的元器件，校正仪表。

校正安全阀。

注油器和循环油泵是否正常工作，注意噪声和振动是否增大，若增大应检查十字头体、轴瓦、铜套等运动部件是否磨损，若有，则作相应维修或更换。（本项应由有资格的人员或在制造厂指导下进行。）

检查活塞环支承环及填料密封环，如磨损过大或气量严重不足应更换。

需更换的零、部件必须在制造厂或制造厂指定的厂商购买。

2.5.1.3　注意事项

压缩机投入运行后，正常情况下只要进气压力稳定，供水压力温度稳定则压缩机各级进出口压力温度基本上是稳定的，随着运行时间的不断增长会产生零件的失效和磨损，各级压力和温度也将产生偏差，必须予以维修保养。

保证各种压力、温度等仪表的完好和准确是压缩机安全运行的前提条件，对全部仪表要定期检定，保证完好。

保证冷却水符合要求，在环境温度有可能低于0℃的地区，最好一直使用防冻液，防止万一突然降温冻裂水管路、水泵、气缸等通水零部件。压缩机运行中控制调整水温和水量，使排水温度低于40℃，防止结垢，保证换热效率。

定期清洗油过滤器和更换润滑油，保持油的清洁和润滑性能。

消除各管路接口的漏油、漏水和漏气现象。

活塞环磨损则漏气量增加，严重漏气时将造成压力、温度和气量的明显改变，此时应及时更换活塞环，发现缸套磨损超过极限则应更换缸套。

发现压缩机某一级的压力温度明显异常时，判断哪一个气阀损坏应予以更换弹簧和阀片，阀座可以重新研磨后使用，严重不能修复的则予以更换。

填料正常时，泄漏量低于5‰，磨合良好时可能很低，甚至察觉不到，微量的泄漏通过漏气回收管路引至安全地点放散，或采取其他方法回收利用。填料磨损严重时，漏气会增大，严重影响到气量，应予以更换密封环。

运转的声响明显加大，振动增大应考虑曲柄连杆机构间隙度大，应更换轴承，小头衬套和十字头销等零件。

压缩机气体管线凡是使用卡套式接头连接的地方，每周至少要例行检查一次，若有松动，必须重新拧紧且应达到一般紧固件拧紧力的要求，以防卡套崩出造成安全事故。特别需要指出的是，因维修或换件拆卸卡套式接头部位时，应仔细检查卡套卡的部位是否到位和接触良好，复位时保证卡套到位和周长全部卡紧，并将未拆卸的卡套接头也全部重新拧紧。

2.5.1.4　压缩机的油封

压缩机使用后，如需停止工作10d以上，90d以下，应进行临时油封。停车后将活塞盘至下止点，在气缸、活塞和气阀表面涂以防锈油，并盘动曲轴转动3～4r，再将润滑油放尽，然后封闭所有和内部相通的孔道

压缩机在停止工作3月以上者，需进行储存长期油封。

认真清洗和擦拭压缩机，向机身油池内加润滑油，转动数转后将润滑油放尽，将气

缸、活塞、气阀、连杆、曲轴等的内部加工表面涂防锈油脂，用煤油清洗压缩机粗滤器及精过滤器，并仔细吹干。

压缩机的备件、工具等应涂上一层工业凡士林后用油纸包装。

压缩机出厂前已由制造厂进行油封，自油封之日起在6个月之内保证油封质量，如储存超过6个月需自行检查油封质量或重新油封。重新起用油封的压缩机，应全面清洗防锈油脂，检查各运动部位配合间隙符合要求后，才能开机。

2.5.2 调压计量撬

调压计量撬的定期保养内容参见表2-5。

表2-5 调压计量撬定期保养内容

保养时间/h	部件	执行的维护	更换的部件
500	调压器与过滤器	检查调压器和调压箱前方过滤器	
1000	调压器与过滤器	检查调压器和调压箱前方过滤器	
2000	调压器与过滤器	检查调压器和调压箱前方过滤器	
4000	调压器与过滤器	检查调压器和调压箱前方过滤器	阀口垫及密封件
8000	调压器与过滤器	检查调压器和调压箱前方过滤器	阀口垫及密封件
12000	调压器与过滤器	检查调压器和调压箱前方过滤器	阀口垫及密封件弹簧及膜片
16000	调压器与过滤器	检查调压器和调压箱前方过滤器	阀口垫及密封件弹簧及膜片

2.5.3 脱水装置

2.5.3.1 不需中断运行的保养与检查

建议用户定期完成下列保养与检查：

每日一次，检查再生温度是否正常

每日一次，检查罗茨风机、振动是否异常

每周一次，检查切换过程及所描述的功能是否正常

每周一次，检查吸附、再生、冷却及切换时间

每周一次，检查干燥塔的压力损失

每周一次，检查过滤器、分离器排污口是否通畅

每月一次，紧固所有松动的接头

2.5.3.2 需中断运行的保养与检查

若运行中没有故障出现，应定期完成下面的保养工作：

每月一次，检查所有压力表和温度表

每季一次，检查前、后置过滤器压力损失

每季一次，检查或更换罗茨风机润滑油及润滑脂

每年一次，检查电加热元件、所有阀门及垫片

每年一次，清洗前、后置过滤器滤芯

2.5.3.3 更换吸附剂

正常使用工况下，吸附剂可连续使用3年以上。经验表明，干燥剂的使用寿命有可能更长，使用寿命直接与干燥剂的质量及前置过滤器的质量状况有关。

建议每年检查吸附剂粉化情况。可打开后置过滤器及干燥塔底部排污口检查，如果发现粉化严重，应及时更换吸附剂。

2.5.3.4 再生处理

应该定期对两个干燥塔吸附剂进行再生处理。再生处理时可根据需要，调整温度控制设定参数，以达到较好的再生效果。再生处理的方法是：将设备进出口阀门关闭，按上述规定调整好再生压力，然后分别对A塔和B塔进行闭式循环加热再生。

2.5.3.5 注意事项

再生结束后，将温度控制设定参数调回原来数值。

罗茨风机的维护保养，详见风机使用说明书。

更换装置压力系统中任何零部件，都应在设备不带压情况下进行！

2.5.4 CNG车载储气瓶组

CNG车载储气瓶组日常巡检内容见表2-6。

表2-6 CNG车载储气瓶组日常巡检内容

<table>
<tr><th>序号</th><th colspan="2">保养对象</th><th>维护保养内容</th></tr>
<tr><td>1</td><td colspan="2">瓶式压力容器</td><td>(1)检查外观
(2)检查端塞与容器连接面有无泄漏现象</td></tr>
<tr><td rowspan="4">2</td><td rowspan="4">操作仓、安全仓</td><td>管件</td><td>(1)检查各连接及焊接处是否泄漏
(2)检查安全爆破装置有无泄漏</td></tr>
<tr><td>快装接头</td><td>密封是否可靠，装卸是否灵活</td></tr>
<tr><td>阀门</td><td>(1)手柄密封处有无渗漏
(2)阀门有无内漏现象
(3)阀门各连接处有无泄漏现象</td></tr>
<tr><td>压力表
高压软管
胶管、垫片</td><td>各连接处有无泄漏现象
检查外表面有无凹凸、破裂、折痕、老化以及泄漏
检查U型螺栓与管件间的胶管或垫片有无老化、松脱</td></tr>
<tr><td>3</td><td colspan="2">安全仓</td><td>检查安全装置及与端塞连接处有无泄漏</td></tr>
</table>

2.5.5 液压瓶推子站

液压瓶推子站的巡检见表2-7 。

表 2-7　液压瓶推子站日常巡检内容

序号	检查维护项目	检查要求
1	压力表	指示正确、灵敏
2	手动阀门开关情况	操作灵活
3	气动阀门开关情况	动作灵活
4	气动阀门开启顺序	符合程序要求
5	液压泵运行情况	运行正常(温度、噪声、电流等)
6	PLC 人机接口显示情况	显示正常
7	安全报警系统运行情况	运行正常
8	电机电流显示情况	显示正常
9	洁净气源设备运行情况	运行正常
10	气动管路快装接头密封情况	无泄漏
11	液位计	指示正确、灵敏
12	液体介质	无粉尘、赃物等
13	排污阀、排气阀、工作情况	灵敏、可靠、致密性良好
14	与 CNG 拖车连接情况	连接良好、无泄漏
15	吸油、高压、空气、天然气过滤器堵塞情况	阻尼压力在允许范围内
16	橇体顶部高压天然气管路情况	连接良好、无泄漏

注：电器部分的维护应定期(6 个月)对电器部分各元件的电气特性进行检查，如加热器的绝缘性、功率阻值。现场防爆电气部分维修时，必须按 GB 3836《爆炸性气体环境用电气设备》标准执行。

2.5.6　加气站设备的周期检定

CNG 常规站通常需要对站内设备及项目进行周期检定，检定内容见表 2-8。

表 2-8　CNG 常规站周期检定内容

器件名称	标准依据	送检周期/a	备注
储气瓶组	投用后 3 年内进行首检 TSG R7001	6	
储气井	投用后 3 年内进行首检 TSG R0004	3 ~ 6	
安全阀	GB/T 29026	1	
压力表	GB/T 1226	0.5	
可燃气体报警器探头	GB 12358	1	
加气机	JJG 996	0.5	
缓冲罐	投用后 3 年内进行首检 TSG R7001	3 ~ 6	

2.6 故障及排除方法

2.6.1 压缩机

加气站在运行过程中，出现设备故障应及时排除，消除隐患，保障运行的安全性。

2.6.1.1 常见故障的原因及排除

(1)压缩机系统常见故障及排除方法见表2-9。

表2-9 压缩机系统常见故障原因及排除

故障特征	主要原因	排除方法
排气量达不到设计要求	(1)气阀泄漏，特别是低压级气阀的泄漏	(1)检查低压级气阀，并采取相应措施
	(2)填料漏气	(2)检查填料的密封情况，并采取相应措施
	(3)第一级气缸余隙容积过大	(3)调整气缸余隙容积
	(4)第一级吸气压力过低或吸气温度过高	(4)调整第一级吸气压力达到规定压力和规定的吸气温度
功率消耗超过设计规定	压缩级间的内泄漏	检查吸排气压力是否正常，各级气体排出温度是否增高，并采取相应措施
级间压力超过正常压力	(1)后一级的吸、排气阀不好	(1)检查气阀，更换损坏件
	(2)第一级吸入压力过高	(2)检查气阀，更换损坏件
	(3)前一级冷却器冷却能力不足	(3)检查冷却器
	(4)填料、活塞泄漏过大	(4)检查并更换磨损过大的零件
	(5)到后一级间的管路阻力增大	(5)检查管路保持畅通
	(6)压力表失灵	(6)更换压力表
级间压力低于正常压力	(1)第一级吸排气阀不良引起排气不足及第一级活塞环泄漏过大	(1)检查气阀，更换损坏件，检查活塞环
	(2)前一级排出后或后一级吸入前的机外泄漏	(2)检查泄漏处并消除
	(3)吸入管道阻力太大	(3)检查管路保持畅通
循环油温度过高	(1)循环油过脏	(1)换油
	(2)运动机构配合间隙过小或摩擦面拉毛	(2)检修摩擦面
	(3)润滑油不足	(3)添加润滑油
冷却水温升高	(1)水压低，流量小，水管漏水或堵塞、结垢	(1)开大水量，清洗水管
	(2)气体泄漏(水中有可见气泡)	(2)检查气、水间密封情况，使之完全密封

续表

故障特征	主要原因	排除方法
水压低或不稳定	(1)水泵有故障或损坏 (2)水中空气太多，闭式或半闭式循环水系统排气设计不良	(1)维修或更换水泵 (2)加强排气，改进闭式、半闭式循环水系统的排气设计，使水中空气通畅排出
排气温度过高	(1)冷却水量不足，水道内积垢过厚 (2)活塞工作不正常 (3)吸气温度超过规定值 (4)排气阀泄漏	(1)加大水量，清洗水道 (2)检查活塞与气缸的间隙，调整到规定范围，检查活塞环磨损情况及时更换 (3)检查吸气阀垫片、阀片及其密封面，弹簧是否完好，并消除其影响 (4)检查排气阀并消除泄漏原因
运动机构响声异常	(1)连杆螺母松动 (2)连杆大头瓦小头衬套间隙过大 (3)十字头与滑道间隙过大	(1)紧固连杆螺母 (2)以备件更换 (3)更换十字头
气缸发热	(1)冷却水太少或冷却水中断 (2)气缸润滑油太少或润滑油中断 (3)由于脏物带进气缸，使气缸镜面拉毛	(1)检查冷却水供应情况 (2)检查气缸润滑油，油压是否正常，油量是否足够 (3)检查气缸，并采取相应措施
填料漏气	(1)油、气太脏或由于断油，将活塞杆拉毛 (2)回气管不通 (3)填料装配不良	(1)更换润滑油，消除脏物，修复活塞杆或更换 (2)疏通回气管 (3)重新装配填料

(2)气阀故障。压缩机气阀工作不正常(阀片、弹簧损坏，会导致气体压力、温度发生变化。比如某一级吸气阀泄漏，会使前一级排气压力升高，该级温度升高。如果排气阀泄漏，会使该级的排气温度升高，气阀故障从下列原因分析查找予以消除。

①气阀松动垫片不能密封；

②气阀螺栓松动；

③阀片、阀座密封面损坏；

④阀片弹簧损坏等。

(3)测量仪表。测量仪表不灵敏，就不能正确显示出运动状况，机器的运转就失去了控制，这是非常危险的，而且也是绝对不允许的，因此，定期校检或更换检测仪表应成为一种制度。

(4)安全阀。安全阀如果失灵，当压缩机超载时不能卸荷或未到规定的压力而卸压都会造成重大事故，因此对安全阀进行检修、调节、更换，应定期进行，而且进行校验和压力调整时，必须有使用单位主管设备或压力容器的安全技术人员在场。一经校验好的安全阀应重新予以铅封。

2.6.1.2　检修安全事项

（1）检修设备。在设备运行时或系统在带压、带电的情况下，不允许维修或拆卸零部件。在进行任何隔声房内部维护之前，要确保通风良好，不要碰撞或弯曲带压管线。有可能会造成气体泄漏，也还有可能引起事故或设备的损坏。

①不要用手检测系统泄漏情况。

②用推荐的工具和扭矩拧紧所有的连接处的螺纹紧固件。

③应及时修理或替换已损坏或失效的零部件。

（2）检修高温管线。润滑油和气体管道的高温部件会对人体造成严重烫伤，避免皮肤与这些东西的接触，而且润滑油、汽油等易燃体与高温部件的接触会引起火灾，为了避免此种情况的发生，应等待高温管线的温度降至室温左右再进行检修操作。

（3）检修电器系统。

①在维护压缩机电路之前，必须切断电源。

②禁止在压缩机运行时切断或检修系统电路、电器元件。

③定期检查电线缆的情况，保证电缆远离潮湿的环境。

④设备安装时要有良好的接地。

2.6.2　调压计量撬

常见故障及处理见表2-10。

表2-10　调压计量撬常见故障及排除

序号	故障描述	故障分析
1	出口无压力	检查切断阀，打开切断阀即可
2	出口压力下降	检查过滤器是否堵塞 检查主调弹簧是否变形 检查阀口内是否污物较多 检查是否超负荷运行
3	出口压力升高	检查主调阀口垫是否变形 检查阀口边缘是否污物较多 检查主调膜片是否破损 检查O形密封圈是否破损
4	超压不切断	检查切断弹簧是否卡住 检查切断阀下的小孔是否堵塞

2.6.3　脱水装置

2.6.3.1　干燥器在使用中出现压降大

(1)检查所配过滤器滤芯是否污染、挤扁损坏；清洗或更换。

(2)检查干燥器阀门是否有内漏、外漏现象；维修或更换。

(3)检查吸附剂是否粉化；更换。

2.6.3.2　干燥器在使用中排气露点偏高、加气枪出现冰堵现象

(1)检查干燥器入口温度、环境温度、处理气量、使用压力及含油含水量是否满足规定工况；调整工况满足工艺要求。

(2)干燥器是否运行正常；检查程控柜运行参数及各个阀门状态是否正常。

(3)干燥器的吸附时间过长；单塔缩短吸附时间约12h。

(4) 进入干燥器的天然气含水量太多导致；在干燥器入口端增加气液分离器可有效解决。

(5)吸附剂是否油中毒或未装满；检查滤芯是否损坏，吸附剂是否缺少。

(6)干燥器配置的过滤器和气液分离器没有及时排放油水或滤芯损坏；规范操作规程及时检查过滤器是否完好。

(7)加热器温度设定不合适或加热器损坏；加热器出口温度应在210℃左右。

(8)干燥器再生不彻底；调整工作参数或检查阀门有无内漏现象。

(9)干燥器选用的吸附剂不合适或假冒伪劣产品；应选用原装正品吸附剂。

(10)初建加气站、由于管道储气井在打完水压后很难将水处理干净所以加气站在使用初期冰堵属正常现象。

2.6.3.3　过滤器滤芯在运行使用中变形或损坏

(1)检查过滤器是否大于其额定处理气量；选型应满足工艺要求。

(2)过滤器运行压力太低造成低压大流量下损坏滤芯；在开停机时缓慢打开干燥器排气阀，应在管网建立起背压后方可全部打开排气阀。

(3)入口工况恶劣管道中污物太多；干燥器在使用之前应对管道进行有效吹扫。

(4)滤芯本身质量问题；检查更换。

(5)进入过滤器水量太多滤芯被水冲击或浸泡损坏；在过滤器之前应增加气液分离器。

(6)没有及时排放油水。

2.6.3.4　干燥器异常情况检查

(1)程控柜PLC程序编制是否正确；由专业人士检查。

(2)检查过滤减压阀压力调整是否正确[气动执行器0.4～0.6MPa(4～6bar)，气动膜阀0.2MPa(2bar)](全自动设备)。

(3)气动执行器所配先导电磁阀是否工作正常；由专业人士检查。

(4)程控柜内保险是否损坏；由专业人士检查。

(5)检查干燥器再生电磁阀线圈是否损坏(电磁阀线圈中间先导阀芯用铁钉感应正常工作时有电磁吸力)(全自动设备)。

(6)冷却器换热翅片是否脏堵，应定期检查清理(低压脱水)

(7)检查循环风机排气量是否正常(低压脱水)。

(8)检查再生系统气液分离器滤芯是否脏堵(低压脱水)。

(9)干燥器再生过程中再生气应连续供气(高压脱水)。

(10)干燥器再生时再生压力应调整为0.8MPa(高压脱水)。

2.6.3.5 干燥器启动后加热器工作不正常

(1)程控柜程序有无设定加热输出；检查程序。

(2)检查程控柜内固态继电器4~12V直流控制信号是否正常。

(3)加热管电阻值是否正常或损坏；检查更换。

(4)程控柜内固态继电器是否断路损坏；检查更换。

(5)电加热管是否有接地现象；用兆欧表进行检测。

(6)加热器接线是否正确或是否压紧；检查接线。

(7)程控柜内空开、保险管、交流接触器是否损坏或接线有无松动；检查更换。

(8)检查加热器出口处传感器工作是否正常。

(9)检查加热器加热管是否损坏。

(10)检查加热器出口处传感器工作是否正常。

2.6.4 液压瓶推子站

液压瓶推子站常见故障及分析见表2-11。

表2-11 液压瓶推子站常见故障及排除

序号	屏幕显示	报警原因及处理方法
1	控制仓急停按钮动作	急停按钮常闭触点断开，需释放控制柜急停按钮，并按下复位按钮，才能解除报警
2	管路连接仓急停动作	管路连接仓急停按钮曾被按下，需按下控制柜复位按钮，即可解除报警，要重新启动，需返回到监测界面
3	加气仓急停动作	加气仓急停按钮曾被按下，需按下控制柜复位按钮，即可解除报警，要重新启动，需返回到监测界面
4	压力开关报警	压力开关动作超过30s而未复位 余压过高，高压气倒入。促使回液不完全、丢液等问题。可能原因：没有按规定液位进行操作，液位低时没有及时补充液体介质
5	液位低报警	液体达到液位最低限继续注液，而发生此报警 检查回油液位干簧管是否有问题

续表

序号	屏幕显示	报警原因及处理方法
6	压力传感器故障	检查压力传感器接线是否有松动，消除故障后，按下复位按钮，即可解除报警
7	电机软启动器故障	检查电机是否过载、缺相等故障，解除故障后，需按下软启动器复位按钮，再按下控制柜复位按钮，可解除报警
8	电机内部温度过高	可能由于电机轴承损坏，或电机过载等，导致电机温度升高，致使温度开关动作。消除故障后，且电机温度开关自动复位，按下控制柜复位按钮，即可解除报警
9	注液时间短	注液时间低于参数设定的注液报警时间 此时可能出现回液时间也短，压力开关被激活等多种报警同时出现。应首先考虑上一瓶二次回液时余压过高；空压机压力不够，导致回液气动执行器关闭；或在系统运行中，进入过程序操作，使用过设备重启，造成注液累计时间不够等原因
10	回液时间短	由于回液过程中瓶内余压高，或其他瓶回液球阀内漏，造成油气混合，造成回液停止，但又低于参数设定的回液报警时间，故产生此报警。按下控制柜复位按钮，返回到监测界面，重新启动系统后，继续回液
11	液位已达到最高限	可能回液时余压过高造成，检查介质液面高度是否正常，按下复位按钮，即可解除报警
12	换车时间过长	如果管路已经转换完毕，按下换车确认按钮，按下控制柜复位按钮，可解除报警。再按下启动按钮，即可重新启动，继续系统运行。如果操作人员没有再次按下换车确认按钮，即使管路已经转换完毕，系统将自动停止运行

第3章　液化天然气加气站

目前国内以液化天然气作为气源的场站主要以LNG加气站、L－CNG加气站、LNG气化站、LNG船用加气站、LNG合建站等类型出现。LNG场站设备以低温设备为主，大多数设备已经实现国产化，核心设备仍需进口。

3.1　LNG加气站

LNG加气站是具有LNG储存设施，使用LNG加气机为LNG汽车储气瓶充装车用LNG，并可提供其他便利性服务的场所。根据LNG储罐容积大小LNG加气站可分为一级、二级、三级。

3.1.1　工艺流程

图3－1为LNG加气站工艺框图。

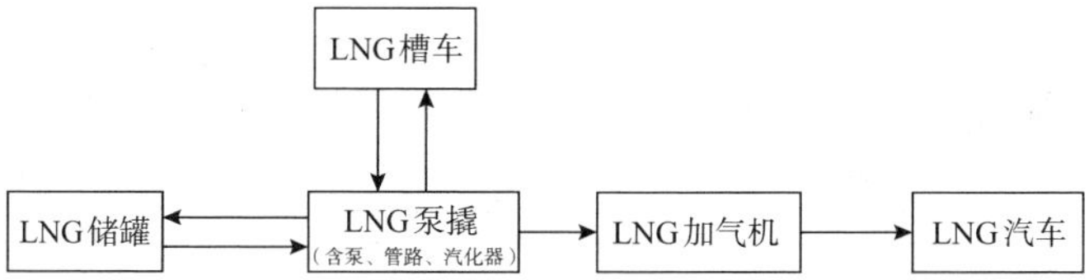

图3－1　LNG加气站工艺框图

LNG加气站主要功能如下。

3.1.1.1　卸车功能

从LNG液化厂用低温运输槽车将LNG运至汽车加气站，LNG通过加气站卸车接口、管道、阀门等将LNG灌注到加气站的低温储罐中。

3.1.1.2　LNG储罐增压

当LNG储罐压力过低时（≤0.2MPa）应当对LNG储罐进行增压。将LNG储罐内液体经增压阀放入增压器，液体在增压器内气化，气化后的气体经LNG储罐气相口阀门回到储罐，实现储罐增压。

3.1.1.3　加气功能

储罐内的LNG经潜液泵抽出增压，通过加气机计量后向汽车车载钢瓶注入LNG。

3.1.2 主要设备

LNG加气站主要由LNG储罐、LNG潜液泵、LNG气化器、EAG加热器、LNG加气机、PLC电控系统、燃气报警系统设备组成。通常，LNG潜液泵和LNG汽化器、EAG加热器组装成LNG泵撬。也有将所有设备集中到一个撬体中的，称为LNG全撬装。下面，主要介绍LNG储罐、LNG潜液泵、LNG气化器、LNG加气机。

3.1.2.1 LNG储罐

1. LNG储罐分类

LNG储罐是用于储存LNG、为LNG、L－CNG加气站等提供气源的装置。作为低温容器，LNG储罐必须满足国家及行业标准中的相关技术要求。通常LNG储罐按安装形式分为立式和卧式储罐，安装方式比较见表3－1；按绝热方式分为高真空缠绕和真空粉末(珠光砂)储罐；按几何容积大小分为$30m^3$、$60m^3$储罐，也有$20m^3$、$50m^3$储罐等。

表3－1 储罐安装方式比较

特点＼安装方式	立式	卧式
占地面积	小	大
液位高差	大	小
防雷要求	高	低

2. LNG储罐性能参数

LNG储罐的绝热性和密封性直接影响到LNG的蒸发和真空夹层漏放气速度，即LNG的损耗率。储罐的性能参数主要有真空度、漏放气速率(简称漏率)、静态蒸发率。储罐的封结真空度反映储罐的真空性，但真空度随时间推移而降低；储罐的漏放气速率影响储罐真空寿命，即储罐真空度的变化速度；静态蒸发率则能够较为直观地反映储罐在使用时的保冷性能。以一台$50m^3$储罐为例：漏率为$1\times10^{-6}Pa\cdot m^3/s$，静态蒸发率为0.3%/d，装满LNG时，在不使用的情况下，完全蒸发需要近一年的时间。静态蒸发率可以通过实验的方法测得，也可以通过实际运行中数据的分析计算得到。表3－2为储罐($60m^3$)绝热方式比较。

表3－2 储罐($60m^3$)绝热方式参数比较

技术指标＼绝热方式	珠光砂填充	高真空缠绕
静态蒸发率(LNG)/%/d	≤0.30	≤0.15
漏放气速率/($Pa\cdot m^3/s$)	$\leq6\times10^{-5}$	$\leq6\times10^{-6}$
封结真空度/Pa	≤5	$\leq3\times10^{-1}$

3. LN G 储罐结构及原理

作为一种低温绝热压力容器，LNG 储罐设计有内容器、绝热夹层、外容器结构。内容器用来储存低温 LNG，绝热夹层材料具有超强的隔热性能，绝热夹层材料常有珠光砂和玻璃纤维两种。同时夹层(两层容器之间的空间)被抽成高真空，形成良好的绝热系统。图 3 -2 为 LNG 卧式储罐。

(1)珠光砂储罐。珠光砂是一种由酸性火山玻璃质熔岩经破碎、预热、焙烧膨胀而制成的具有多孔结构的、白色、粒状松散材料，它具有容量小、导热系数低、化学稳定性好、不燃、无毒、无味、吸音等特性，以珠光砂材料填充夹层的储罐称珠光砂储罐。

图 3-2　LNG 卧式储罐

(2)高真空缠绕储罐。是以玻璃纤维等材料缠绕填充夹层的储罐。玻璃纤维是一种性能优异的无机非金属材料，种类繁多，优点是绝缘性好、耐热性强、抗腐蚀性好，机械强度高。是以玻璃球或废旧玻璃为原料经高温熔制、拉丝、络纱、织布等工艺制造成的。以玻璃纤维材料缠绕填充夹层的储罐称高真空缠绕储罐。

内容器在气相管路上设计有安全阀，在超压时打开，泄放压力，起到保护储罐的作用。外壳在超压条件下的保护是通过爆破设备来实现的，如果内容器发生泄漏(导致夹层压力超高)，爆破设备将打开泄压，若爆破设备外壳发生泄漏将导致真空破坏，可以发现外壳出现“发汗”和“结霜”现象。

3. 1. 2. 2　LNG 潜液泵

LNG 加气站常用的低温泵是潜液泵，也有加气站使用管道泵、低压柱塞泵等。低温潜液泵是在石油、空分和化工装置中用来输送低温液体(如液氮、液化天然气等)的特殊泵，用于液体输送。用在 LNG 加气站中，它是为 LNG 加气机提供动力的设备。

1. LNG 潜液泵原理

由于潜液泵输送的介质都为低温液体，在输送介质过程中应保持低温，如果一旦从泵的周围吸收了较多热量，则泵内低温液体会大量汽化为气体，从而影响泵的工作。所以低温泵在结构、材料、安装和运行等方面都有它的特殊要求，以达到低温液体输送要求。

潜液泵为浸没式离心泵，整体浸入泵池中，无密封件，所有运动部件由低温液体冷却和润滑。LNG 潜液泵由一台变频器控制。

2. LNG 潜液泵结构组成

LNG 潜液泵结构如图 3 -3 和表 3 -3 所示。

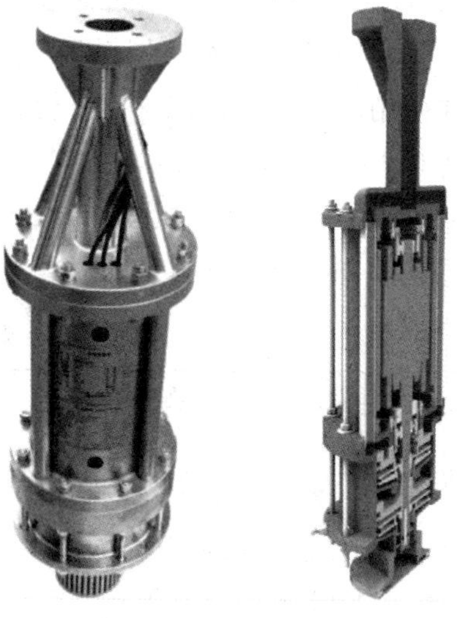

图 3-3　潜液泵

表 3-3 潜液泵结构

名 称	技术参考
工作介质	LNG
设计流量/(m^3/h)	20
进口压力/MPa	0.1~1.2
转速/(r/min)	1500~6000
所需进口净正压头/m	小于 0.9
电源	3 相，380V，50Hz

3.1.2.3 LNG 气化器

LNG 加气站使用的气化器均为低压气化器，它一般分为：卸车气化器、储罐增压气化器、EAG 加热器。卸车气化器采用连体设计，具备在卸车时为槽车增压，不卸车时为储罐调压的功能；EAG 加热器为安全放散气体加热，保证放散气体密度低于空气密度以达到安全卸放的目的。

1. LNG 气化器原理

利用设备周围环境的空气自然对流加热管内的低温液体，使其蒸发成气体；是一种具备气化功能的高效节能换热设备。

2. LNG 气化器结构、组成

LNG 气化器如图 3-4 所示。

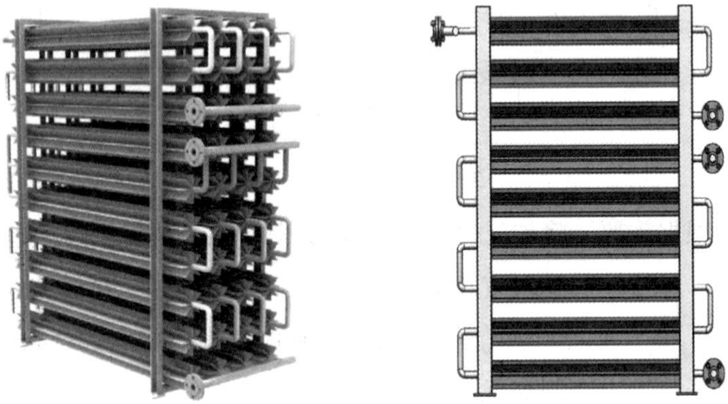

图 3-4 LNG 气化器

(1)一般由管路和翅片组成。

(2)翅片管表面抗氧化处理，汽化器翅片管之间的连接采用卡印咬合的桥式连接，翅片管与框架之间为螺栓连接。

(3)按照相应服务标准进行清洗和制造，材料综合机械性能、焊接性能、抗疲劳性能优良。

3.1.2.4 LNG 加气机

LNG 加气机是 LNG 高新技术装置，按照国家和行业相关技术指标和要求，以及符合相关规定设计、生产、检验，并通过相关部门型式评价和检验合格，是提供 LNG 燃料加注服务，并带有计量和计费功能的专用设备。

LNG 加气机包括低温流量计、加气枪、回气枪、加气软管、回气软管以及电子计控器、辅助装置等。

1. LNG 加气机原理

加气机工作原理如图 3-5 所示。LNG 进入加气机后，根据加气工作状态确定 LNG 流向：当加气机进行内部预冷循环时，LNG 通过控制阀 1 回流到 LNG 储罐，加气机不计量；当加气机进行加气流程时，LNG 通过控制阀 2 及加气软管、加气枪给储气容器加气。

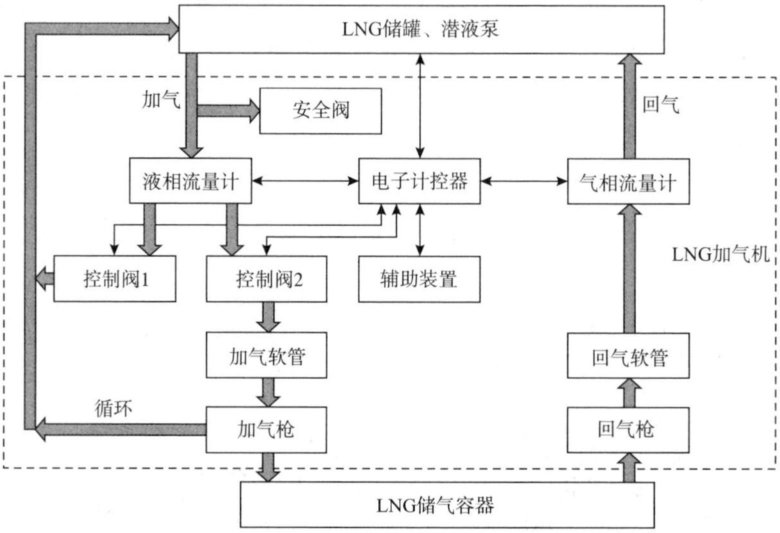

图 3-5　加气机工作原理图

加气过程中根据需要，将加气机的回气枪插到储气容器的回气口上，储气容器中的余气通过气相流量计回流到 LNG 储罐，降低储气容器内部压力，保证 LNG 能够顺利加注到储气容器中。加气机的电子计控器自动控制加气过程，并根据流量计输出的流量信号进行运算，加注到储气容器中的 LNG 质量为液相流量计的计量值和气相流量计的计量值之差，加气机显示屏显示最终计量值。

图 3-6　LNG 加气机

2. LNG 加气机结构组成

LNG 加气机(见图 3-6)整机由过滤器、质量流量计、单向阀、紧急切断阀、压力表、压力传感器、IC 卡电控系统、小票打印机、防爆控制电源、拉断阀、针形阀、截止阀、安全阀、金属软管、加气枪、回气枪、急停按钮、工艺管道和机壳组成。主要性能参数见表 3-4。

表 3-4 LNG 加气机的主要性能参数

<table>
<tr><th>项 目</th><th colspan="3">技术指标</th><th>项 目</th><th>技术指标</th></tr>
<tr><td>工作电源</td><td colspan="3">AC(220V ±22V) 50Hz ±1Hz</td><td>适用介质</td><td>LNG、LN_2</td></tr>
<tr><td>额定工作压力</td><td colspan="3">1.6 MPa</td><td>单次计数范围</td><td>0.00 ~ 9999.99</td></tr>
<tr><td rowspan="2">计量</td><td colspan="2">最大允许误差</td><td>±1.5%</td><td rowspan="2">工作环境</td><td rowspan="2">温度 -30 ~ 55℃
相对湿度≤ 90%</td></tr>
<tr><td colspan="2">重复性</td><td>不超过 0.5%</td></tr>
<tr><td rowspan="3">累计计数范围</td><td>质量</td><td colspan="2">0.00 ~ 99999999.99kg</td><td rowspan="3">预制定量范围</td><td rowspan="3">1.00 ~ 9999.99kg</td></tr>
<tr><td>单价</td><td colspan="2">0.01 ~ 99.99 元/kg</td></tr>
<tr><td>金额</td><td colspan="2">0.00 ~ 99999999.99 元</td></tr>
</table>

3.1.3 LNG 加气站常见故障排除

3.1.3.1 回气枪漏气

(1)首先排查回气枪是否有机械损坏，若有机械损坏需要更换回气枪。

(2)若回气枪无机械损坏，排查回气枪单向阀组有无松动或变形，若松动需要紧固单向阀组，若变形需要更换单向阀组。

(3)再排查回气枪密封垫是否损坏，若有损坏，更换回气枪密封垫。

3.1.3.2 加气完成拔枪后泄漏

(1)排查加液枪有无枪头有无冰渣或其他渣物，若有冰渣或其他渣物吹扫干净，并规范操作。

(2)排查加液枪机械阀件是否有松动或脱落，若有手动或者脱落，紧固加液枪机械阀件。

(3)排查加液枪单向阀聚四氟乙烯垫片是否损坏，若损坏，更换单向阀聚四氟乙烯垫片。

(4)排查加液枪管筒内弹簧或导向环是否存在阻力大或弹力不够，若有阻力排除阻力，若弹簧弹力不够更换相应弹簧。

3.1.3.3 加液枪加气时泄漏

(1)排查加液枪枪座是否存在异常或有杂物导致密封不严，若有异常或杂物排除异常或杂物，并规范操作。

(2)排查加液枪机械阀件是否有松动或脱落，若有松动或脱落，紧固加液枪机械阀件。

(3)排查加液枪外密封圈有无松动或损坏，若有更换外密封圈。

3.1.3.4 控制系统声光报警

LNG 加气站控制系统工具现场传感器采集数据进行处理分析，当现场采集到的数据出现异常时，系统根据不同异常数据进行判断分析以后，控制系统发出声光报警指令，并在触摸屏或 SCADA 系统上显示。常见系统报警如下。

1. 储罐压力高报警

(1)排查储罐现场压力表与系统显示是否一致，若一致需要根据储罐使用压力对储罐进行泄压。

(2)若储罐现场压力表与系统显示不一致，依次检查压力传感器、安全栅、浪涌保护器或线路是否出现故障，若出现故障排除故障或更换相应配件。

(3)若储罐压力反复高报警需要对储罐真空度进行检测。

2. 储罐液位低报警

(1)确认储罐 LNG 储量是否低于设定值，若低于设定值，需要对储罐进行补液。

(2)若储罐液位高于设定值，排查储罐现场液位表与系统显示是否一致，若一致排查储罐液位测量管路有无泄漏，若有泄漏排除泄漏点。

(3)若储罐现场液位表与系统显示不一致，依次检查压力传感器、安全栅、浪涌保护器或线路是否出现故障，若出现故障排除故障或更换相应配件。

3. 储罐液位高报警

(1)确认储罐 LNG 储量是否高于设定值，若高于设定值，需要停止对储罐补液。

(2)若储罐液位低于设定值，排查储罐现场液位表与系统显示是否一致，若一致，排查储罐液位测量管路有无泄漏，若有泄漏排除泄漏点。

(3)若储罐现场液位表与系统显示不一致，依次检查压力传感器、安全栅、浪涌保护器或线路是否出现故障，若出现故障排除故障或更换相应配件。

4. 仪表风压力高(低)报警

(1)排查仪表风系统工作是否正常或者管路是否泄漏，若仪表风系统工作不正常，排除仪表风系统故障或泄漏点。

(2)若仪表风系统正常工作，依次检查压力传感器、安全栅、浪涌保护器或线路是否出现故障，若出现故障排除故障或更换相应配件。

5. 泵池出口压力高报警

(1)排查泵池以及管路预冷是否预冷到位，若预冷不到位需对泵池以及管路预冷。

(2)若管路预冷到位，排查泵出口管路阀门是否处于正常状态，若阀门状态不正常，排除阀门故障。

(3)若阀门正常，依次检查压力传感器、安全栅、浪涌保护器或线路是否出现故障，若出现故障排除故障或更换相应配件。

6. 泵池溢流口温度高报警

(1)若在长时间待机状态下出现泵池溢流口温度高报警属于正常状态报警。

(2)若使用过程中出现泵池溢流口出口温度高报警，排查溢流口阀门是否处于正常状态，若处于不正常状态排除阀门故障。

(3)若阀阀门处于正常状态需要对泵池进行预冷。

3.1.3.5 在加液、卸车时潜液泵无法启动

(1)排查系统有无故障报警，若系统存在报警排除系统报警。

(2)排查泵池预冷是否完成，若泵池预冷未完成需要对泵池预冷。

3.1.3.6 系统急停故障

排查急停被按下的原因并排除故障，恢复现场急停开关，重新通电和报警复位后即可。

3.1.3.7 燃气浓度高报警

(1)排查对应探头处是否存在泄漏，若存在泄漏排除泄漏，复位燃气报警器。

(2)若对应探头出无燃气泄漏排查燃气报警器是否故障。

3.1.4 周期检定

表3－5为LNG加气站周期检定表。

表3-5 LNG加气站周期检定表

<table>
<tr><th>名称</th><th colspan="3">时间</th><th>国家标准(备注)</th></tr>
<tr><td>压力表</td><td colspan="3">半年</td><td>GB/T 1226—2010</td></tr>
<tr><td>安全阀</td><td colspan="3">一年</td><td>GB/T 29026—2012</td></tr>
<tr><td rowspan="6">压力容器</td><td colspan="3">三年/首次</td><td rowspan="6">TSG R 7001—2013
TSG R 0004—2015
API 653—2009
SY/T 6620—2014
SY/T 5921—2011
SY/T 4109—2013</td></tr>
<tr><td rowspan="5">定期检验</td><td>安全状况等级</td><td>检验周期</td></tr>
<tr><td>1、2</td><td>3年一次</td></tr>
<tr><td>3</td><td>3～6年一次</td></tr>
<tr><td>4</td><td>监控使用，检验机构确定检验周期，累计监控使用时间不超过3年</td></tr>
<tr><td>5</td><td>应对缺陷进行处理，否则不得继续使用</td></tr>
<tr><td>燃气报警器</td><td colspan="3">一年</td><td>GB 12358—2006</td></tr>
</table>

注：压力容器一般应当于投用后3年内进行首次全面检验，下次的全面检验周期，由检验机构根据压力容器的安全状况等级按照以上要求确定。安全状况等级的评定按《压力容器定期检验规则》规定进行。

3.2 L－CNG加气站

L－CNG加气站是以LNG为气源，经LNG柱塞泵、低温管道、气化器等设备将LNG转化为CNG，并通过加气机为汽车储气瓶充装车用CNG的场所。

3.2.1 工艺流程

L－CNG加气站工艺框图如图3－7所示。

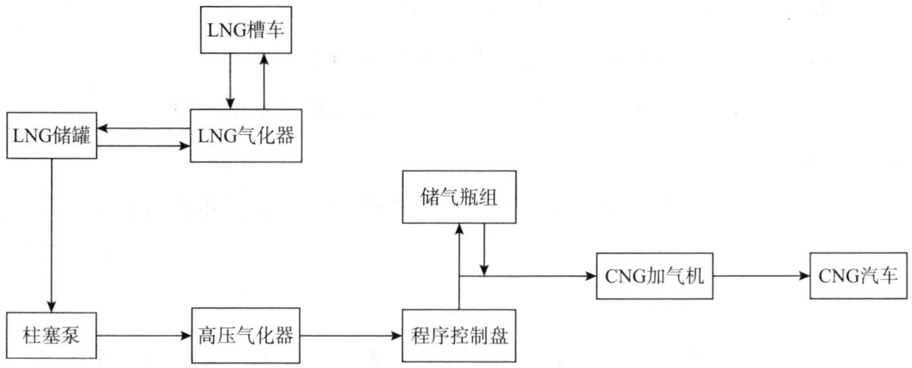

图 3-7　L-CNG 加气站工艺框图

L-CNG 加气站主要功能如下。

(1)卸车功能。从 LNG 液化厂用低温运输槽车将 LNG 运至汽车加气站，LNG 通过加气站卸车接口、管道、阀门等将 LNG 灌注到加气站的低温储罐中。

(2)槽车增压功能。将槽车内液体经增压阀放入卸车增压器，液体在增压器内气化，气化后的气体经槽车气相口阀门回到槽车，实现槽车增压。

(3)LNG 增压功能。采用 LNG 低温高压柱塞泵直接增压。

(4)LNG 气化功能。LNG 液体经泵加压进入到空温式气化器，空温式气化器通过对 LNG 的加热使低温的 LNG 气化成常温的 CNG，CNG 经程序控制盘顺序储存到 CNG 存储装置中。

(5)加气功能。储罐内的 LNG 经低温柱塞泵抽出增压，通过高压气化器将液体气化为 CNG，并通过 CNG 加气机向汽车注入 CNG。

(6)LNG 储罐增压。当 LNG 储罐压力过低时(≤0.2MPa)应当对 LNG 储罐进行增压。将 LNG 储罐内液体经增压阀放入增压器，液体在增压器内气化，气化后的气体经 LNG 储罐气相口阀门回到储罐，实现储罐增压。

3.2.2　主要设备

L-CNG 加气站设备主要包括：LNG 储罐、低压空温式汽化器、低温柱塞泵、撬体、高压空温式汽化器、水浴式汽化器(可选)、CNG 加气机、程序控制盘、储气系统、PLC 控制柜、燃气报警系统等。

3.2.2.1　LNG 储罐

LNG 储罐是用于(临时)储存 LNG，为 LNG、L-CNG 加气站提供气源的装置，内容与本章第一节相同，请查阅相应章节。

3.2.2.2　LNG 低温柱塞泵

LNG 低温柱塞泵(见图 3-8)主要由电机、皮带轮、传动箱、电控柜和泵头组成。泵驱动端的作用是将电机的旋转运动转变为往复运动，并将电机的输出功率传递给泵头压缩端，电机通过皮带轮、偏心轮、连杆和十字头等部件来完成转换。传动系统的轴、凸轮及轴承结构为浸油型式，这使得动力系统的寿命大大延长。

图3-8　LNG低温柱塞泵

3.2.2.3　高压空温式气化器

高压空温式气化器是利用设备周围环境的空气自然对流加热管内低温液体(液氮、液氧、液氩、液体二氧化碳、液体天然气等)使其蒸发成气体的换热设备。

高压空温式气化器一般露天安装，以便使其能更好地进行换热，设备采用的材质具有极高抗氧蚀特性，使用寿命长，换热效果优良，还具有无能耗、无污染，维修、操作简便等优点。因此能节省大量的设备运行费用。

1. 高压空温式气化器

高压空温式气化器如图3-9所示。

图3-9　高压空温式气化器

2. 原理

利用与空气的的热交换作用，对LNG进行气化，将LNG气化成CNG。

3. 结构组成

本系列汽化器属立式星形翅片式汽化器，进液及出气管口均采用活套法兰连接。翅片管与翅片管之间采用菱形补偿连接，四周为桥式连接，外围采用高强度防锈铝合金保护，整个结构简洁美观、不易积霜，可消除正常使用时热胀冷缩产生的应力。

3.2.2.4　CNG加气机

请查阅压缩天然气加气站相应章节介绍。

3.2.2.5　程序控制

程序控制盘是CNG加气站用于储气系统(包括：储气瓶、储气罐、储气井)实现节能储气，即分组顺序送气到储气系统的自动控制装置，并具有直充的功能。

1. 原理

通过顺序阀实现自动对储气系统(包括：储气瓶、储气罐、储气井)进行充气和切换压缩机直接对CNG加气机供气。

(1)直充过程。压缩机将高压CNG气体送入程序控制盘，打开程序控制盘上直充阀门，通过直充管线，直接给CNG加气机供气，不经过储气系统。

(2)非直充过程。压缩机将高压CNG气体送入程序控制盘，打开程序控制盘上直充阀门，高压 CNG 气体通过预先设置的顺序阀开启压力，分别对高压、中压、低压储气系统进行充气，当高压、中压、低压顺序阀全部打开后，同时给三个储气系统进行补充气，压缩机系统检测到储气系统的压力达到设定压力时，压缩机停止工作。

2. 结构组成

整机主要由顺序阀、管路、高压球阀、压力表和机壳组成。图 3 - 10 为程序控制盘。

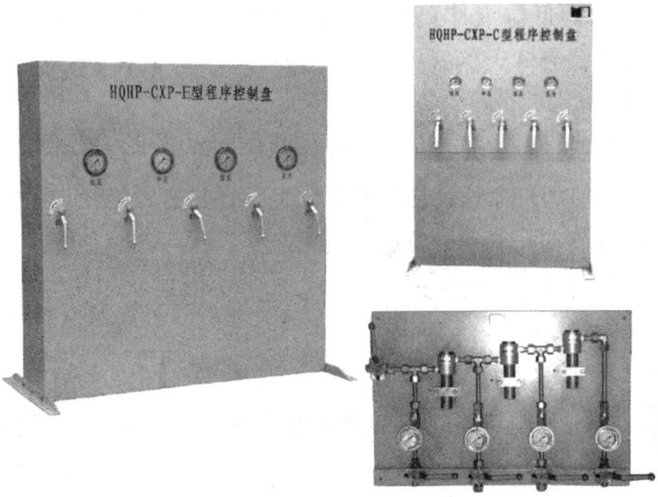

图 3-10　程序控制盘

(1)对加气站储气系统进行分组送气。

(2)可以对顺序阀切换压力进行调节及显示。

(3)提高储气系统效率，达到降低能耗的目的。

(4)可以实现直充功能。

3.2.3　L - CNG 加气站常见故障排除。

3.2.3.1　电磁阀内漏

(1)排查电磁阀有无油污、杂质、冰块堵塞，若有，清洗主副阀芯及先导孔。

(2)排查主副阀芯有无被卡死，若有，更换相应阀芯。

(3)排查阀针或先导孔是否偏心，若有，偏心更换相应阀芯。

(4)排查主阀芯弹簧是否断裂，若弹簧断裂，更换弹簧。

3.2.3.2　电磁阀打不开

(1)排查电磁阀供电是否正常，若供电不正常，排查供电故障。

(2)排查电磁阀线圈是否正常，若不正常，更换线圈。

(3)排查电磁阀是否有杂质或者冰堵，若有，清洗电磁阀消除冰堵。

3.2.3.3 枪阀漏气

(1)排查枪阀密封圈是否损坏，若密封圈损坏，更换密封圈。

(2)排查球体或密封端面是否有划伤，若有划伤，更换相应配件。

(3)排查密封端面是否损坏，若密封端面损坏，更换密封端面。

3.2.3.4 快速接头外漏

(1)排查连接是否正常，若连接不正常，重新连接。

(2)排查快速接头O形圈是否磨损，若磨损，更换相应O形圈。

(3)排查快速接头是否损坏，若快速接头损坏，更换快速接头。

3.2.3.5 加气站控制系统报警

LNG加气站控制系统工具现场传感器采集数据进行处理分析，如果现场采集到的数据出现异常时，系统根据不同异常数据进行判断分析以后，控制系统发出声光报警指令，并在触摸屏或SCADA系统上显示。常见系统报警如下：

1. 储罐压力高报警

(1)排查储罐现场压力表与系统显示是否一致，若一致，需要根据储罐使用压力对储罐进行泄压。

(2)若储罐现场压力表与系统显示不一致，依次检查压力传感器、安全栅、浪涌保护器或线路是否出现故障，若出现故障，排除故障或更换相应配件。

(3)若反复储罐压力高报警，需要对储罐真空度进行检测。

2. 储罐液位低报警

(1)确认储罐LNG储量是否低于设定值，若低于设定值，需要对储罐进行补液。

(2)若储罐液位高于设定值，排查储罐现场液位表与系统显示是否一致，若一致，排查储罐液位测量管路有无泄漏，若有泄漏，排除泄漏点。

(3)若储罐现场液位表与系统显示不一致，依次检查压力传感器、安全栅、浪涌保护器或线路是否出现故障，若出现故障，排除故障或更换相应配件。

3. 储罐液位高报警

(1)确认储罐LNG储量是否高于设定值，若高于设定值，需要停止对储罐补液。

(2)若储罐液位低于设定值，排查储罐现场液位表与系统显示是否一致，若一致，排查储罐液位测量管路有无泄漏，若有泄漏排除泄漏点。

(3)若储罐现场液位表与系统显示不一致，依次检查压力传感器、安全栅、浪涌保护器或线路是否出现故障，若出现故障，排除故障或更换相应配件。

4. 仪表风压力高(底)报警

(1)排查仪表风系统工作是否正常或者管路是否泄漏，若仪表风系统工作不正常，排除仪表风系统故障或泄漏点。

(2)若仪表风系统正常工作，依次检查压力传感器、安全栅、浪涌保护器或线路是否出现故障，若出现故障，排除故障或更换相应配件。

5. 三项电源异常报警

依次排查三项供电电源是故障，并排除故障。

3.2.3.6 在加液、卸车时潜液泵无法启动

(1)排查系统有无故障报警，若系统存在报警，排除系统报警。

(2)排查泵池预冷是否完成，若泵池预冷未完成，需要对泵池预冷。

3.2.3.7 系统急停故障

排查急停被按下的原因并排除故障，恢复现场急停开关，重新通电和报警复位后即可。

3.2.3.8 燃气浓度高报警

(1)排查对应探头处是否存在泄漏，若存在泄漏，排除泄漏，再复位燃气报警器。

(2)若对应探头出无燃气泄漏，排查燃气报警器是否故障。

3.2.4 周期检定

L－CNG 加气站周期检定见前面表 3－5。

3.3 LNG/L－CNG 加气合建站

LNG/L－CNG 加气合建站是以 LNG 为气源，既可充装 LNG，又可充装 CNG 的场所，是 LNG 加气站和 L－CNG 加气站的合并。LNG/L－CNG 加气合建站既具有 LNG 加气站的功能，又具有 L－CNG 加气站的功能，既能为 CNG 汽车储气瓶充装车用 CNG，又能为 LNG 汽车储气瓶充装车用 LNG。

3.3.1 工艺框图

LNG/L－CNG 加气合建站工艺框图如图 3－11 所示。

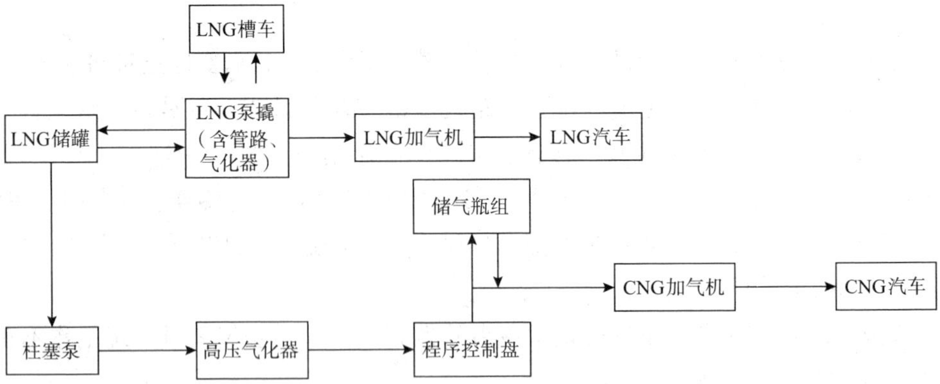

图 3－11　LNG/L－CNG 加气合建站工艺框图

3.3.2　主要设备

主要设备包括：LNG 储罐、低压空温式汽化器、低温潜液泵、低温柱塞泵、撬体、高压空温式汽化器、水浴式汽化器(可选)、CNG 加气机、LNG 加气机、程序控制盘、储气系统、PLC 控制柜、燃气报警系统等。LNG/L－CNG 加气合建站设备与 LNG 加气站、L－CNG 加气站设备相同，请查阅相应章节。

3.3.3　LNG/L－CNG 合建站常见故障排除

请参照 LNG、L－CNG 加气站常见故障排除。

3.3.4　周期检定

请参照 LNG、L－CNG 加气站周期检定。

3.4　LNG 气化站

LNG 气化站是一个接收、储存和分配 LNG 的场所，也是城镇或燃气企业把 LNG 从生产厂家转往用户的中间调节场所。

LNG 气化站凭借其建设周期短以及能迅速满足用气市场需求的优势，已逐渐在我国东南沿海众多经济发达、能源紧缺的中小城市建成，成为永久供气设施或管输天然气到达前的过渡供气设施。目前国内 LNG 供气技术正处于发展和完善阶段。

3.4.1　工艺框图

LNG 气化站工艺框图如图 3－12 所示。

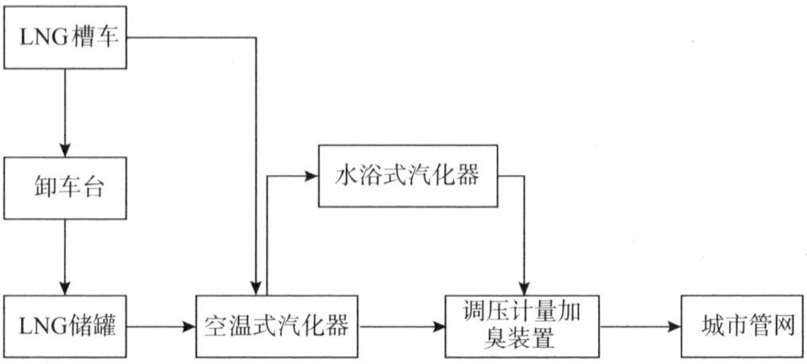

图 3－12　LNG 气化站工艺框图

LNG 气化站具有卸车、LNG 气化、调压、计量、加臭、安全泄放等功能。

3.4.1.1　卸车

把槽车内的部分 LNG 通过气化器汽化后回到槽车气相，使槽车压力升高，通过压差将槽车内的LNG经过储罐上充装口卸到低温储罐内。

3.4.1.2　气化

当储罐压力过高时，优先使用储罐闪蒸气(Boil Off Gas，缩写BOG)；当储罐压力较低时，增压调节阀自动打开LNG通过储罐液相管路至储罐增压器中，经储罐增压器汽化后从储罐气相回到储罐内，使储罐压力升高。

3.4.1.3　调压

储罐内LNG通过出液口流入LNG气化器中，经气化器汽化后天然气的温度将达不低于环境温度5～15℃。冬天气温较低的地方，需要设置复热器。

3.4.1.4　计量

气化后天然气经调压装置调压到适合压力给用户供气，可进入天然气管网。若需要对天然气流量进行计量检测，则需要增装流量计。

3.4.1.5　加臭

天然气进入管网前，需要对其气体进行加臭处理，可选择手动或自动。保证气体泄漏时能够被人察觉，加臭剂量符合国家相关规范要求。

3.4.1.6　安全泄放

系统压力超过最大工作压力时，安全阀将自动开启，泄放气经EAG加热器，通过放散管排入大气，安全阀自动回座。

3.4.2　主要设备

LNG气化站主要由LNG储罐、LNG气化器、调压计量撬、加臭设备、燃气报警系统设备等组成。

3.4.2.1　LNG低温储罐

LNG储罐是用于(临时)储存LNG，内容请查阅本章第一节。

3.4.2.2　LNG气化器

LNG气化器主要用于LNG气化站将场站储存的LNG气化为气态天然气。通常LNG气化站主要有空温式气化器和水浴式汽化器两种。

1. 空温式气化器

空温式气化器是由星形翅片和高强度防锈铝合金组成，翅片管与翅片管之间采用菱形补偿连接，四周为桥式连接。

(1)低压气化器原理。利用设备周围环境的空气自然对流加热管内的低温液体，使其蒸发成气体；是一种具备气化功能的高效节能换热设备。

(2)低压气化器结构组成如图3－13所示。

①一般由管路和翅片组成。

②翅片管表面抗氧化处理，汽化器翅片管之间的连接采用卡印咬合的桥式连接，翅片管与框架之间为螺栓连接。

③按照相应服务标准进行清洗和制造，材料综合机械性能、焊接性能、抗疲劳性能优良。

2. 水浴式气化器

水浴式气化器(见图3－14)是利用电加热水壳内介质后加热管内介质，使出口气体达到设定温度的一种换热设备。

图3－14 水浴式汽化器

图3－13 低压汽化器

(1)水浴式汽化器工作原理。水浴式气化器是利用电加热水壳程内介质后加热管程内介质，使出口气体达到设定温度的一种换热设备。

(2)水浴式汽化器结构组成

①换热容器，由壳程(夹套)和管程(本体)组成。壳程盛装工作介质(水)，管程流过需要加热的介质(LNG/CNG)。

②防爆电加热器。靠内部电热管将电能转化为热能，加热壳程内工作介质，使该介质温度控制在设定范围内。

③防爆照明(动力)配电箱。主要用于加热器供电及温度控制。电加热控制线路设有自动和手动二档，可切换。控制箱面板上装置电压表、电流表、数显调节仪、指示灯、操作开关等，显示直观，操作简便，加热筒体内换热管采用优质不锈钢材料，使用寿命长，换热效果优良，能长期高效工作。

3.4.2.3 调压计量撬

调压计量撬是一种撬块式燃气调压计量装置。

1. 调压计量撬工作原理

将气化器气化后的天然气进行过滤、调压使压力控制在设定范围内，再通过计量管路中的涡轮流量计进行计量后，输入到用户管网。

2. 调压计量撬结构组成

调压计量撬(见图3-15)由矩形撬块、调节汇管、控制阀、计量管、流量计、调节阀、调节管、过滤器、出气管、进气汇管、进气口、出气汇管、排污管和安全阀等组成。

3.4.2.4 加臭设备

加臭就是给燃气混入警觉性气味的过程，也就是通过加臭设备将气味输送到燃气管道，使其与燃气成一定比例混合，一旦燃气泄漏，引起人们嗅觉刺激，从而报警，及时维修燃气设施。

1. 加臭设备工作原理

加臭设备接收到流量信号，通过内部程序运算，发出与燃气流量相匹配的控制脉冲，控制脉冲放大电路，驱动计量泵工作，按比例加入一定量臭剂和天然气混合，使天然气成为有味的可察觉气体，从而实现自动比例加臭。

2. 加臭设备组成

加臭设备(见图3-16)主要由汽化器、控制器、泵检查远传、压力表、观察窗、计量泵、集液池、标定计、储液罐、过滤器、吸收装置、上料球阀、液位计(选配)、磁翻板液位计等组成。

图3-15 调压计量撬

图3-16 加臭设备

3.4.3 LNG气化站常见故障排除

3.4.3.1 汽化器结冰

汽化器进液口附近及进液口后第一排翅片管外表后出现轻微霜雾及薄冰层，这是正常现象，是因为液体刚进入汽化器时处在吸热阶段。但结霜过厚会影响汽化量，用户可根据实际使用情况用不同方式除霜：用气量较小时减少进液，霜雾自然消融；亦可用洁净水冲洒结霜处促其消融。

3.4.3.2 出气管结霜

若设备出气温度过低，造成出气管结霜，表现进液量太大，必须立即关小供液阀，以防过液，并应及时清除管外结霜，增加通风或采取其他相应措施，或考虑更换更大的气化设备。

3.4.3.3 涡轮流量计故障

（1）涡轮流量计接通电源后无信号输出，检查管道无介质流量或者流量低于始动流量；电源与输出连线不正常；前置放大器或驱动放大级电路损坏。

（2）涡轮流量计无流量时流量计显示有瞬时流量，检查流量计是否接地不良或有其他电器干扰；放大器灵敏度过高或者供电电源不稳定。

3.4.3.4 加臭设备常见故障

（1）开机无反应请检查电源线是否连接好，接触是否牢固，主电源保险是否熔断。如熔断请更换，并断开输出电缆，开机再试，如还是如此，请专业工程师开箱检修或与供应商联络。

（2）输入不正常一般有两种情况，一是键盘失灵，或键盘本身损坏，键盘编码电路故障；二是在脉冲输出时按键反应稍慢，是正常的。

（3）有很大臭味原因可能是管道接头有泄漏；检漏维修。

3.4.3.5 调压撬常见故障

（1）给定压力偏低检查主弹簧或指挥器弹簧失效或选型不当，指挥器入口信号管堵塞，阀口结冰或被赃物堵塞。

（2）出口压力不正常升高，检测调压器或指挥器阀口关闭不严，调压器或指挥器皮膜漏气，指挥器气体耗散孔堵塞，进出口间的密封元件损害。

（3）调压器不灵敏，检查阀杆是否有卡阻现象。

3.4.4 周期检定

LNG 气化站周期检定见前面表 3-5。

3.5 船用 LNG 加气站

船用 LNG 加气站是以 LNG 为气源，经过 LNG 低温潜液泵、低温管道、LNG 加气机等设备，为 LNG 动力船储存瓶充装 LNG 的场所；船用 LNG 加气站是建立在内河或沿海区域对 LNG 燃料船进行充装服务的场所。根据不同的水域、岸线环境等条件，分为三种建站模式：趸船式加气站、岸基式加气站、移动式加气站。

3.5.1 趸船式 LNG 加气站

将加注设备布置于趸船上的 LNG 加气站简称趸船式 LNG 加气站，可建在船岸连接长度不大、河道坡度较大的水域，如趸船加码头或管廊式；也可建在河道较宽或较深的水域，如独立趸船式。

3.5.1.1 工艺流程

趸船 LNG 加气站工艺框图如图 3 - 17 所示。

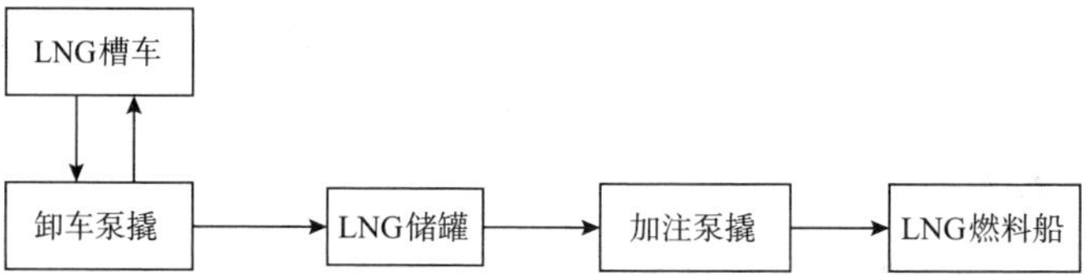

图 3-17 趸船 LNG 加气站工艺框图

3.5.1.2 功能

整个系统有卸车功能、加注功能、BOG 回收利用功能、吹扫功能、储罐增压功能等。

(1)卸车功能。从 LNG 液化厂用低温运输槽车将 LNG 运至趸船加气站，LNG 通过加气站卸车接口、管道、阀门等将 LNG 灌注到趸船上的低温储罐中。

(2)加注功能。储罐内的 LNG 经管道、低温潜液泵增压，通过流量计计量后向 LNG 燃料船注入 LNG。

(3)BOG 回收利用功能。当储罐内的压力过高时，可将 BOG 经过增温、减压、稳压等过程后进入发电机，用以发电，避免浪费。

(4)吹扫功能。加注过程中，取泵后少量 LNG 经气化器气化为 1.2MPa 的 BOG，当加注完成后，用该 BOG 将加注管道中剩余的 LNG 吹回储罐和燃料船中。

(5)储罐增压功能。当 LNG 储罐压力过低时(≤发电机工作压力)应当对 LNG 储罐进行增压。将 LNG 储罐内液体经增压阀流入潜液泵池，经泵加压后，液体流入汽化器内气化后回到储罐，实现储罐增压。

3.5.1.3 优点

趸船式加气站具有如下特点：

(1)与车用 LNG 加气站相比，管路、阀门、流量计口径更大，加注流量也大，单台泵可达 $15m^3/h$，可并联多台泵同时工作。

(2)满足中国船级社(CCS)相关规定，规范要求持证设备均需持有 CCS 产品证书，其余部件则需经 CCS 认可后，方可上船使用。

(3)根据不同水域环境，建站模式多样，如独立趸船式、趸船加码头或管廊式、移动式加气站等。

(4)设备防护等级高，达 IP56。

3.5.1.4　主要设备

趸船式 LNG 加气站主要设备有：LNG 储罐、低温潜液泵、泵池、流量计、冷箱、BOG 储气罐、BOG 缓冲罐、加液控制柜等。趸船加气站所用气化器、潜液泵与陆用 LNG 加气站相同，除泵池各管口尺寸加大、流量计口径加大外，也基本与陆用站相同，此节不作详细介绍，可以参见本章第一节。以下详细介绍 LNG 储罐、BOG 储气罐、BOG 缓冲罐、冷箱、加液控制柜。

1. LNG 储罐

船用 LNG 储罐的结构形式和绝热原理与陆用的相同，但有所变化：

(1)容积大。一般可分为 $60m^3$、$100m^3$、$120m^3$、$150m^3$、$200m^3$、$250m^3$ 和 $300m^3$ 等规格，最大容积不超过 $300m^3$。

(2)安全要求高。根据最新规范，船用 LNG 储罐全部采用双层不锈钢材料制作。

(3)满足 CCS 的相关规范要求。

(4)内容器中设有防波板，能够缓冲因船晃动产生的冲击。

(5)储罐的温度检测分为低液位温度、高液位温度和高高液位温度检测。

2. BOG 储气罐

根据相关规范要求，BOG 储气罐(见图 3－18)加液完成后，加液管道内不能残存 LNG，所以每次加注完成后必须对其进行吹扫，既保证安全又避免 LNG 的浪费。

BOG 储气罐整体采用不锈钢材料制作，存储温度为 －100℃，压力为 1.2MPa 的 BOG，供加注管路吹扫用。

3. BOG 缓冲罐

BOG 缓冲罐(见图 3－19)对进入燃气发电机的气体起到缓冲、保证进气压力稳定的作用；相对 BOG 储气罐而言，是个常温罐，但仍采用不锈钢材料制作，工作温度和工作压力根据具体发动机而定。

图 3－18　BOG 储气罐

图 3－19　BOG 缓冲罐

4. 冷箱

冷箱(见图 3－20)的主要作用是在发生意外情况时，防止 LNG 流出撬体，对船体造成冷脆损坏，缩小安全距离。由不锈钢制作而成，采用密闭结构，内部要求能够承受0.02MPa的压力，具有每小时30次的通风能力。加注工艺管道集中布置在冷箱中，外壁留有对外加注接口和补给接口，顶部开有密封门，可从顶部进入冷箱内对阀门元件进行维护。电气系统在冷箱内做密封隔离，侧面留有电气维护门，方便对电气元件进行维护。仪表面板布置于冷箱侧壁，方便观测数据。

5. 加液控制柜

加液控制柜(见图3-21)是用于提供LNG燃料加注服务，并带计费显示功能的专用设备，与陆地站的LNG加气机不同，因船用加气站的流量计太大，无法安装在加液控制柜里面，均安装在撬体管道上。所以船用LNG加液控制柜是由计量收费系统的电气部分组成的一个电控柜，防护等级比LNG陆地站的高，达到IP56。

图3-20　冷箱

图3-21　加液控制柜

3.5.2　岸基式加气站

仅依靠码头所建立的LNG加气站统称为岸基站，所有设备固定在陆地上。可建造在岸线条件较缓的码头上，如栈桥式码头固定站；也可建造在岸线条件较好(没有河道坡度)的运河上，如岸壁式码头固定站。

3.5.2.1　工艺流程

岸基式加气站工艺框图如图3-22所示。

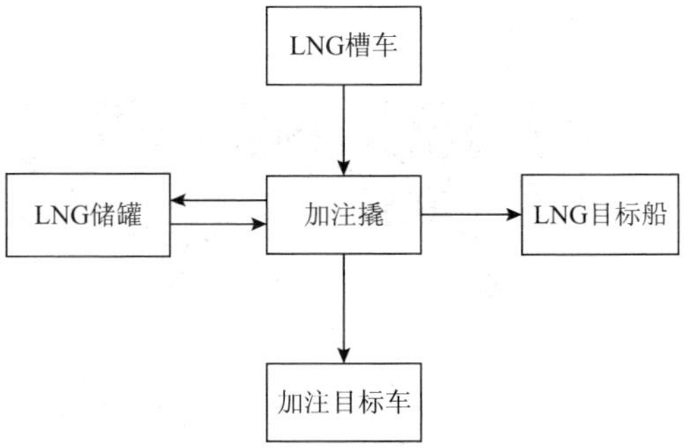

图3-22　岸基式加气站工艺框图

3.5.2.2　功能

整个系统有卸车功能、加注功能、BOG
回收利用功能、吹扫功能、储罐增压功能等。

(1)卸车功能。从LNG液化厂用低温运输槽车将LNG运至趸船加气站，LNG通过加气站卸车接口、管道、阀门等将LNG灌注到趸船上的低温储罐中。

(2)加注功能。储罐内的LNG经管道、低温潜液泵增压，通过流量计计量后向LNG燃料船或者LNG汽车注入LNG。

(3)BOG回收利用功能：当储罐内的压力过高时，可将BOG经过增温、减压、稳压等过程后进入发电机或城市管网加以利用，避免浪费。

(4)吹扫功能。加注过程中，取泵后少量LNG经气化器气化为1.2MPa的BOG，当加注完成后，用该BOG将加注管道中剩余的LNG吹回储罐和燃料船中。

(5)储罐增压功能。当LNG储罐压力过低时(≤发电机工作压力)应当对LNG储罐进行增压。将LNG储罐内液体经增压阀流入潜液泵池，经泵加压后，液体流入汽化器内气化后回到储罐，实现储罐增压。

3.5.2.3　特点

岸基式加气站具有如下特点：

(1)与陆上站相比，管路、阀门、流量计口径更大，加注流量也大，可并联多台泵同时工作。

(2)既能对船，也可对车进行加注。

3.5.2.4　主要设备

岸基式LNG加气站主要由LNG储罐、LNG潜液泵、LNG气化器、EAG加热器、PLC电控系统、燃气报警系统设备组成。通常地，LNG潜液泵和LNG汽化器、EAG加热器组装成LNG泵撬。除管路、阀门、流量计口径增大外，其他与LNG加气站相同，此节不作详细介绍，可以参见本章第一节。

3.5.3　移动式加气站

移动式加气站是指依靠动力船舶而建立的加气站，具有自主移动并进行加注服务的特点。是以动力船为依托，为目标船加注LNG的一个移动式加注场所。移动式加气站可从岸基站、趸船站或槽船取液，然后到达指定位置对目标船进行加注。

3.5.3.1　工艺流程

移动式加气站工艺框图如图3－23所示。

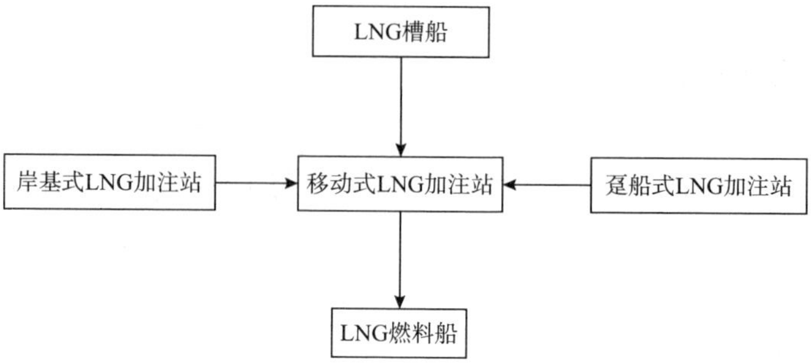

图 3-23　移动式加气站工艺框图

移动式加气站与趸船加气站的主要区别是：趸船加气站自身没有驱动力，而移动加气站有发动机提供动力，且有两套相对独立的燃料供气系统自动给发动机供气，保证其中一套出现故障时，另一套能够正常为发动机供气，不会让船失去动力。

3.5.3.2　功能

移动式加气站具有对外为 LNG 燃料船加注功能、对内为燃料罐补给 LNG 功能、为发动机提供燃料气及 BOG 利用功能等；

(1)对外加注功能。储罐内的 LNG 经管道、低温潜液泵增压，通过流量计计量后向 LNG 燃料船注入 LNG。

(2)对内补给功能。储罐内 LNG 通过低温泵，经过工艺管路加注到燃料罐中。

(3)燃料供气功能。将燃料罐中的 LNG 经过汽化、加热、稳压，最后进入发动机的过程。

(4)BOG 利用功能。当 LNG 储罐中的压力过高时，发动机直接从储罐取气，避免 BOG 浪费。

3.5.3.3　特点

移动式加气站具有如下特点：

(1)加注量大，可多台泵同时工作。

(2)满足 CCS 中国船级社相关规定。

(3)可航行到目标船处对目标船进行加注，灵活性强。

(4)设备防护等级高，达 IP56。

3.5.3.4　主要设备

移动加气站主要分为加注系统和燃料供气系统。

1. 加注系统

由潜液泵、流量计、真空管道、加注撬体和加注软管等组成；通过潜液泵和流量计能够对目标船进行加注并且精确计量，同时也能够对燃料供气系统的燃料罐补液；其所用储罐、气化器与趸船式 LNG 加气站相同，此节不作详细介绍，请参见相关章节。

2. 燃料供气系统

由燃料罐、真空管道、水浴式汽化器、水浴式加热器、缓冲罐等组成。一方面，LNG 从燃料罐流出，依次通过水浴式汽化器、水浴式加热器、缓冲罐，最后进入发动机，达到对发动机供气的目的；另一方面，当储罐内压力达到发动机供气压力要求时，可直接利用储罐的气体，经加热供发动机使用，从而降低储罐的压力，避免 BOG 的排放。

提供热量的循环水则来自发动机的冷却水，流经水浴式汽化器和加热器换热后，再回到发动机的冷却系统，形成回路，有效的节约能源。

LNG 燃料罐(见图 3－24)的结构形式和绝热原理与船用 LNG 储罐相同，常用容积分为：$3m^3$、$5m^3$、$10m^3$、$20m^3$ 等规格。

图 3－24　LNG 燃料罐

3.5.4　船用加气站常见故障排除

3.5.4.1　控制系统声光报警

LNG 加气站控制系统工具现场传感器采集数据进行处理分析，如果现场采集到的数据出现异常时，系统根据不同异常数据进行判断分析以后，控制系统发出声光报警指令，并在触摸屏或 SCADA 系统上显示。常见系统报警如下。

1. 储罐压力高报警

(1)排查储罐现场压力表与系统显示是否一致，若一致，需要根据储罐使用压力对储罐进行泄压。

(2)若储罐现场压力表与系统显示不一致，依次检查压力传感器、安全栅、浪涌保护器或线路是否出现故障，若出现故障排除故障或更换相应配件。

(3)若反复储罐压力高报警需要对储罐真空度进行检测。

2. 储罐液位低报警

(1)确认储罐 LNG 储量是否低于设定值，若低于设定值，需要对储罐进行补液。

(2)若储罐液位高于设定值，排查储罐现场液位表与系统显示是否一致，若一致，排查储罐液位测量管路有无泄漏，若有泄漏排除泄漏点。

(3)若储罐现场液位表与系统显示不一致，依次检查压力传感器、安全栅、浪涌保护器或线路是否出现故障，若出现故障排除故障或更换相应配件。

3. 储罐液位高报警

(1)确认储罐 LNG 储量是否高于设定值，若高于设定值，需要停止对储罐补液。

(2)若储罐液位低于设定值，排查储罐现场液位表与系统显示是否一致，若一致，排查储罐液位测量管路有无泄漏，若有泄漏排除泄漏点。

(3)若储罐现场液位表与系统显示不一致，依次检查压力传感器、安全栅、浪涌保护器或线路是否出现故障，若出现故障排除故障或更换相应配件。

4. 仪表风压力高(低)报警

(1)排查仪表风系统工作是否正常或者管路是否泄漏，若仪表风系统工作不正常，排除仪表风系统故障或泄漏点。

(2)若仪表风系统正常工作，依次依次检查压力传感器、安全栅、浪涌保护器或线路是否出现故障，若出现故障排除故障或更换相应配件

5. 泵池出口压力高报警

(1)排查泵池以及管路预冷是否预冷到位，若预冷不到位需对泵池以及管路预冷。

(2)若管路预冷到位，排查泵出口管路阀门是否处于正常状态，若阀门状态不正常，排除阀门故障。

(3)若阀门正常，依次检查压力传感器、安全栅、浪涌保护器或线路是否出现故障，若出现故障排除故障或更换相应配件。

6. 泵池溢流口温度高报警

(1)若在长时间待机状态下出现泵池溢流口温度高报警属于正常状态报警。

(2)若使用过程中出现泵池溢流口出口温度高报警，排查溢流口阀门是否处于正常状态，若处于不正常状态排除阀门故障。

(3)若阀门处于正常状态需要对泵池进行预冷。

3.5.4.2 在加液、卸车时潜液泵无法启动

(1)排查系统有无故障报警，若系统存在报警排除系统报警

(2)排查泵池预冷是否完成，若泵池预冷未完成需要对泵池预冷

3.5.4.3 系统急停故障

排查急停被按下的原因并排除故障，恢复现场急停开关，重新通电和报警复位后即可。

3.5.4.4 燃气浓度高报警

(1)排查对应探头处是否存在泄漏，若存在泄漏排除泄漏，复位燃气报警器。

(2)若对应探头出无燃气泄漏排查燃气报警器是否故障。

3.5.5 周期检定

船用加气站周期检定见前面表3－5。

3.6 液化天然气加气站仪表、阀门及控制系统

本节主要介绍液化天然气加气站仪表、阀门结构及作用，控制系统组成及功能。

3.6.1 主要仪表

3.6.1.1 压力表

压力表(见图3－25)是指以弹性元件为敏感元件，测量并指示高于环境压力的仪表，主要用于测量介质压力。压力表应用极为普遍，具有结构简单，品种规格齐全、测量范围广、便于制造和维修，以及价格低廉等特点。

3.6.1.2 压力(差压)变送器

变送器是在自动检测和控制系统中对各种工艺参数，如温度、压力、流量、液位、成份等物理量进行检测，以供显示、记录或控制之用，获取精确、可靠的过程参数值是进行控制的基础。按被测参数分类，变送器主要有差压变送器、压力变送器、温度变送器、液位变送器和流量变送器等。

压力(差压)变送器(见图3－26)就是将压力的力学信号转变成电流、电压这样的电信号，压力的大小和电流、电压的大小呈线性关系，一般是正比关系。所以，变送器输出的电流或电压值随压力的增大而增大。差压变送器主要用于测量介质差压压力，并将差压压力信号转化为电信号，可以用于测量介质液位高度。

图3－25　压力表

图3－26　压力(差压)传感器

3.6.1.3 温度表

温度表(见图3－27)主要用于对管道介质温度进行测量。温度表利用温差电现象制成，通过电学量的测量，利用已知处的温度，就可以测定另一处的温度。

3.6.1.4 温度变送器

温度变送器(见图3－28)主要用于测量介质温度并将温度信号转化为电信号。LNG加气站通常使用的温度变送器准确地说应该是由热电阻温度传感器和温度变送器两部分组成，而习惯上统称为温度变送器。

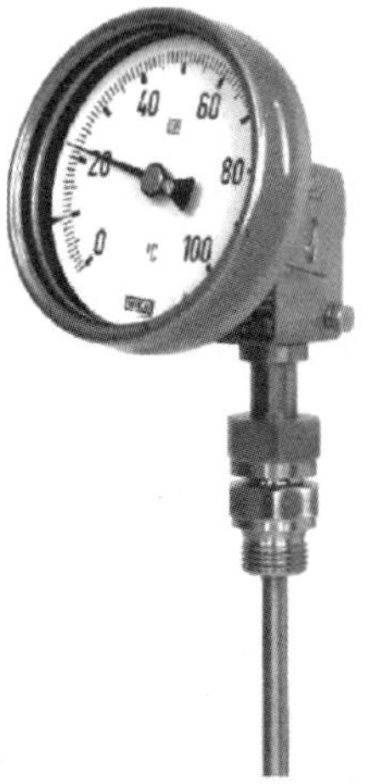

图3－27　温度表

图3－28　温度变送器

(1)热电阻是中低温区常用的一种测温元件。热电阻是物质在温度变化时本身电阻也随着发生变化的特性来测量温度的。热电阻的受热部分(感温元件)是用细金属丝均匀地缠绕在绝缘材料制成的骨架上，当被侧介质中有温度梯度存在时，所测得的温度是感温元件所在范围内介质层中的平均温度。它的主要特点是测量准确，性能稳定。

(2)温度变送器就是把温度传感器信号转换成标准信号，如4～20mA DC、1～5V DC、0～10V DC等信号的信号调理电路或产品。

①通过确认阻值的不同计算出当前的温度；

②再根据热阻值的量程变送输出对应的标准信号值，即：

温度变化→电阻阻值变化→温度变送器进行计算→输出标准信号

图3－29　差压液位计

3.6.1.5 差压液位计

差压液位计(见图3－29)主要用于低温储罐、低温液体槽车和其他低温容器液态气体的压差(kPa)显示。差压液位计主要由差压液位计、压力计和组合控制阀三个单元构成。其特点是：组合控制阀可代替通常所说的上阀、下阀、平衡阀和压力计阀四个阀门的工作，且差压液位计和压力计可在线拆卸、更换，勿需停气维修。现分别介绍各个单元的作用。

差压液位计显示低温容器液位的压差(kPa)。本组合差压液位计采用CYJ型双波纹管差压液位计。公称直径为152mm，准确度等级为2.5级，量程范围为0～15kPa(0～1500mm水柱)0～350kPa(0～35000mm水柱)。适用于LN_2、LAr、LO_2、LH_2、LNG、LCO_2等介质。

压力计采用YO－100Z型，精度等级1.6级，公称直径100mm。接口螺纹M20X1.5，适用于N_2、O_2、Ar、H_2、CO_2等气体。压力计示值显示低温容器气相空间压力。组合控制阀的开、关状态能够控制压力计的显示或关闭。

组合控制阀使用一个旋转手柄即可代替原有的上阀、下阀、平衡阀和压力计阀的工作。省去了分别安装各阀门的管线，消除了四个阀门的误操作，缩小了安装空间。提高了操作可靠性，延长了差压液位计使用寿命。

3.6.1.6 燃气探测器

燃气探测器(见图3－30)是利用接触燃烧原理制成的气体传感器，用于测量爆炸下限浓度范围内的易燃、易爆气体。元件由载体微珠和包埋于微珠中的铂丝螺旋圈构成。将元件置于惠斯顿电桥的一臂，当传感器接触可燃性气体时，由于催化活性的缘故，可燃性气体在检测元件表面发生无焰燃烧，引起检测元件表面温度升高。而补偿元件无催化活性，可燃性气体不能在其表面发生燃烧反应，其表面温度基本不变。检测元件温度的改变引起其电阻发生变化，进而导致电桥原来的平衡被破坏，输出一个新的信号。当气体浓度发生变化时，气体传感器的输出电压也随之成正比变化，经CPU采样、AD转换和判断后，由探测器本身确认是否报警。

图3-30 燃气探测器

3.6.2 主要阀门

3.6.2.1 气动截止阀

1. 结构组成

气动截止阀(见图3－31)由手柄、气缸、活塞、阀盖、阀杆、阀芯、阀座等组成。主要起到自动切断与导通介质的作用。

2. 工作原理

由控制给出信号，将信号反馈给电磁阀，由电磁阀通电后做

图3-31 气动截止阀

出反映，来通断空压机气源的开关，最后由气动阀的执行器进行执行阀门的通和开，来阻断介质的通和断。LNG 专用低温阀门都配有加长阀盖，其长度应适于设备操作并使阀门的填料密封部分无结冰、结霜。加长阀盖的机械性能应能保证：阀盖在不需要外加支撑或加强圈的情况下，能够实现阀门的手动操作或其他驱动方式操作的灵活性；LNG 阀门结构中为避免阀体与阀座的连接处损坏，阀座部分需采用含 15% 玻璃纤维的特氟龙、涤氟龙、聚四氟乙烯(PTFE)等特制耐低温长寿命材料；采用 PTFE 内含陶瓷成分生产的 O 形圈，耐低温，收缩率小，挤压后，恢复能力极佳。

3.6.2.2　手动截止阀

1. 结构组成

手动截止阀(见图 3－32)由手柄、阀盖、阀杆、阀芯、阀座等组成。主要起到手动切断与导通介质的作用。由人工去控制阀门的开度，控制介质流量的大小或阻断介质的通断。

图 3－32　手动截止阀

2. 工作原理

由人工去操作阀门的手柄，来阻断由介质通过阀座的通断。LNG 专用低温阀门都配有加长阀盖，其长度应适于设备操作并使阀门的填料密封部分无结冰、结霜。加长阀盖的机械性能应能保证：阀盖在不需要外加支撑或加强圈的情况下，能够实现阀门的手动操作或其他驱动方式操作的灵活性；LNG 阀门结构中为避免阀体与阀座的连接处损坏，阀座部分需采用含 15% 玻璃纤维的特氟龙、涤氟龙、聚四氟乙烯(PTFE)等特制耐低温长寿命材料；采用 PTFE 内含陶瓷成分生产的 O 形圈，耐低温，收缩率小，挤压后，恢复能力极佳。

3.6.2.3　手动球阀

手动球阀(见图 3－33)主要由阀芯、阀体、阀柄组成，用于切断管路上的气源。连接形式是以卡套卡帽、焊接等方式连接。

3.6.2.4　安全阀

安全阀(见图 3－34)是受压力设备上的超压保护装置，当设备压力升高到预设值时，安全阀自动开启泄压，防止设备压力继续升高，当压力降低到规定值时，安全阀自动关闭，防止设备内介质大量流失。安全阀的启闭件受外力作用下处于关闭状态，当设备或管道的介质压力升高超过规定值时，通过向系统外排放介质来防止管道或设备压力超过规定值，对人身全安和设备运行起重要保护作用。

图 3-33　手动球阀

图 3-34　安全阀

工作原理如下：

安全阀是利用压缩弹簧的弹力来平衡作用在阀瓣上的内力，并通过调节弹簧的压缩量来调节安全阀的开启压力。

安全阀适用于低温储罐、槽车和罐车上作为超压保护装置，当设备或管路压力超过规定的压力式安全阀及时起跳并排放介质，对储运设备和人身起到安全保护作用。

安全阀安装在储槽、槽车和罐车等设备上，当装置中没有压力时，弹簧力从上部作用于阀瓣上，使之与阀座压紧，随着系统中有压力的产生，即产生一个作用力从下面作用于阀瓣上，若此作用力小于弹簧力时，弹簧力与介质作用力之差构成阀座与阀瓣之间的密封力，系统中压力上升到一定数值时，密封力减小到零，当介质压力继续上升到开启压力时，阀瓣开始开启。阀瓣开启后，若系统中压力继续上升到排放压力时，阀瓣全部开启，阀门排出额定的排量。此时，系统中的压力逐渐降低，当降低到小于系统工作压力的预定值（即回座压力）时，阀瓣在弹簧力的作用下自动关闭，重新回到密封状态。

3.6.2.5　单向阀

为了使气体单向流动，加气站中普遍使用单向阀（见图 3-35），单向阀由阀盖、阀芯、阀座组成。主要作用对介质进行单向导通，反向截止。

3.6.2.6　电磁阀

电磁主要用于控制气动阀气路的开启与关闭，结合控制系统可以实现气动阀远程自动化控制，现代加气站大量使用电磁阀，具体可以按照加气站类型来介绍：LNG 电磁阀和 CNG 电磁阀两大类。

LNG 电磁阀（见图 3-36）组件主要由消音器、进口连接头、电磁阀阀体、防爆绕线管组成，用于控制气动阀的开启和关闭。

图 3-35　单向阀

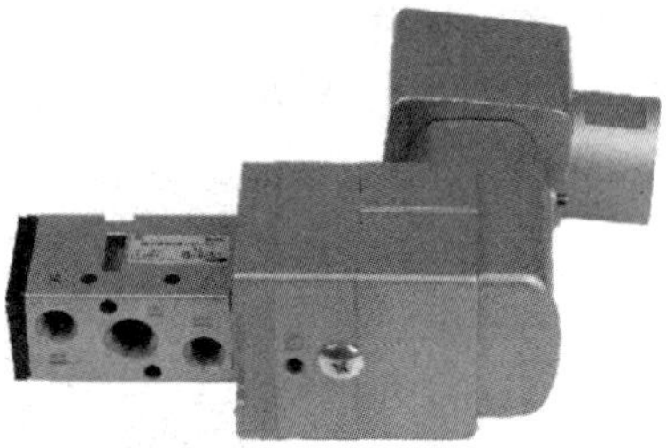

图 3-36　LNG 电磁阀

3.6.2.7　可燃气体报警器

可燃气体报警器由探测器和二次仪表组成(部分没有二次显示，只有声、光报警)，多数采用催化燃烧型。催化燃烧型气体探测器的工作原理是利用难熔金属铂丝加热后的电阻变化来测定可燃气体浓度的。探测器中的探头(传感器)由一对催化燃烧式检测元件组成：其中一个元件对可燃气体非常敏感(该元件上涂有多层催化剂)；另一个元件不敏感，用于补偿环境温度变化。这一对检测元件与另一对高准确度电阻构成惠斯登电桥，当可燃气体进入探测器时，在铂丝表面引起氧化反应(无焰燃烧)。其产生的热量使铂丝的温度升高，铂丝的电阻发生变化，从而造成电桥失衡产生一个毫伏级的电信号输送到二次仪表中，通过仪表放大后与仪表设定电压进行比较，经方波发生器输出一组方波信号控制声、光电路或者连锁控制系统。

从可燃气体探测器工作原理可知，探头的每一次工作就是一次化学变化的过程，每一次化学变化探头表面的催化剂就有一定的损耗。采用化学变化的探头(传感器)与采用物理变化的传感器有着本质的区别(如绝大多数电子秤中的传感器是将 4 个电阻应变片贴到惠斯登电桥的 4 个弹性体桥路，当有物体放到传感器上时，弹性体就会变形使电阻应变片的阻值发生变化，从而打破电桥的平衡得到一个精确的毫伏级信号，当取下物体时弹性体恢复正常)，所以电子秤中传感器的使用寿命比报警器探头(传感器)长得多、准确度也要高得多。

催化燃烧型可燃气体报警器的使用寿命通常为 3 年左右，使用时间越长探测器探头的灵敏度就会降低，探测器的可靠性就会变差，就会出现部分超差乃至报警器失效的情况。

3.6.2.8　ESD 急停控制系统

ESD 紧急停车系统按照安全独立原则要求，独立于 DCS 集散控制系统，其安全级别高于 DCS。在正常情况下，ESD 系统是处于静态的，不需要人为干预。作为安全保护系统，凌驾于生产过程控制之上，实时在线监测装置的安全性。只有当生产装置出现紧急情况时，不需要经过 DCS 系统，而直接由 ESD 发出保护连锁信号，对现场设备进行安全保护，避免危险扩散造成巨大损失。

3.6.3 控制系统

LNG站级SCADA系统，也称LNG(站级)站控系统，或LNG(站级)设备监控系统、LNG(站级)仪电控制系统，由PLC(或RTU)采集控制柜、动力拖动柜、现场传感器、执行器、燃气报警系统、上位组态系统等组成。

3.6.3.1 控制系统框架

LNG站级SCADA系统实时对LNG加气站工艺参数、设备状态、燃气浓度、ESD信号等智能采集、连锁监控，为LNG加气站工艺设备注入智能化灵魂，是站点实现安全、可靠运营的控制中枢。

系统由PLC自动(过程)控制系统、上位组态系统、燃气监测(报警)系统组成，如图3-37所示。

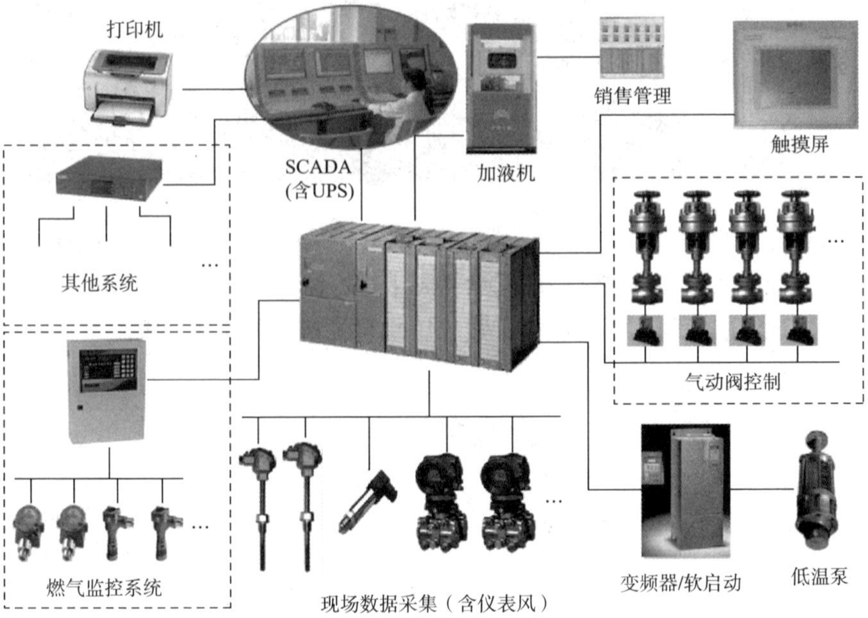

图3-37 LNG站级SCADA系统构成

这三大系统既有各自不同的控制及功能，相互独立，同时紧密联系，为实现LNG加气站高度自动化、智能化和安全运营，缺一不可。

LNG站级SCADA系统采用PLC和工控机为控制核心，具备的主要功能有：对储罐、低温泵、站内工艺阀门以及加气机进行状态监视、智能控制和管理，完成卸车、储存、调压、加气等各种工艺过程采集、自控、显示、报警等功能，又具有参数查询、历史记录查询、趋势分析及报表打印等功能。LNG站级SCADA系统界面如图3-38所示。

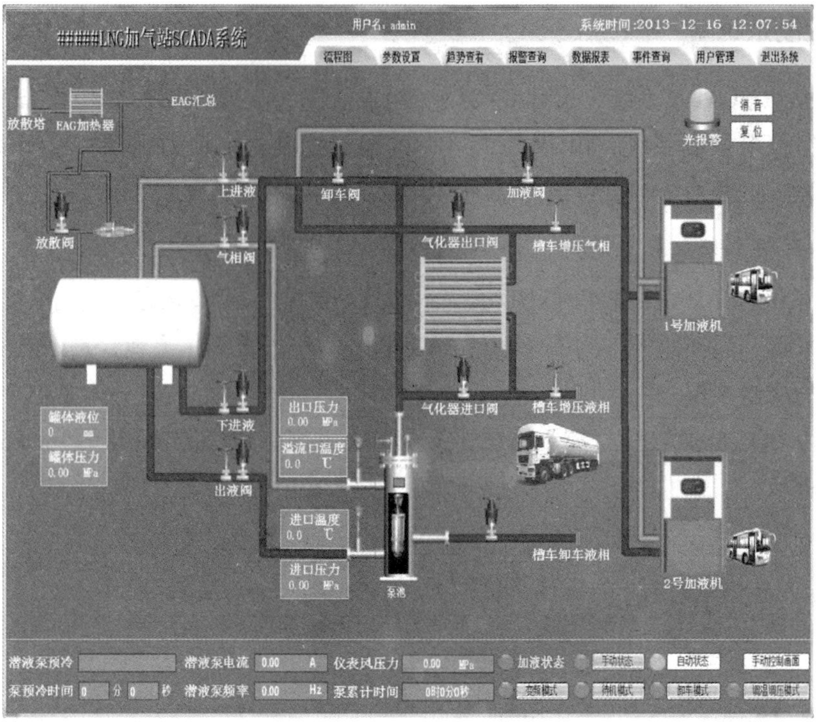

图 3-38　LNG 站级 SCADA 系统界面

同时，系统还能够完成对气站的安全状态进行监测，通过与燃气报警器等监测设备联动，及时发现泄漏等隐患，予以执行紧急切断阀关断等联动并报警。

3.6.3.2　控制系统功能

LNG 站级 SCADA 系统，通常具备以下功能：

(1)实时动态工艺流程采集及监视。

(2)实时动态工艺参数采集及监视。

(3)实时监控泵启停。

(4)实时智能调节泵运行参数。

(5)实时监控工艺阀门。

(6)燃气泄漏智能监测联动。

(7)加气机实时智能联动。

(8)ESD 智能联动控制。

(9)多种趋势曲线。

(10)自动数据报表。

(11)自动报警功能。

(12)智能故障处理。

(13)事件自动记录。

（14）多种格式数据导出。

（15）多种打印功能。

（16）系统参数设置。

（17）权限管理。

3.6.3.3　控制系统设备

1. PLC 采集控制柜

PLC 采集控制柜由可编程控制器 PLC（包含其模块）、信号隔离单元、控制继电器、电源模块等组成。

PLC 采集控制柜是整个控制系统的关键设备，实现系统信号采集处理、逻辑控制、系统连锁控制等各项功能，是控制系统的关键设备。

PLC 过程控制系统对储罐的压力、液位、泵出口压力、泵电流、温度等参数进行自动检测，并通过变送器将检测结果传输给 PLC，经可编程控制器处理计算后进行保存，由程序实时调用。

参数信号一路送至监控系统，操作、显示整站运行状态；一路送至异常（保护、报警）系统，确保加气站各部分的正常安全运行；同时这些数据可通过远传监控系统，远距离实现调控操作。

2. 动力拖动柜

动力拖动柜是站点泵的驱动设备，主要包括变频器（或软启动）、低压电气系统等，其运行状态切换、参数调节均通过 PLC 控制实现。

3. 燃气报警系统

燃气报警系统主要由燃气浓度检测探头和报警主机组成，完成对工艺现场各关键设备燃气泄漏的检测，予以显示、报警，通过与 PLC 过程控制系统配合，完成加气站的燃气泄漏紧急保护操作。

第4章　加气站建设工程管理

4.1　加气站现场工程监管要点

4.1.1　加气站建设工程的特点

加气站工程建设涉及土建工程、设备安装工程、管道工程、电气仪表安装工程和防腐绝热工程，包含工艺、设备、自控、电气、总图布置、土建、给排水、消防、热工等多个专业。而且对承包商资质要求高，承建加油加气站建筑工程的施工单位应具有建筑工程的相应资质，承建安装工程的施工单位应具有安装工程的相应资质，从事压力容器及压力管道安装、改造、维修的单位，应取得相应的特种设备许可证。

此外，还因加气站工艺的不同呈现不同的特点。对通常的CNG加气站(包括常规站、CNG加气子站)，天然气是以气态形式对外销售。其整站设备、工艺具有常温、高压(工作压力为20MPa)的特点；对LNG加气站，天然气是以液态形式对外销售，整站设备、工艺具有常压、低温(LNG温度为－162℃)的特点；对L－CNG加气站，整站设备、工艺兼有低温(LNG储罐、LNG工艺管线、高压泵撬)和高压(高压汽化器、CNG工艺管线)两种特点。

在加气站建设方式上，还分为新建加气站、新建加油加气合建站，以及在加油站现状基础上增加加气功能三大类。

因此，随着加气站建设内容、建设方式的不同，在项目实际管理上也有不同的要求。

4.1.2　加气站建设工程管理要点

项目管理员作为建设单位派驻现场的代表，不论是基建部门人员还是加气站站长，在项目管理上，其重要职责就是要结合上述特点，做好现场施工协调，抓好工程质量监管，其管理要点为做好材料和设备检验、施工质量控制、工程进度控制以及施工安全监管四方面的内容。

4.1.2.1　材料和设备检验

材料和设备的检验是指为确保质量，从运输、装卸、进场、存放和使用等方面进行系统的监督和控制。

(1)凡是施工单位负责采购的材料和设备等，定货前应先向现场代表或监理单位报审，经认定材料和设备的规格、型号、材质等符合设计文件的要求后方能定货。

(2)建设单位直接订购的材料和设备，到场后主要检查规格、型号、材质等是否符合设计文件的要求，数量是否足够。材料和设备应具有有效的质量证明文件，并应符合下列规定：

①材料质量证明文件的特性数据应符合相应产品标准的规定。

②“压力容器产品质量证明书”，应符合现行行业标准《固定式压力容器安全技术监察规程》TSGR0004 的有关规定，且应有“锅炉压力容器产品安全性能监督检验证书”。

③气瓶应具有“产品合格证和批量检验质量证明书”，且应有“锅炉压力容器产品安全性能监督检验证书”。

④压力容器应按现行国家标准《钢制压力容器》GB 150.4 的有关规定进行检验与验收；LNG 储罐还应按现行国家标准《低温绝热压力容器》GB 18442 的有关规定进行检验与验收。

⑤储气井应由当地锅炉压力容器(特种设备)检验单位对储气井的建造、组装、试验、固井进行综合评价后，出具储气井的“压力容器(储气井)产品安全性能监督检验证书”后再投入使用。

⑥可燃介质阀门应按现行行业标准《石油化工钢制通用阀门选用、检验及验收》SH3064 的有关规定进行检验与验收。

⑦进口设备尚应有商检部门出具的进口设备商检合格证。

(3)计量仪器应经过检定，处于合格状态，并应在有效检定期内。

(4)设备的开箱检验，现场代表必须参加，并应按装箱清单进行下列检查：

①应核对设备的名称、型号、规格、包装箱号、箱数，并应检查包装状况。

②检查随机技术资料及专用工具。

③应对主机、附属设备及零、部件进行外观检查，并应核实零、部件的品种、规格、数量等。

④检验后应提交有签证的检验记录。

(5)可燃介质管道的组成件应有产品标识，并应按现行国家标准《石油化工金属管道工程施工质量验收规范》GB 50517 的有关规定进行检验。

(6)材料、设备存放的质量控制

材料、设备存放的环境和条件，现场代表事先应进行确认。做到有人看护、固定可靠、堆放整齐、防尘防水措施齐全等。

(7)使用前检查。LNG 储罐和 CNG 储气瓶(含瓶口阀)安装前，应检查确认内部无水、油和焊渣等污物。当材料和设备有下列情况之一时，不得使用：

①质量证明文件特性数据不全或对其数据有异议的。

②实物标识与质量证明文件标识不符的。

③要求复验的材料未进行复验或复验后不合格的。

④不满足设计或国家现行有关产品标准和本规范要求的。

4.1.2.2 施工质量控制

现场代表进行现场全程质量监管，是确保工程质量达到设计要求最有效的手段。根据工程质量形成的时间阶段，施工质量控制可分为事前控制、事中控制和事后控制。其中，工作的重点应是事前控制。

1. 事前控制

(1)确定质量标准，明确质量要求。

(2)建立本项目的质量监理控制体系。

(3)施工场地质检验收。

(4)建立完善质量保证体系。

(5)检查工程使用的原材料、半成品。

(6)施工机械的质量控制。

(7)审查施工组织设计或施工方案。

2. 事中控制

(1)施工工艺过程质量控制：现场检查、旁站、量测、试验。

(2)工序交接检查：坚持上道工序不经检查验收不准进行下道工序的原则，检验合格后签署认可才能进行下道工序。

(3)隐蔽工程检查验收。

(4)做好设计变更及技术核定的处理工作。

(4)工程质量事故处理：分析质量事故的原因、责任；审核、批准处理工程质量事故的技术措施或方案；检查处理措施的效果。

(6)进行质量、技术鉴定。

(7)建立质量监理日志。

(8)组织现场质量协调会。

3. 事后控制

(1)组织试车运转。

(2)组织单位、单项工程竣工验收。

(3)织对工程项目进行质量评定。

(4)审核竣工图及其他技术文件资料，搞好工程竣工验收。

(5)整理工程技术文件资料并编目建档。

4. 施工质量控制

在施工过程中，质量控制主要是通过审核有关文件、报表，以及进行现场检查及试验这两条途径来实现的。

(1)审核有关技术文件、报告或报表

①审查进入施工单位的资质证明文件。

②审查开工申请书，检查、核实与控制其施工准备工作质量。

③审查施工方案、施工组织设计或施工计划，保证工程施工质量的技术组织措施。

④审查有关材料、半成品和构配件质量证明文件(出厂合格证、质量检验或试验报告等)，确保工程质量有可靠的物质基础。

⑤审核反映工序施工质量的动态统计资料或管理图表。

⑥审核有关工序产品质量的证明文件(检验记录及试验报告)、工序交接检查(自检)、隐蔽工程检查、分部分项工程质量检查报告等文件、资料，以确保和控制施工过程的质量。

⑦审查有关设计变更、修改设计图纸等，确保设计及施工图纸的质量。

⑧审核有关应用新技术、新工艺、新材料、新结构等的应用申请报告后，确保新技术应用的质量。

⑨审查有关工程质量缺陷或质量事故的处理报告，确保质量缺陷或事故处理的质量。

⑩审查现场有关质量技术签证、文件等。

(2)质量监督与检查现场监督检查的内容

①开工前的检查。主要是检查开工前准备工作的质量，能否保证正常施工及工程施工质量。

②工序施工中的跟踪监督、检查与控制。主要是监督、检查在工序施工过程中，人员、施工机械设备、材料、施工方法及工艺或操作以及施工环境条件等是否均处于良好的状态，是否符合保证工程质量的要求，若发现有问题应及时纠偏和加以控制。

③对于重要的和对工程质量有重大影响的工序，还应在现场进行施工过程的旁站监督与控制，确保使用材料及工艺过程质量。

④工序的检查、工序交接检查及隐蔽工程检查。在施工单位自检与互检的基础上，隐蔽工程须经现场代表或监理人员检查确认其质量后，才允许加以覆盖。

⑤复工前的检查。当工程因质量问题或其他原因停工后，在复工前应经检查认可后，下达复工指令，方可复工。

⑥分项、分部工程完成后，应检查认可后，签署中间交工证书。

4.1.2.3 工程进度控制

工程进度控制是指对工程项目各建设阶段的工作内容、工作程序、持续时间和衔接关系编制计划，将该计划付诸实施，在实施的过程中经常检查实际进度是否按要求进行，对出现的偏差分析原因，采取补救措施或调整、修改原计划直至竣工、交付使用。进度控制的措施包括组织措施、技术措施、经济措施和合同措施。

1. 组织措施

进度控制的组织措施主要包括：

(1)建立进度控制目标体系，明确工程现场监理机构进度控制人员及其职责分工。

(2)建立工程进度报告制度及进度信息沟通网络。

(3)建立进度计划审核制度和进度计划实施中的检查分析制度。

(4)建立进度协调会议制度，包括协调会议举行的时间、地点、参加人员等。

(5)建立图纸审查、工程变更和设计变更管理制度。

2. 技术措施

进度控制的技术措施主要包括：

(1)审查承包商提交的进度计划，使承包商能在合理的状态下施工。

(2)编制进度控制工作细则，指导监理人员实施进度控制。

(3)采用网络计划技术及其他科学适用的计划方法，并结合计算机的应用，对建设工程进度实施动态控制。

3. 经济措施

进度控制的经济措施主要包括：

(1)及时办理工程预付款及工程进度款支付手续。

(2)对应急赶工给予优厚的赶工费用。

(3)对工期缩短给予奖励。

(4)对工程延误给予处罚。

4. 合同措施

进度控制的合同措施主要包括：

(1)加强合同管理，协调合同工期与进度计划之间的关系，保证进度目标的实现。

(2)严格控制合同变更，对各方提出的工程变更和设计变更，应严格审查后再补入合同文件之中。

(3)加强风险管理，在合同中应充分考虑风险因素及其对进度的影响，以及相应的处理方法。

(4)加强索赔管理，公正地处理索赔。

总之，进度控制要针对变化采取对策，定期地、经常地调整进度计划，力求达到预定的进度目标。

4.1.2.4 施工安全监管

1. 入场安全管理

首先，施工单位入场时，项目管理员应逐一检查、核实施工人员的入场安全教育记录，以及特种作业人员人、证相符情况，对未经安全培训或资质不相符的人员应拒绝其入场；其次要组织施工单位熟悉现场环境和识别安全风险点，对安全风险点要通过现场树立标示、标牌等进行风险提示；最后检查施工单位是否已制定完整的施工安全预案，以及全体施工人员是否已熟悉预案内容。

由于建设项目存在多家施工单位，各施工单位进场时间也不同，需要项目管理员进行多次核实、检查、落实。

2. 作业现场日常安全监管

新建加气站、油气合建站以及在营加油站增加加气功能项目，其日常安全监管的重点主要有以下几个方面：

(1)作业区平面管理。施工作业区域划分不合理，不仅会影响施工的正常推进和带来施工安全隐患，也不利于各种施工材料的保管和已完工成品的现场保护。

在首个施工单位(通常是土建施工单位)入场后，应采用施工围挡或临时围墙对施工区域实行封闭，杜绝无关人员进入现场。如果是在加油站新增加气功能，还要对油罐区按划定的爆炸危险区域增加额外的围挡，将其隔离出施工区域。

施工单位正式动工前，应提交划分合理的作业平面图并经项目管理员现场确认。作业平面图经确认后，应通过展板进行公示，直至施工全部结束。在作业现场存在两个以上施工单位同时施工的情况下，各施工单位的作业区划分应合理、统一，避免作业区相互交织或冲突。

通常，作业区一般分为配电及用电设备摆放区、用火用电区、材料对方区、施工区、办公区等。对不同作业区域，还要根据设置性质，充分考虑日常防雨、防潮、防晒、防火等要求和采取相应的防护措施。

(2)严格现场用火用电管理。从近几年加油(气)站施工现场安全和人身伤害事故的统计看，因施工期间用火、用电不合规是主要成因。特别是对加油站新增加气功能这一类项目，即使采取对储油罐进行清罐注水、工艺管线与油罐脱离后加盖闷板等一些安全措施，也并不能完全保证施工现场不会出现油蒸气的聚集。事实上，对该类项目，因违规用火用电造成的闪爆事故不在少数。因此，做为项目管理员，应始终将施工单位是否取得合规、有效的用火、用电手续作为日常监管的重中之重，杜绝其违规施工。

(3)严格登高作业、受限空间作业和特种作业的现场管理。加气站中涉及登高作业的主要有加气站罩棚的安装施工、站房墙面装饰专修施工、大型设备(如CNG压缩机、LNG储罐)安装等；涉及受限空间作业的有工艺井内的管线焊接、电缆连接等；特种作业有高辐射的现场X光探伤、高压工艺管线试压等。对这些作业，也要同用火用电管理一样，实行作业前严格针对手续和防护措施进行检查，对手续不合规、防范措施不到位的，应严禁开展施工作业。

4.1.2.5 文明施工管控

1. 现场围挡

施工现场应采用封闭式管理，采用砌体彩钢板等硬质材料，坚固、严密，围挡必须在工地周围连续设置，不得中断。市内主要路段不低于2.5m，一般路段不低于1.8m，外立面严禁乱涂、乱画、乱贴。入口处设门卫值班点，施工人员佩戴工作证，未经许可外人不得随便进入，避免闲杂人员及车辆进入施工现场。图4-1为施工现场围挡。

图4-1 施工现场围挡

2. 封闭管理

现场入口应有明显的标志牌。

(1)“六牌一图”。在工地主入口处设置六牌一图形象宣传牌，采用喷涂写真，每块长1.20m，宽0.80m，蓝底白字仿宋体。六牌一图依次为：工程概况牌、消防保卫牌、安全生产牌、文明施工牌、管理人员及监督电话牌、施工现场总平面图、“七想七不干”提示牌。如图4-2所示。

图4-2 现场标示牌

(2)警示标牌。施工现场入口处及主要施工区域、危险部位应设置相应的安全警示标志牌；施工现场应设置重大危险源公示牌；

(3)施工人员进入施工现场应佩戴工作卡，见图4-3。

图4-3 施工人员佩戴工作卡

(4)施工现场出入口应标有企业名称或标识，并应设置车辆冲洗设施，施工现场排水，经排水沟流入沉砂井后，排入指定地点，见图4-4。

图4-4　施工现场排水

(5)施工现场应使用人性化安全警示用语牌。

(6)警示用语牌应在施工现场的作业区、加工区、生活区等醒目位置设置。

(7)警示用语牌要统一规范，满足数量和警示要求。

(8)安全标志应针对作业危险部位悬挂，不得将安全标志不分部位、集中悬挂。安全标志应符合《安全标志》(GB 2894—1996)的要求，见图4-5。

图4-5　安全标志

3. 施工场地

(1)场地内临时道路地面应进行硬化，场内加工区做法为C20混凝土100mm厚。场内施工道路采用混凝土路面，做法为：原土夯实、100mm厚碎石、50mm厚石粉、C20混凝土厚150mm，路面宽按4～6m布设，施工现场的道路要连续、闭合。

(2)施工现场应有防止扬尘措施(见图4-6)。

(3)施工现场应设置排水设施，且排水畅无积水。

(4)施工现场应设置专门的吸烟处，严禁随意吸烟。

图4-6　施工场地

4. 材料堆放

砂石分类堆放成方，砌体归类成垛，堆放整齐。砂、石料场地面用混凝土硬化，且应界限分明，禁止出现砂、石混放现象。钢筋、模板、机具、器材等集中堆放整齐。专用模板成套放置，零配件、脚手扣件分类分规格，集中存放。模板加工区、钢筋加工区地面应夯实，并铺砖硬化，模板及支撑堆放整齐，至少应做到一头齐一条线，钢筋送到加工场地后应分规格放置，加工的成品、半成品应分别放置，底部垫起20cm。建筑材料分类堆放，悬挂标牌，标牌应统一制作，标明规格、品种、数量等，见图4-7。

图4-7　材料堆放

4.1.2.6　安全防护管控

1. 施工机具管理

(1)机具使用前应经过验收，合格后方可使用。机具传动部位必须设置防护罩，固定施工机具应搭设防护棚。使用施工机具应遵守《建筑机械使用安全技术规程》的规定。

(2)施工现场机械设备，应在设备正前方明显处。悬挂机械设备标牌，标牌上应注明机械设备管理号、操作手及设备单位全称和操作规程等。

(3)电焊机的一次线长度不得超过5m，二次线长度不得超过30m，无破皮老化现象；接线柱应设防护罩。

(4)手持电动工具应作保护接零，电缆线不得有接头。

(5)钢筋冷拉作业区应设置警戒区和防护栏，钢筋对焊作业区应有防止火花烫伤的措施。

图4－8为施工机具。

(a)钢筋切断机　　(b)钢筋调直切断机及尾端防护罩

图4-8　施工机具

(6)木工用平刨应设护手安全装置，圆盘踞应设防护挡板。严禁使用平刨和圆盘锯合用一台电机的多功能木工机具，见图4－9。

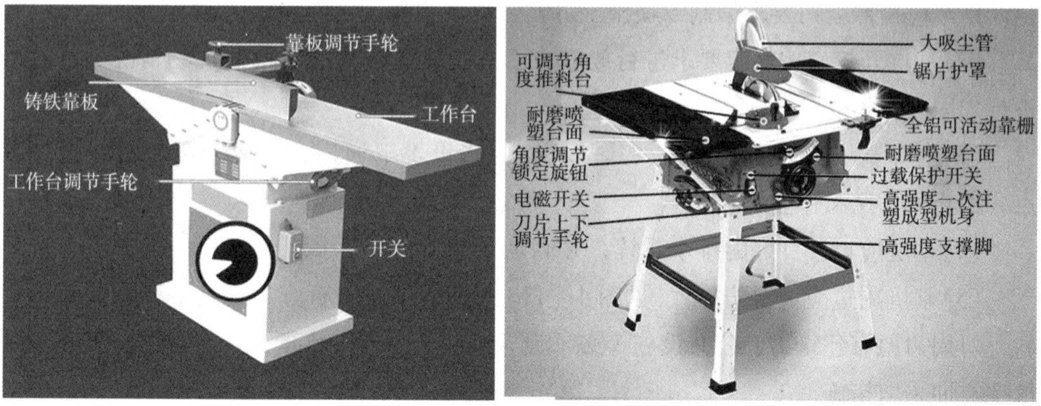

(a)平刨机　　(b)圆盘锯

图4-9　平刨机具

(7)按规定摆放气瓶(见图4－10)，并采取遮阳、防倾倒措施。用火期间，距用火点30m内无可燃气体排放，15m内无可燃液体排放。乙炔瓶立放，氧气瓶托架存放，乙炔瓶距氧气瓶5m，瓶子距火点10m；乙炔瓶安装回火防止器；施焊点10m范围内或施焊点的下方不得堆放油类、木材、氧气瓶、乙炔瓶等易燃、易爆物品。

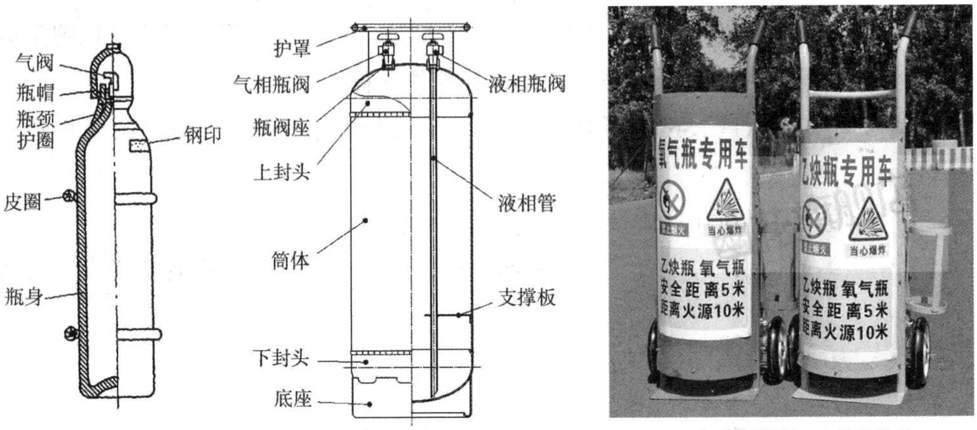

(a)氧气瓶　　(b)乙炔气瓶　　(c)氧气瓶、乙炔瓶推车

图4－10　气瓶摆放

(8)潜水泵漏电保护器额定漏电动作电流必须小于15mA，负荷线应采用专用防水橡皮电缆。

(9)水磨机具手柄应绝缘，用电线路不得拖地。操作人员应穿戴好绝缘防护用品，一人操作，一人把线。

(10)振捣器具应使用移动式配电箱，电缆长度不超过30m，操作人员应穿戴好绝缘防护用品。

2. 基坑支护

(1)基坑开挖前，建设、监理、施工单位必须对基坑周边环境、土质等情况进行安全评估。应按照公司要求编制专项施工方案，并严格按方案组织施工。

(2)基坑开挖应按规定要求进行放坡，不具备放坡条件的要根据现场情况，对坑壁进行加固与支护。

(3)对深基坑的加固与支护，其基坑内应搭设上下通道，作业人员应有安全立足点，禁止垂直交叉作业。

(4)基坑应设置良好的排水系统，并满足施工、防汛要求。

(5)基坑周边应设置防护栏(见图4－11)，严禁堆放土石方、料具等荷载较重的物料，对周边原有建筑物、公共设施等必须设置观测点，专人负责，及时观测，发现异常情况立即采取措施。

3. 模板工程

(1)模板工程专项施工方案的编制和审批程序按公司规定要求执行，并按照专项施

图4-11　基坑支护

工方案组织施工。

(2)模板支撑材料的材质规格必须符合设计要求，立柱底部设置垫板，按规定设置纵横向支撑，立杆间距符合设计要求。

(3)模板施工荷载不得超过设计要求，堆料均匀。

(4)模板存放高度不得超过1.8m，大模板存放必须要有防倾倒措施。

(5)模板拆除时混凝土必须达到规定强度要求，经现场技术负责人和项目总监批准后，方可实施。拆除时必须划定警界区域，设置监护人。

4. 脚手架

(1)严禁使用钢木、钢竹混搭脚手架。架体高度超过10m的，严禁使用单排脚手架。

(2)基础必须夯实平整，设置木垫板、钢底座和纵横向扫地杆，排水良好。

(3)架体与建筑物拉结按规定设置，拉结可靠牢固；拉结点应设明显标志。

(4)按规定设置剪刀撑，剪刀撑必须沿脚手架高度连续设置。脚手架高度在24m以下的，各组剪刀撑间距不大于15m。

(5)操作层脚手板必须满铺，固定牢固，材质符合要求；操作层应设18cm高的挡脚板，并居中设一道防护栏杆。严禁擅自拆除密目式安全立网等安全防护设施。

(6)登高作业应使用内爬式脚手架、高空作业升降车或满堂脚手架。

图4-12为流动金属塔式棚架。

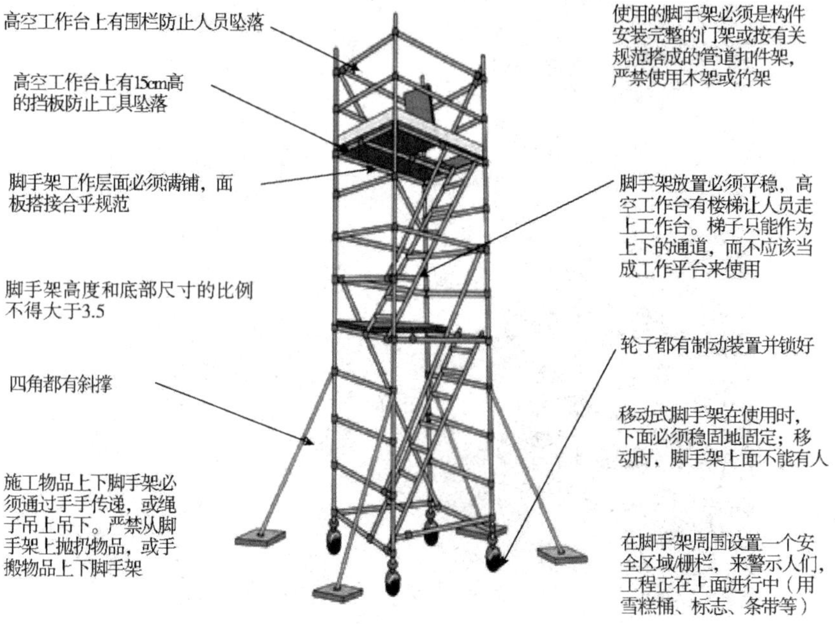

图 4-12　流动金属塔式棚架

5. 起重吊装

(1)起重吊装工程必须按时专项施工方案组织施工，按规定设置防护设施，划定危险作业范围，设置警示标志，设专人实行全过程监护。

(2)吊装前应对起重机械的安全保险装置、钢丝绳、索具、卡扣等进行全面检查，确保完好有效，并按规定试车。

(3)被吊物件必须合理存放，确保稳固安全，高处作业人员必须有可靠立足点。结构吊装时，应设置移动式节间安全平网。严禁采用人工绞磨起重吊装。

6. 施工现场临时用电

(1)施工现场严禁非电工作业，作业前必须办理作业票。

(2)架空线必须采用绝缘铜芯线，设在专用电杆上。电缆不应沿钢管，脚手架、树木上敷设。严禁用金属裸线梆扎加固电缆。架空线最大弧垂与地面距离，在施工现场不小于2.5m，穿越机动车道不小于5m。

(3)电缆埋地敷设时应设“走向标志”和“安全标志”。电缆深度不应小于0.7m。穿越公路时，必须穿保护管。保护管内径不小于电缆外径的1.5倍，过路保护管两端与电缆间应作绝缘固定，在转弯处和直线段每隔20m处应设电缆走向标示桩。

(4)不得在高压输电线路上下方，从事任何吊装作业。在架空线附近吊装作业时，应设专人监护至工作完毕，其安全距离为：吊装作业绳和吊装物侧向与10kV高压线的水平安全距离不得小于2m。

(5)配电系统宜设三级配电，配电箱使用材料；

①配电箱(盘)不得使用木制材料

②配电箱、盘(配电柜除外)，电器安装板应使用绝缘板。

③箱内配线(配电柜除外)，必须使用绝缘导线。

图4-13　配电系统

(6)室外配电箱应设防雨、防砸棚和围栏，围栏高1.7m，格栅间隔0.15m。围栏设门向外开，并配锁，在围栏明显位置应挂警告标志，0.7m×0.5m配电箱管理制度牌，白底、仿宋体红字和0.4m×0.2m白底、仿宋体红字负责人牌。

图4-13为配电系统。

(7)配电箱、开关箱应装设牢固、端正，固定式配电箱、开关箱的中心点与地面的垂直距离为1.4~1.6m；移动式配电箱、开关箱应装设在坚固、稳定的支架上，其中心点距地面的垂直距离为0.8~1.6m。开关箱应背向基坑，关闭箱门。见图4-14。

(8)现场配电系统应设三级配电、二级保护，配电系统一律按TN-S系统供电，即实行三相五线制。

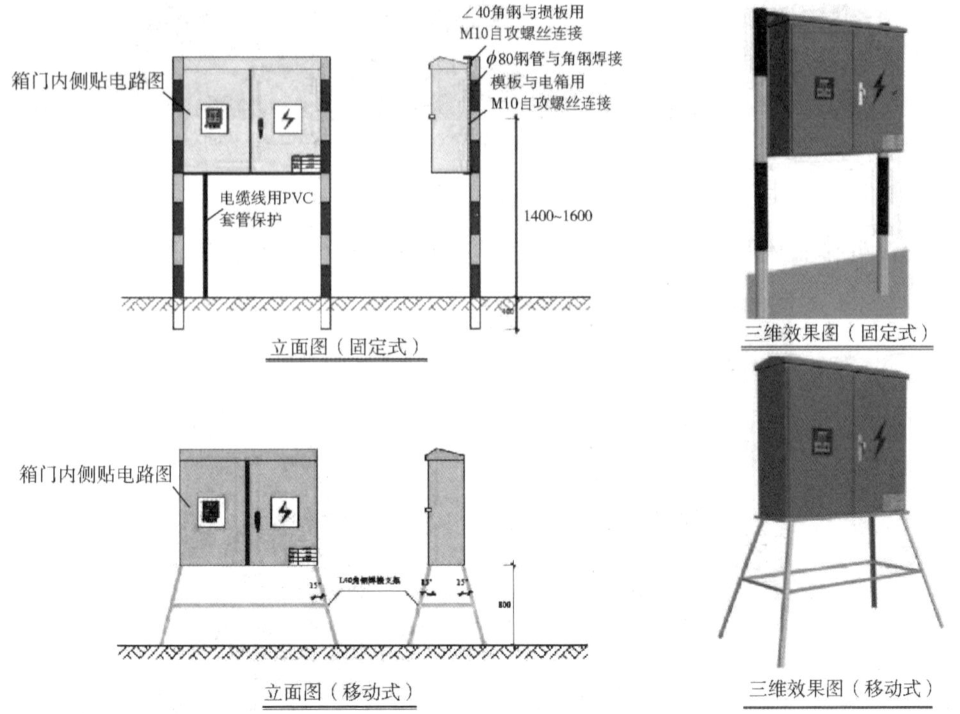

图4-14　配电箱、开关箱

(9)电焊机使用时，焊把线，地线应同时拉到施焊点，二次线与焊机连接应用线鼻子、二次线及焊钳绝缘应完好无损。电焊机室外使用时，应有防雨水措施。

(10)振捣器使用前应检查外观和电缆线，作业人员必须穿戴绝缘靴和绝缘手套。一人理线，一人操作，电源线不得拖地，不得敷设在水中。

(11)夜间施工用的照明装置应采用固定灯具。

(12)降水工程中每台水泵应设带漏电开关的开关箱。

7.“三宝”、“四口”与“临边”防护

(1)进入施工现场必须正确佩戴安全帽。

(2)建筑物必须采用合格的密目式安全网(见图4-15)进行封闭，架体内按规定设置安全平网。

(a)外立面安全立网防护　(b)架内安全平网防护　(c)架体与结构间安全平网防护

图4-15　安全网

(3)高处作业必须系好五点式双钩安全带(见图4-16)，高挂低用。

图4-16　五点式双钩安全带

(4)安全帽、安全网、安全带必须使用登记备案产品。

(5)楼梯口必须设牢固稳定的防护栏(见图4－17)。

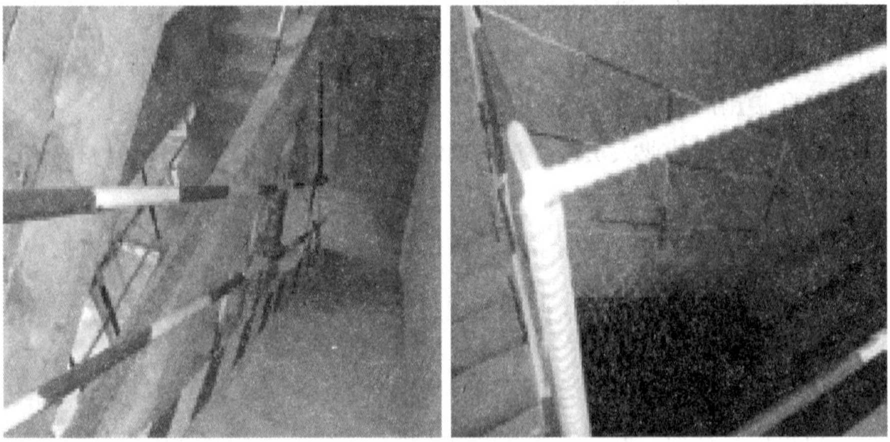

图4－17　防护栏

(6)通道口必须搭设防护棚；通道口两侧设防护栏，挂立网。

(7)预留洞口必须用坚实盖板盖严，固定不移位。

(8)临边防护栏(见图4－18)应设置上下两道，上杆距地高度为1.2m，下杆距地高度为0.5～0.6m，立杆间距不大于2m，并设置挡脚板或立网。防护栏杆宜使用钢管，牢固可靠，并涂红白相间警示色。

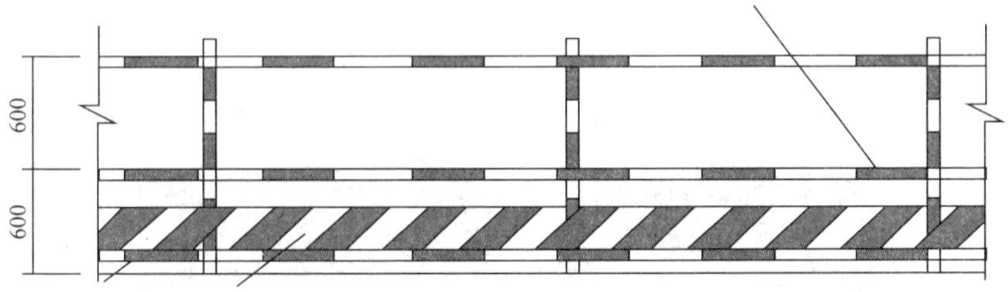

图4－18　楼层临边、阳台临边防护示意图

红色；　白色

4.1.2.7　内部管理管控

1. 施工人员管理

(1)劳动用工管理

①施工现场实行全员劳动用工合同管理。

②劳动用工合同中应明确约定双方的权利与义务，规定劳动合同期限、工作内容、劳动保护及劳动条件、劳动报酬和违反劳动合同的责任等内容。

③劳动用工合同必须加盖用工单位公章并由务工人员签字，双方各持一份。

（2）持证上岗管理

①施工现场实行全员持证上岗制度。持证上岗的人员包括：项目经理、关键岗位管理人员、技术工人、特殊工种人员、普工。

②员工上岗应佩戴地市公司统一制发的岗位胸卡和劳动保护用品；安全管理人员应检查工人安全防护用品的佩戴情况。

③进入施工现场的从业人员应经过岗前教育培训，经考核鉴定合格后持证上岗，做到人、证相符。

④持证人员应按规定要求接受继续教育培训，并进行年检。未经年检的，岗位证书自动失效。

（3）安全教育培训

①各施工单位必须建立安全教育培训台账。

②施工单位应对管理人员、作业人员每年进行不少于一次的安全生产教育培训，教育培训考核不合格的，不得上岗。

③作业人员进入新的岗位或新的施工现场前，应接受安全生产教育培训，未经教育培训或考核不合格的，不得上岗。

④施工现场必须建立安全教育培训档案，记录教育培训情况，受教育者应签字确认，严禁代签字。

（4）特种作业人员。特种作业人员必须持证上岗，证书原件应经有关部门查验，做到人、证相符并有效。

2. 安全资料

（1）施工现场安全资料应按照标准对施工安全资料进行分盒、分册见图4－19。

装订完毕整体效果（打孔式装订机）

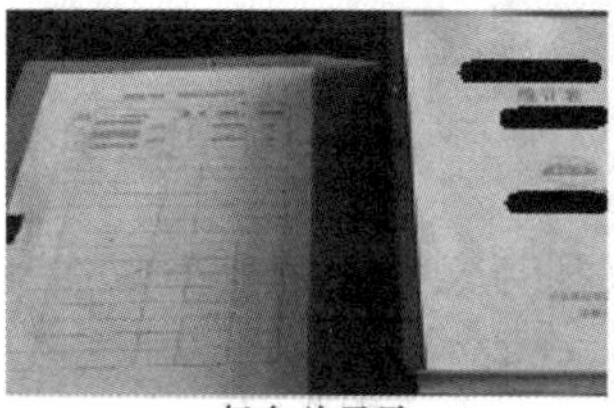

每盒总目录

每册分目录

图4－19　施工现场安全资料存放

(2)盒内资料排列顺序应依据分册资料构成而定，每盒资料有总目录，每册资料有分目录；一般顺序为封面、目录、资料和封底；资料应美观、整齐。

(3)在每册资料、材料排列顺序确定后，均要以书写内容的页面编写页号，每卷从阿拉伯数字1开始，用打号机或钢笔依次逐张连续标注页号。

(4)所有资料统一采用A4幅尺寸白纸，小于A4幅面的资料要用A4白纸衬托。

(5)所有与文明安全施工管理有关资料(含机械安全、临时用电安全、消防安全、应急预案、环境保护、治安保卫、后勤管理)必须统一装订。

4.2　加气站试生产

4.2.1　加气站试生产的有关要求

(1)根据《危险化学品建设项目安全监督管理办法》的要求，加气站建设项目安全设施施工完成后，建设单位应当按照有关安全生产法律、法规、规章和国家标准、行业标准的规定，对建设项目安全设施进行检验、检测，保证建设项目安全设施满足危险化学品生产、储存的安全要求，并处于正常适用状态。

(2)建设单位应当组织建设项目的设计、施工、监理等有关单位和专家，研究提出建设项目试生产可能出现的安全问题及对策，并按照有关安全生产法律、法规、规章和国家标准、行业标准的规定，制定周密的试生产方案。

(3)试生产方案应当包括下列有关安全生产的内容：

①建设项目设备及管道试压、吹扫、气密、单机试车、仪表调校、联动试车等生产准备的完成情况。

②投料试车方案。

③试生产过程中可能出现的安全问题、对策及应急预案。

④建设项目周边环境与建设项目安全试生产相互影响的确认情况。

⑤危险化学品重大危险源监控措施的落实情况。

⑥人力资源配置情况。

⑦试生产起止日期。

(4)建设单位在采取有效安全生产措施后，方可将加气站建设项目安全设施与生产、储存、使用的主体装置、设施同时进行试生产。

试生产前，建设单位应当组织专家对试生产方案进行审查。

试生产时，建设单位应当组织专家对试生产条件进行确认，对试生产过程进行技术指导。

(5)建设单位应当在试生产前，将试生产方案，报送出具安全设施设计审查意见书的安全生产监督管理部门备案，提交下列文件、资料，并对其真实性负责：

①试生产方案备案表。

②试生产方案。

③设计、施工、监理单位对试生产方案以及是否具备试生产条件的意见。

④专家对试生产方案的审查意见。

⑤安全设施设计重大变更情况的报告。

⑥施工过程中安全设施设计落实情况的报告。

⑦组织设计漏项、工程质量、工程隐患的检查情况，以及整改措施的落实情况报告。

⑧建设项目施工、监理单位资质证书(复制件)。

⑨建设项目质量监督手续(复制件)。

⑩主要负责人、安全生产管理人员、注册安全工程师资格证书(复制件)，以及特种作业人员名单。

⑪从业人员安全教育、培训合格的证明材料。

⑫劳动防护用品配备情况说明。

⑬安全生产责任制文件，安全生产规章制度清单、岗位操作安全规程清单。

⑭设置安全生产管理机构和配备专职安全生产管理人员的文件(复制件)。

4.2.2 加气站试生产相关准备工作

4.2.2.1 试生产必备条件

1. 工程完工条件

(1)站内工艺管线、仪表及相关附属设施安装完毕。工程项目经机械验收合格，并获得上级公司和当地政府有关职能部门同意试生产试运行的批复文件。

(2)管线按相关标准进行试压、吹扫结束，全部合格。

(3)管线、阀门开关标识准确。

(4)管线预留头必须用法兰盲板盲死，并设有明显标志。

(5)电气仪表、自控系统、消防安全装置、通信、给水等工程均符合设计图纸(或设计变更单)，单体设备调试合格并投入使用；防雷静电接地系统安全可靠，并按竣工规范预验收合格，并取得防雷许可证。其中消防设施、消防器材配置必须经消防部门验收合格。

(6)单项工程验收合格。

2. 站场设备条件

(1)站场阀门加注密封脂，操作灵活可靠，无内、外漏现象。气动阀门启停灵敏可靠。确认止回阀安装正确。放空管、排污口牢固可靠。站场的放空管具备使用条件。

(2)安装的可燃气体探测报警系统和火灾报警系统投入正常使用。

(3)所有仪表、安全附件检测合格，并在有效期内。其中需要强检的仪表和安全附件必须经过法定检测单位检定合格。

(4)各种设备有醒目的编号和介质流向箭头。

(5)各加气机、加注机、加气柱经过法定检测单位检定合格达到计量条件。

(6)试生产期间，站场设置风向标。

3. 通信条件

(1)通信系统畅通，通话质量达到要求。

(2)配备一定数量的手持对讲机，满足工艺区作业通信要求。

(3)网络畅通，网络质量满足工作要求。

4. 方案、组织、物资条件

(1)试生产方案经上级公司(报当地政府有关主管部门)审查批准。

(2)生产管理组织机构健全，各岗位人员配备齐全到位，岗位人员考试合格持证上岗，操作人员熟练掌握工艺、设备的操作。各项管理制度、操作规程、记录报表配置齐全。

(3)组织相关人员进行试生产检查。成立试生产领导小组，统一指挥和协调全线的试生产工作。

(4)与资源供应单位、用气单位之间已签订合同。

(5)与电力部门已签订供电协议。

(6)试生产所用的主要物资全部到位。现场抢修器材、移动通信设施、医务救护和生产保障力量配置合理，关键部位配置消防器材及设置警戒。

(7)保障抢修队伍工种齐全，维修抢修器具配置完善。

(8)做好宣传工作，设置警戒区。确保与试生产无关人员、车辆远离工艺区和罐区；保证放空、排污点附近在试生产期间无明火。

(9)对所有参加试生产人员进行详细技术交底和安全教育，达到岗位明确，职责清楚。所有人员熟练掌握置换、预冷、试运行中各种事故的判断、预防及处理措施。

(10)配齐试生产时必备的安全帽、防静电服装等劳保用品。要求统一着装，佩戴胸卡。

(11)便于指挥，对讲机按组别统一编号，要求均为防爆型。

(12)所备液氮数量、质量满足置换工作要求。

(13)试生产所用的氮气加注接头制作完毕。

4.2.2.2 试生产前的全面检查

为保证试生产的顺利进行，在试生产作业前，应对站场和试生产准备工作进行一次全面的检查，内容如下：

1. 组织、人员、文件及物资配备情况

(1)检查落实试生产组织机构是否建立健全并满足试生产要求。

(2)检查落实运行人员资质和站场人员配备是否满足试生产要求。

(3)检查落实生产运行的各种“岗位责任制”、“安全管理制度”、“生产管理制度”、“操作规程”是否完善，各种记录报表是否齐全。

(4)检查落实试生产临时工程及补充措施是否完成。

(5)检查落实各施工保运队伍的人员、机具是否配齐到位。

(6)检查落实试生产用各类物资及装备是否配齐到位。

2. 站场工艺设备

(1)检查站场各工艺设备编号、箭头和阀门编号是否正确。

(2)检查各种测量仪器和仪表，确保完好。

(3)阀门的检查：逐个对手动和电动阀门做“就地”的开关操作，检查并记录阀门指示状态是否正确，确认开闭是否到位。各阀门压盖是否拧紧。

(4)打开压力表、安全阀的隔离阀，无故障不得关闭。

(5)站内管线试压吹扫合格。

(6)监控系统和各辅助系统调试合格，处于可用状态。

3. 消防报警部分

(1)消防水系统调试完毕，处于可用状态。

(2)各种灭火器材配齐到位。

(3)可燃气体报警、火灾报警系统正确安装，并有联调调试记录。

4. 试生产前检查内容和工作分工

试生产前检查内容和工作分工，见表4-1。

表4-1 试生产前检查内容和工作分工表

序号	准备工作项目	工作内容	截止日期	责任部门	备注
一	工程竣工验收	加气站工程完成项目验收工作	月 日	基建部	编制验收实施方案和各专业验收方案
二	试运行检查工作				
1	站场工程	消防系统：消防器材配备到位，消防系统经过试验，验收合格		基建部	零管部配合
		供电系统：线缆敷设、供电线路、电气设施安装、场区照明系统、发电设备及分线等符合设计要求并投运		基建部	
		自动化系统：站控系统安装、计量系统安装、各类仪表安装、线缆敷设及分线接口与站控机连接等符合设计要求并投运		基建部	
		通信系统：电话安装、程控交换机安装、宽带安装		基建部	综合办协助，达到通话条件
		防雷接地检测，提交防雷检测报告		基建部	
		辅助工程：给排水系统、仪表风系统、暖通及空调安装等符合设计要求并投运		基建部	
		安全标识：安全警示标志制作完成并投用		基建部	

续表

序号	准备工作项目	工作内容	截止日期	责任部门	备注
2	试生产组织机构	试生产组织机构建立		零管部	
		运行人员资质和站场人员配备符合要求		零管部	
		岗位职责制定		零管部	
3	工艺设备	站场工艺管道箭头和阀门编号正确，符合要求		基建部	
		设备连接检查无松动，放散各处打压时所加盲板拆除		零管部	
		各种测量仪器和仪表完好		零管部	
		阀门指示状态正确，开、闭到位		零管部	
		气动球阀开、闭到位		零管部	
		各工艺设备安装、调试合格		基建部	
		压力表阀、安全阀前控制阀打开		基建部	
4	试生产技术准备	试生产方案已经审批		零管部	
		试生产人员已完成培训考核		零管部	
		国家标准收集、归类、建档，建立档案资料室		零管部	
		生产运行管理制度/安全管理制度建立，生产报表齐全		零管部	
		试生产前各系统调试结束		基建部	零管部配合
		应急预案编制及演练		零管部	
		规程、制度、操作手册及试生产方案学习培训		零管部	自学、组织学习、考核
5	试生产物资准备	自购工、器具设备及采购满足试生产要求		综合部	零管部配合（附采购清单）
		试生产物资及维抢修机具到位，个人防护用品到位		综合部	零管部配合（附采购清单）
		备品备件清点，满足试生产运行要求		零管部	零管部配合（附采购清单）
		关键设备供货厂商现场服务保驾		基建部	
6	试生产后勤保障	办公场所准备完毕		综合部	具备办公条件
		站办公及日常生产场所准备		综合部	具备办公条件
		生产生活用车到位		综合部	
		办公家具、办公设备及办公用品到位		综合部	
		生产运行人员劳保用品配置满足要求		HSE部	工装、工鞋、工帽等

续表

序号	准备工作项目	工作内容	截止日期	责任部门	备注
7	试生产外部条件	水电专项验收		基建部	
		外电线路安装，低压配电箱柜安装及供电线路绝缘测试		基建部	具备供电条件
		外部通信条件(通话及网线)		综合部	具备座机通话条件
		供电工程符合设计要求		基建部	
		上级公司及政府验收完毕		基建部	
		N_2、管道天然气、LNG 气源已经备好		经营部	零管部配合
		与供气公司签定供气合同		经营部	市场部配合
8	试生产保运队伍	设计、施工单位，关键设备供货商等组成保运队伍。配备必要的工具		基建部	试生产保运队伍到位

5. 生产人员进站培训

所有加气站人员根据岗位要求在试生产前都必须进行下列内容的现场培训，以保证试生产顺利。加注站所有操作人员和管理人员，经过一个月的教育培训，教育培训内容见表4－2。

表4－2　生产人员现场培训内容

序号	培训内容	序号	培训内容
1	液化天然气基本知识	9	低温储罐、储气瓶组操作、维护培训
2	CNG 汽车及加气站简介	10	加注设备操作、维护和检修技术
3	加气站运营手册	11	CNG 加气站常见故障预防和处理
4	阀门及执行机构培训	12	安全管理培训
5	电气设备操作、维护培训	13	试生产方案培训
6	加气站工艺流程	14	应急预案培训
7	中控系统培训	15	消防系统培训
8	卸车作业、CNG 作业和加气作业技术		

注：员工上岗前都经过 HSE 三级安全教育和实际操作培训并考核合格。

4.3　加气站竣工验收

4.3.1　加气站竣工验收有关规定

(1)加气站安全设施施工完成后，施工单位应当编制建设项目安全设施施工情况报告。建设项目安全设施施工情况报告应当包括下列内容：

①施工单位的基本情况，包括施工单位以往所承担的建设项目施工情况。

②施工单位的资质情况(提供相关资质证明材料复印件)。

③施工依据和执行的有关法律、法规、规章和国家标准、行业标准。

④施工质量控制情况。

⑤施工变更情况，包括建设项目在施工和试生产期间有关安全生产的设施改动情况。

(2)加气站试生产期间，建设单位应当按照相关规定委托有相应资质的安全评价机构对建设项目及其安全设施试生产(使用)情况进行安全验收评价，且不得委托在可行性研究阶段进行安全评价的同一安全评价机构。

安全评价机构应当根据有关安全生产的法律、法规、规章和国家标准、行业标准进行评价。建设项目安全验收评价报告应当符合《危险化学品建设项目安全评价细则》的要求。

(3)建设单位应当在建设项目试生产期限结束前向出具建设项目安全设施设计审查意见书的安全生产监督管理部门申请建设项目安全设施竣工验收，提交下列文件、资料，并对其真实性负责：

①建设项目安全设施竣工验收申请书及文件。

②建设项目安全设施施工、监理情况报告。

③建设项目安全验收评价报告。

④试生产(使用)期间是否发生事故、采取的防范措施以及整改情况报告。

⑤为从业人员缴纳工伤保险费的证明材料(复制件)。

⑥危险化学品事故应急预案备案登记表(复制件)。

加气站建设项目在按批准的设计文件建成并通过试运行后，符合验收条件的，应当及时办理竣工验收。一般来说，在试运行正常后3个月内完成项目竣工验收。

竣工验收的依据主要是参照国家及行业有关法律、法规、规章及技术标准、规范，建设项目批准文件，施工图纸、变更设计及概算调整资料，主要设备技术说明书等。

4.3.2 竣工验收应具备的条件

(1)工程施工质量应符合各类工程质量统一验收标准和相关专业验收规范的规定。

(2)工程施工应符合工程勘察、设计文件的要求。

(3)参加工程施工质量验收的各方人员应具备规定的资格。

(4)工程质量的验收均应在施工单位自行检查评定的基础上进行。

(5)隐蔽工程在隐蔽前应由施工单位通知有关单位进行验收，并应形成验收文件。

(6)涉及结构安全的试块、试件以及有关材料，应按规定进行见证取样检测。

(7)检验批的质量应按主控项目、一般项目验收。

(8)对涉及结构安全和功能的重要分部工程应进行抽样检测。

(9)承担见证取样检测及有关结构安全检测的单位应具有相应资质。

(10)工程的观感质量应由验收人员通过现场检查共同确认。

4.3.3 竣工验收的程序及内容

（1）听取加气站建设单位工程建设情况汇报。

（2）实地查验加气站实体质量，检查内容包括营业用房等建（构）筑物、设备安装、工艺安装、消防设施设备、供电及给排水、道路进出口、形象装饰装修等。

（3）审查竣工档案资料，重点是按档案管理要求，查看加气站建设档案整理是否合规、是否完整。

（4）检查单项和专项验收情况，重点为到场材料、设备的验收资料，工艺管线无损检测资料，各类隐蔽工程验收资料，试生产报告等。

（5）检查工程竣工决算审计情况。

（6）对存在问题和遗留工程提出处理意见。

（7）形成、通过并签署工程竣工验收纪要，颁发竣工验收证书。

工程竣工验收合格后，加气站方可正式交付使用；未经验收或者验收不合格的不得交付使用。

第5章　人员管理

5.1　加气站站长的岗位职责

站长是加气站生产、经营、管理的第一责任人。站长的岗位职责和加气站的类型、功能相对应。本节内容仅讨论其普遍性，具体岗位说明分列为：HSE管理、人员管理、生产(设备)管理、服务(经营)管理、数质量管理、财务管理、形象管理、工程管理八个模块。

5.1.1　HSE管理

(1)贯彻落实安全生产制度。主持或参与加气站各项制度的建立和完善，以及定期修订工作。明确站内各岗位安全职责。

(2)负责站内安全教育培训，定期开展HSE例会或活动。内容包括但不限于：强制性标准、规章制度、安全环境、操作技能、案例分析、救助、应急等。

(3)负责安全检查和隐患整改相关(联)工作。组织开展站内常规性或针对性安全检查，发现问题及时解决，无法自行解决的及时报上级管理部门或委托第三方专业机构进场整治。配合站内各项隐患整改作业的开展和实施，做好最后的验收或交接。

(4)关注职业卫生，及时申领和发放员工的劳保用品；关注全站的环境保护，妥善处理站内的废油、废水、废气和注意场站的噪声污染。

(5)特情处置。确保全站员工应急预案响应及时并按流程完成规范动作。日常应急物资储备数量合理、质量可靠。

5.1.2　人员管理

(1)岗位设置合理，员工持证上岗，人员匹配稳定；配合人事部门做好新员工的招聘、配置和培训。

(2)员工劳动纪律和仪容仪表的管理。带领员工遵章守纪，保持良好的精神风貌。

(3)配合人事部门做好站内员工考核。

(4)发挥带头作用，搞好团队建设。

5.1.3　生产管理(设备管理)

生产管理依托设备的有效运行，设备管理服务于生产的计划和实施。相对于加油站，加气站尤其是CNG/L－CNG加气站的布局中多了一个天然气压缩生产环节，销售的“车用天然气”是一个现场生产制作的商品。因此，生产现场配属的操作工种，燃气行业称为(作)运行工，加气站一般称之为设备管理员，加气站的站长则兼具了车间主任这样的一个岗位角色。站长更多地是从生产管理的实际出发，延伸到设备管理。生产管理的主要内容有：

(1)指导相关岗位员工按操作规程正确使用和维护保养生产工艺区内的设备设施；做好相关技术档案及时建档归档。

(2)按照生产实际，制定和完善各类表册跟踪记录生产行为，并做好具体的实施指导。包括但不限于：设备维修保养记录、设备运行现场记录、设备运行自控记录、管束车/罐车操作记录、巡检与交接登记等。

(3)确保设备设施在检验核定周期内使用。含压力容器、压力表、安全阀等，到期时及时报检。

(4)避免管理原因导致的气源供应事故。包含但不限于：维修不及时、保养不到位、巡检不到位、管束车/罐车调度不到位导致的停业等。

5.1.4 服务管理(经营管理)

(1)主持或参与加气站充装操作流程的设计、制定和完善，指导加气员(充装员)合法充装、安全充装、高效充装。指导员工妥善处理各类简单的技术故障，如跳枪、卡枪、爆圈等机械或电子故障。

(2)指导加气员(瓶检员)对车用气瓶进行严格检查并做好充装记录。对于在瓶检中发现不符合安全充装的情况，要依法拒加。(相关法律、规范：特种设备安全法、车用气瓶安全技术监察规程、地方燃气行业安全管理规范)

(3)加气排队时善于引导车辆，保证站内站外交通顺畅，秩序井然。

(4)使用信息系统辅助管理的，要指导记账员/收银员做到加气卡发放、充值程序规范；资料登记、变更及时、完整、有效。

(5)善于使用沟通技巧提高服务效率，化解现场纠纷，努力做到服务零投诉。

(6)主动开展或配合执行上级管理部门参与加气站外部环境、政府主管部门的沟通和维护，处理好周边关系。

(7)主动开展或配合执行上级管理部门开展的经营活动，包含但不限于：促销、调峰、客户管理、开放参观等。

(8)维护老客户，开发新用户，做好经销和促销工作。

5.1.5 数质量管理

(1)进站原料气要符合GB 17820—2012《天然气》；出站商品气要符合GB 18047—2000《车用压缩天然气》；LNG要符合SN/T 2491—2010《进出口液化天然气质量评价标

准》。

(2)跟踪气、电、水、油的生产损益，确保相关记录表册内容属实、记录准确，异常情况能及时发现，并分析查找损益原因。

(3)确保计量表具在检验核定周期内使用，且偏差符合国家标准。

(4)妥善化解或处理各类数质量纠纷投诉。

5.1.6 财务管理

(1)负责监督各类财务报表的完成和审核。

(2)指导收银、开票，负责资金、发票、票据的管理。

(3)库存管理与盘点(备品、备件和固定资产)。

(4) 如果加气站为独立法人，财务管理涵盖公司财务的一般性内容。

5.1.7 形象管理

(1)保持场站内品牌形象标识、安全警示标识的完整性和维护。

(2)全站卫生。

(3)形象照明的使用和维护。

(4)客户宣传的应用或执行，包含但不限于：LED灯、服务台、泵岛宣传窗等。

5.1.8 工程管理

有必要创造一定的条件让站长参与到工程管理过程中，熟悉加气站的新建、改建、整改等项目的实施。主要目的是让站长在设计、设备选型和隐蔽工程上综合把握加气站的技术要领，进而更好地为生产和运营服务。具体工作内容视工程需要，由工程组织部门赋予必要的职责，一般都是辅助性、临时性的工作，举例如下：

(1)辅助新建、改建项目在相关政府职能部门的立项、上报、催批。负责或辅助加气站关联证照的管理(申领、注册、变更、存档)。

(2)参与项目可研和方案设计咨询，提供相关运营经验便于技术改进、设备选型、布局调整等工作。

(3)对隐患整改项目提出合理的解决方案供参考。

(4)(视需要)充当临时施工员角色，监督施工质量和安全。

(5)辅助做好施工现场的沟通、协调和处理。

(6)参与设备设施验收和交接。

5.2 加气站站长的任职资格

加气站“麻雀虽小，五脏俱全”，它可以是一个独立经营的企业，也可以和其他站点形成网点集群。站长在加气站的经营活动中，始终处于中心位置，是生产、经营、管理的第一经理人和第一责任人。随着市场经济的发展，此类网点的经理人、负责人也将按照现代企业管理的要求向职业化演进。例如在埃克森美孚、壳牌、中国石化、BP 等大型能源企业的零售网点中，早已使用加油站经理、加气站经理、网点经理等概念。

在职业经理人这一定位的基础上，从个体素质出发来设计加气站站长的任职资格。具体分列为：潜在素质、必备知识、专业技能、基本条件、参考项五个模块(见图 5-1)。

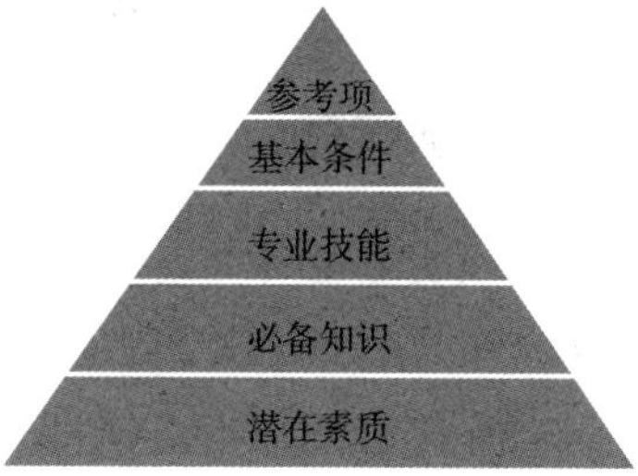

图 5-1　加气站站长的素质冰山模型

5.2.1　潜在素质

美国著名心理学家麦克利兰于 1973 年提出了“素质冰山理论”，将人员个体素质的不同表现形式划分为看得见的表面部分“水上冰山”和看不见的内在部分“水下冰山”。

看得见的部分只是“素质冰山”的一角。这部分素质定义为“显性素质”，即知识、技能与行为等，具体对应到加气站站长的其他 4 个模块分析。

水面下看不见的内在部分定义为“潜在素质”，它包括角色定位、价值观、自我认知、品质、动机等，是个人潜在素质深藏于心，不易被别人发现和比较，也不易受外界影响和改变，但却对人员意愿、行为表现起着关键性作用。加气站站长的潜在素质如表 5-1 所示。

表 5-1　加气站站长的潜在素质

项　目	潜在素质
角色定位	基层团队的领导者；基层岗位技能的示范者或监督者；加气企业的(中)基层干部，公司决策的反馈者、执行者
价值观	在岗位中实现自身价值的最大化；与加气企业同步发展
自我认知	加气站发展的贡献者；团队可以信赖的领队
品质	具备可以信赖的职业道德
动机	超越自我

可以发现，上述内容大多是一个人潜在的、内化的、自发的特征，无法通过普通的技术、测评工具来准确度量，甚至从站长自身或公司人力资源管理部门来说，也是难以随时辨识的，唯有通过一系列的行动过程及所产生的结果来动态跟踪。而潜在素质往往又是任职者的出发点和人力资源管理的回归点，是一个自我认知和被认知的动态过程。

5.2.2　必备知识

加气站站长的必备知识可分为三类，如表 5-2 所示。

表 5-2 加气站站长的必备知识

序号	分类	说 明
1	专业知识	(1)经营对象的知识，如天然气、城镇燃气、加气站等 (2)相关的专业技术知识，如工艺操作、设备设施、安全生产等
2	环境知识	(1)国家法律、法规与政策，如《安全生产法》、《特种设备安全法》、《车用气瓶安全技术监察规程》、《汽车加油加气站设计与施工规范》等，地方政府职能部门的即时政策不再展开赘述 (2)竞争与合作单位的基本情况 (3)行业管理惯例(行业规范、条例在经营活动中的具体执行)，如输差、损溢、燃气具的检验校订等
3	公司知识	(1)组织机构 (2)企业文化 (3)规章制度 (4)业务流程 (5)……

5.2.3 专业技能

站长的专业技能可分为三类，如表 5-3 所示。

表 5-3 加气站站长的专业技能

序号	分类	说 明
1	人际关系	(1)理解他人，愿意用沟通的方式来说服别人或接受他人的观点，而不是过于信赖权力 (2)乐于分享，愿意将自己的方法与经验与他人共享 (3)团队中的正能量，与同事保持良好的合作与协调，碰到困难相互鼓励，共同达成目标
2	业务运作	(1)关注工作流程和质量，严格要求自身和团队，追求卓越绩效 (2)能够迅速判断问题所在，正确理解、分析、解决问题或借助其他渠道解决问题 (3)熟练运用技术工具、管理工具\ 方法，有较强的执行力
3	创新思维	(1)乐于接受新鲜事物，理解新的规则，追进新的观念 (2)不满足现状，尝试新的方法和技术来改进工作，提高效率 (3)优化流程、持续改进 (4)……

需要特别强调的是加气站站长的创新能力。基层领导往往被要求侧重于执行力而忽略了创新力，考核内容也相对固化于几个变化不大的 KDJ(关键绩效指标)指标。实际执行过程中，考核仅仅起到方向牵引作用，难以面面俱到；标准化流程不会给企业带来效益上的提升，也难以改变效率。

例如一个新任的油气合建 CNG 子站的站长，无论他之前是加油站还是加气站站长，首先需要接受知识结构上的转型，其次他要根据场站运营中遇到的问题综合运用甚至持续改进作业流程。比如新员工先加油还是先加气？如何解决加气高峰堵车时的加油问题？如何合理排班平衡夜班人少业务忙？如何设计卸油和卸气两项重大作业的安全监管？设备保养是否还有改进空间？能否调节油和气的销售比例争取单站最大效益？有些情况往往是单站个例，即便是同个问题操作背景又有很多不同，非常考验站长的基本业务技能和创新思维。

5.2.4 基本条件

基本条件包括现从事职位、专业经验、持证上岗等部分，用于判断申请人是否具备胜任加气站站长的能力。该模块比较适用于人才队伍比较合理，组织结构相对完备的中大型加气企业或能源集团。

可以胜任加气站站长的职位可以来自加气企业内部的职位晋级，如企业管理人员、站内设备管理员、记账员等；也可以来自加气企业外部聘任，如同行业不同单位关联岗位，或关联专业的应届大学毕业生（油气储运、城市燃气、机电一体化等）。内部聘任人员需要一定的绩效支撑，外部聘任人员需要经过一定的培训。

专业经验包含加气领域的工作经历、成功经验或关键事件。这一方面老员工比较有优势，但需要评估其工作的积极性和创新力。而企业新人，往往成长较快，能弥补执行力和创新力的不足，如果业绩优秀也可以突破专业经验的要求。这也是很多企业在新业务领域往往愿意启用新人的原因。

加气站在办理《燃气经营许可证》和《气瓶充装许可证》等运营证照时，从业人员必须持证上岗。由于行业主管部门对安全、技术和操作有一个系统性的要求，加气站取证形成了一定的体系。站长不仅要构建和维护这一体系，自身也要取得关联的证照，具体如表 5-4 所示。

表 5-4　加气站站长的取证

证件名称	证件类型	培训单位	发证单位	说　明
罐装工 运行工 户内检修工 机修工	职业资格证书	燃气协会	省人力资源和社会保障厅和省住房和城乡建设厅联合发证	罐装必须持证上岗；其他可由技术负责人或设备管理员取证
锅炉压力容器压力管道安全管理 车用气瓶充装 液化气体气瓶充装 移动式压力容器充装 压力管道巡检维护 固定式压力容器操作	特种设备作业人员证	市质监局	省质量技术监督局或市局	安全管理和场站关联气体的充装必须持证上岗；其他可由技术负责人或设备管理员取证

续表

证件名称	证件类型	培训单位	发证单位	说明
危化品经营	安全资格证	市安监局	省安全生产监督管理局或市局	部分省份对天然气经营不纳入危化品经营许可，可以不取证；油气合建站必须持证上岗

5.2.5 参考项

主要包括职业道德、个性特征两个部分，不是任职资格的必要构件，且往往带有企业文化的印迹。职业道德的涵义较为宽泛，从普遍性出发，认为加气站站长应当具备良好的思想觉悟、责任心、进取心、实干精神、忠诚、正直等；个性选择则倾向于有亲和力和包容心，积极、活泼，乐观。前者隐藏在潜在素质中，后者可以通过心理测试工具进行分析，这需要人力资源管理部门本身具备较为专业的水平。参考项往往用于企业管理层在聘任、竞聘、岗位设置时进行参考，不作为具体评估标准。

5.3 加气站站长的工作方法

具备上述任职资格的人员在被聘任为加气站站长以后，马上将面临能否完全胜任的考验。为保证履行岗位职责、行使职权、达成管理目标，站长在工作实践中不但要继续学习和完善自身素质条件，同时也必须不断地调整工作方法，准确使用管理技能，进而使得责任和权力更好地相匹配，更快地完成适应、胜任、驾驭的角色转变。

本节尝试结合加气站的运营实际，引用几个常用的管理方法和工具，如通过“时间管理、过程控制”来确保执行力，通过“团队建设、自我管理”来提升领导力，如图5－2所示，仅供参考。

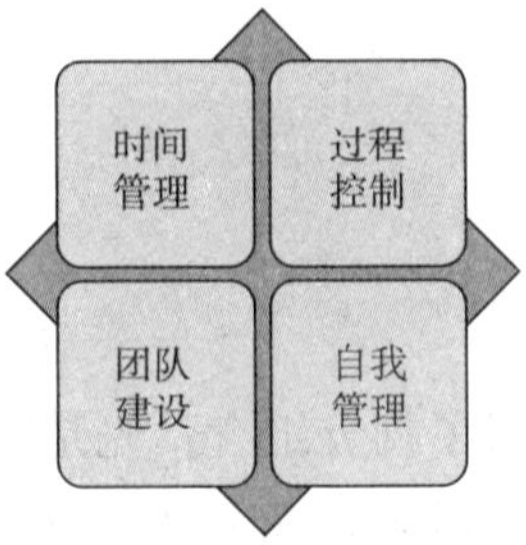

图5－2 加气站站长的管理方法

5.3.1 以效率为目标的时间管理

时间管理是指事前依据轻重缓急制定规划或计划，将有限的时间、精力加以分配，争取最高的效率。时间管理能力是对管理者的基本要求，运用范围普遍却又最容易被管理者忽视。一个优秀的加气站站长，他能够安排自己和站内员工迅速适应工作上的各种变化，并重新回归到正常运营的轨道。好比有各种“应急预案”了然于胸，能迅速预判工作量波动信号，及时或重新组织员工从容不迫地开展工作，而不是疲于应对。投影到加气站的工作举例如下：

（1）人员排班考虑业务的周期性变化。如尽可能的减少加班、加气高峰期的临时交通组织、台风天气人员上下班时间等。

(2)合理安排各种培训时间，不影响场站运营。

(3)气源供应保障有力。如油气合建站油气交叉接卸时间、子站管束车或LNG站罐车调度、常规站停气保养等。

(4)设备的维护保养时间的安排。如何降低常规保养或紧急抢修对生产经营的影响、备品备件的采购和仓储等。

(5)工程的时间切入点相对合适。改建、技术升级、隐患整改等。

(6)使开会变得精简有效。

(7)……

时间管理的工具有很多，站长平时可以练习的有“六点优先工作制”和“时间四象限理论”。时间四象限如图5-3所示。

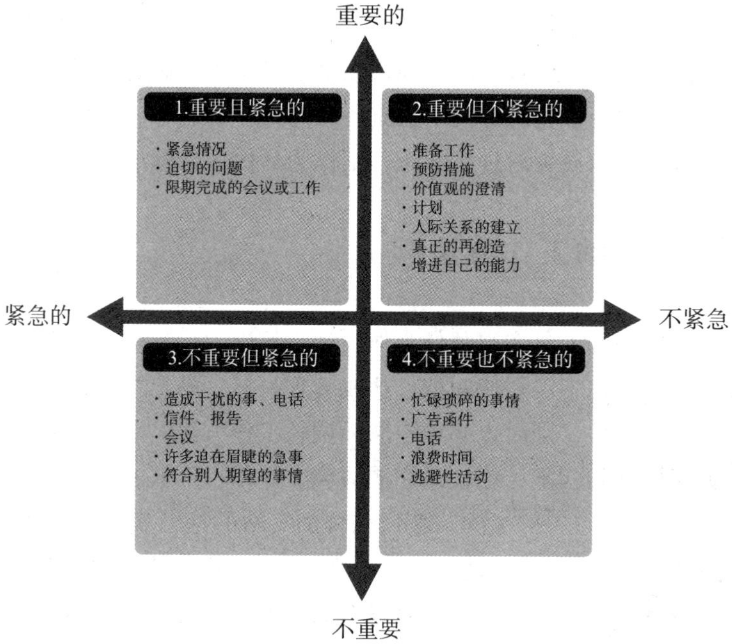

图5-3 时间四象限

时间四象限理论把工作按照重要和紧急两个不同的程度进行了划分组合：先是既紧急又重要的，接着是重要但不紧急的，再到紧急但不重要的，最后才是既不紧急也不重要的。建议加气站站长平日应及时主动完成一些重要但不紧急的工作，从而减少应付既紧急又重要的事情，提升整体的工作效率。

5.3.2 以任务为目标的过程控制

通过关闭阀门能够很容易做到人为控制一个加气站的进气量，但如何在不断气情况下控制销售量？或者还有不确定因素如压缩机突然停机、设备管理员突然离职等的困扰。加气站的日常运营通常是一个延续、变化、反复的管理过程。站长要设法采用各种手段实施过程控制，在特定的期限内以经济、有效的方式完成作业目标。一个优秀的加气站站长，他可以有效应付环境的不确定性对过程的影响；可以主导站内活动能够全过程协调一致地运作；可以在过程中及时避免、减少或补救各种失误造成的损失。加气站站长的工作举例如下：

(1)提前预知人员离岗，能够控制离岗、招聘、培训的落实工作。

(2)能准确分析和追踪加气业务规律，适时促销或控销。

(3)督促设备检维修，以保证数质量稳定在国家标准要求范围。

(4)发生特情时，能及时准确启动应急预案，并控制影响范围(生产、运营、舆论等)。

(5)督促或协调设备、设施升级改造按项目进度要求进行。

(6)关注或控制 CNG 母站的出气温度。

(7)……

过程控制的管理工具有“项目进度表(甘特图)”和“PDCA 循环理论”等。PDCA 循环又叫戴明环，是美国质量管理专家戴明博士提出的并最早运用于质量管理中。PDCA 是英语单词 Plan(计划)、Do(执行)、Check(检查)和 Action(行动)的第一个字母组合，PDCA 循环就是按顺序进行管理，不停顿地周而复始地运转，如图 5-4 所示。

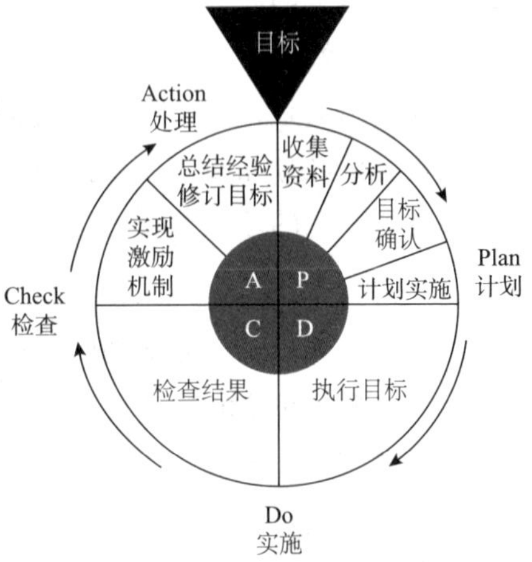

图 5-4 PDCA 循环

“PDCA 循环理论”后来衍生到项目管理、过程控制等各个分支和领域。在过程控制中又引申出“开环控制”和“闭环控制”。前者指实施后没有反馈，后者指当一个问题出现以后，只有有效的解决了问题，才算圆满，防止问题出现以后发生推诿、踢皮球，最后不了了之。建议加气站站长要注重反馈和练习，即 Check(检查)和 Action(行动)两部分，只有后者才是任务完成的最终保证。

5.3.3 以人员为载体的团队建设

团队建设属于人力资源管理的范畴，加气站的岗位结构和工作流程都相对稳定，但必须避免管理技巧和职位威权替代团队领导力的误区。最优秀的站长，不是自身能力有多大，而是让普通员工发挥最大的作用。建立全体共识，提升团队绩效，对基层管理者来说，显得格外重要。限于篇幅不能面面俱到，列举以下四条供站长参考：

5.3.3.1 有效沟通

区别于一般沟通，达成有效沟通须具备两个必要条件：首先，信息发送者清晰地表达信息的内涵，以便信息接收者能确切理解；其次，信息发送者重视信息接收者的反应并根据其反应及时修正信息的传递。免除不必要的误解，两者缺一不可。

沟通的行为包含倾听、交谈、阅读、书写，前两者占绝对多数，因此，设计了站长对员工的沟通技巧，分为倾听、发问、区分和回应。

(1)倾听。用于了解信息、改善相互关系，寻找有效的问题解决方式，帮助员工梳理逻辑。但同时它的障碍在于心理定势、选择偏好、双方的情绪、消极的身体语言等。站长要善于端正自己的态度，主动创造良好的环境氛围，克服倾听障碍。

(2)发问。是对倾听的补充，同时也用于对简单的原则性的问题启发性地表明立场。发问的技巧是每次问一个问题、精简、耐心倾听回答、控制情绪偏见、不要争执。

(3)区分。用于对员工的辅助和引导，如协助员工区分事实、判断员工真实意愿、引导员工判断问题根源、引导员工自发解答或设定目标。从而挖掘员工的真实想法和意愿，或进一步让问题得到自身化解。

(4)回应。目的是令员工看到自身盲点，令员工清晰目前的位置，令员工认识自己不足，反馈主管的体验。有效的区分就是最好的回应。回应还必须观察员工的反馈以判断沟通的有效性。

需要指出的是，站长和员工之间工作上的沟通内容大部分是技术性或行为规则性的，比较容易区分和回应。掩盖在行为背后的情绪或观念的沟通，则需要站长将练习放置在倾听和发问的环节，真正达到善解人意。

5.3.3.2 善于激励

激励，首先要避免加薪升职等权力误区。马斯洛需求理论认为一个人对尊重和自我实现的需要是无止境的。站长要充分利用赞美和鼓励来表达自己对员工的关心和信任，让员工获得信心和激情，快乐地工作。需要注意的是，赞美一定要真诚，避免“口惠而实不至，怨菑及其身”。

公平是最好的激励。站长一定要做人公正、办事公开、处事公平。不任人唯亲、不宠信个人、不以个人恩怨或喜好厚此薄彼。在涉及员工利益或站内重大事项时，要防止暗箱操作，尽量增加透明度。站长的权力由职位赋予，站长的威信来自员工的信任。

激发员工的主人翁意识。我们一般会停留的概念是“加气站是员工第二个家”，却经常忽略“我最重要”。员工有了站长的尊重，才有了对站长的信任，最终目的是为了分享团队中的个体价值。灌输“我最重要”的理念，激发家庭成员的潜在能量，才能和家长站在同一个立场，守卫同一个战壕，积极执行布置的工作安排，产生人事效益。

最后才是站级考核。基层考核应多采用“正向引导，鼓励为主”的方法，多奖励少惩罚或只奖励不惩罚，尤其是涉及到员工收入的奖惩。普通员工收入有限，用于考核的幅度比较狭窄，少了体现不出力度，多了影响生活。应尽量通过考核去鼓舞士气，形成良性竞争，而不是埋下隔阂。

5.3.3.3 培养骨干

培养骨干就是挖掘潜力、因材施教；就是适时授权、持续发展。

站长的工作时间是8h，加气站的运营时间多数是24h，而且站长不可能天天在站里。一个人的精力是有限的，纵使管理者有再大的才干，也无法包揽所有的工作。必须要有骨干，这是工作实际的需要，在站长不在的时间里贯彻站长的意图、监控和管理加气站的运营。

从岗级、岗等的角度上遴选，骨干来自设备管理员、自记账员、领班等；从潜在素质角度出发，骨干应该具备良好的职业道德、态度积极主动、行动上服从指挥的员工。各人的素质不同，站长应该充分了解员工的构成，适时将其归纳到人才梯队的各个层级里面去。

培养基层骨干的最好方法还是“传、帮、带”，关键还在于适时授权。适当地向员工授权，可以使站长解脱部分琐碎的事务，集中精力去思考和学习，进而帮助企业决策；让员工更多地参与具体管理活动，体会其中的目的和意义，也能满足员工自我价值实现的需要，增强组织的凝聚力和战斗力。

5.3.3.4 设定目标

团队只为目标而存在。站长的技巧就是把目标细化，并使之有挑战性。但目标过于宏大或遥远，会使团队陷于无休止的讨论、敷衍塞责的决定和蹉跎不前的行动。加气站就那么几个人，那么几套设备，每天周而复始地工作，不就是安全不出事，加气不能停么？还有什么目标性可言？即便有那也是领导的事情吧？通常情况下，这种短期看不见、变化少、直接性不强的目标会消解激情、懈怠斗志、降低效率，甚至引发管理疲劳。

何不试试设备运营30天无修理？当月单日平均销量同比增长3%？班组当月营业款额比赛？7天完成客户调查问卷50份？这些通过适当的努力可以达成的目标会使团队成员保持一定的兴奋度，如果提前完成还能获得一定的自豪感，从而带来团队工作的高效率。

一个优秀的站长就是要通过目标细化，去设定相应的计划，甚至设定无关痛痒的挑战游戏，来保持团队的战斗力。或者还可以把考核的KDJ指标结合起来，尽量让工作变得有趣且充满成就感。

5.3.4 自我管理，做最好的站长

要想管好别人，必须先管好自己。如何管理站长自身的目标、行为、观念、心态、情绪等，是自我管理的狭义概念。做最好的站长应该是“完善自我、超越站长”，能下一个台阶做工作，更能上一个台阶想问题。用4个层级递进的成语来概括这部分的内容，即“身先士卒、管理情绪、学无止境、适度创新”。

5.3.4.1 身先士卒

站长要有模范、表率的作用。首先是在潜在素质的修养上去感染人，可以问自己“我要成为什么？我的工作有价值么？我有价值么？我的价值是什么？”回答以上问题，

寻找自身的定位和目标，是自我管理的第一步！其次，站长要恪尽职守，以认真负责的敬业精神和脚踏实地的实干行动去赢得员工的尊重。权力是建立在责任的基础上，站长要亲自做自己该做的事，做对自己该做的事，做足自己该做的事，才能赢得信任和尊重，才能运用权力去领导团队。

5.3.4.2 管理情绪

工作不可能事事顺利，没有压力。但无论在那个环节中受到挫折，站长都要有“我可以、我能行、再试试”的精神，让它成为自己发自内心的坚定信念与态度。要避免脾气和浮躁，要善于释放工作压力，避免在工作中宣泄情绪，进而影响到自身或团队的判断、决策和具体行为，付出不必要的代价。站长可以练习的情绪管理工具有“日清日结法”、“肖汉仕的6H4AS心态自我调适法”等。

5.3.4.3 学无止境

客观事物的复杂、变化和发展，与人类认知的有限，注定了实践活动只能是接近真理的过程。管理活动也是如此，需要不断地去认知、去质疑、去判断、去否定、去实践，周而复始，所谓学无止境。但是如何才能超越自己的优秀呢？答案只有一个——否定自己，将自己倒空。空杯心态就是随时对自己拥有的知识和能力进行清理，清空过时的垃圾、老旧的经验，为新知识、新技能留出空间。认知自己否定自己是最困难的，需要胸襟、坦诚和魄力。取得一点成绩，往往自视甚高，看不到自己的缺点，也看不到别人的长处；只有等危机来临，才后悔莫迟。

例如，加油加气合建站的站长，大多有加油站的运营管理经验，旧经验的思维定势更需要去重新甄别或打破，同时还要带领老员工及时学习加气知识和技能，扭转旧有的习惯与新的工作内容相适应。时代在进步，市场在发展，技术在更新，站长的“必修课、选修课”应该像充电电池一样无止境地循环下去，才能去胜任、驾驭和超越当前的职位。

5.3.4.4 适度创新

对一个成熟的加气企业或者站长个人来说，创新，不一定是管理人员现阶段最优先的选择。有时候想法太多、太超前了可能会让团队无所适从，并不是一件好事。所以站长要谨记：创新并不是时时需要！但矛盾在于：没有创新，就没有区别和超越，没有前瞻性的掌握。解决矛盾的尺度在哪里？

需求至上原则：

(1)发现职责范围以内，技术或管理上的潜在需求，及早准备并改变使之相适应，做到立即跟上，提前介入。例如不同型号压缩机的能耗统计和材料选型问题，及早跟踪记录并比较市场上的同类产品或替代产品，就能在设备超出质保期以后选用比厂家更好的产品。甚至在方案成熟后跟厂家商量技术改型。

(2)遇到新问题结合自身实际情况，来决定自己当前的管理经验、服务内容、技术配备是不是需要改变。如果你不改变就要被淘汰，被超越，就已经不是创新的问题，而是需要迎头赶上。如是否开放站内24h热水供应甚至在便利店供应宵夜点心？此时应充分考虑有无场地限制、有无安全隐患、能否满足需求量、能否提升服务等。如果你的竞争对手已经采取了该项措施，那只能试着做一个追随者了。

(3)满足上级的管理需求，同时超出上级的预期，让领导做选择题。只有超出了上级的预期，乃至拓展自己的思考和工作的范围，才能让旁人对你另眼相看，才能给自己争取到更多的发展空间，乃至在晋升机会来临时垂青于你。让领导做选择题就是参与、辅助或引导决策，此时你的想法和职权必定打破了站长的范围，上升了一个层级。多列几种备选方案，并对其陈情利弊，这样上级选择、评估起来就容易得多，有利于上级更快、更有效地进行决策。这样的站长，必定立足于企业，也终被企业所重视和欣赏。

5.4　加气站员工的配置与选聘

除站长外，加气站的人员配置还包括设备管理员(运行工、机修工、检修工)、记账员、安全员、领班、瓶检员、加气员(充装工)、接卸员、收银员(卡管系统充值员)、便利店营业员等。具体岗位配置和人员编制可根据加气站类型和工作需要增设、优化(兼职)和精减。

5.4.1　基本岗位职责

一般加气站至少设置设备管理员、记账员、领班、加气员四个基本岗位。岗位主要职责如下：

5.4.1.1　设备管理员

(1)负责设备常规性检查及日常巡检，发现问题及时处理并上报。

(2)负责设备日常维护保养工作，保证设备安全正常运行。

(3)负责设备设施运行维护记录(台账)，建立设备设施运行维护档案。

(4)负责特种设备的定期报检报验，以及站内备品备件的保管和使用。

(5)督促各岗位员工自觉遵守设备操作规程。

5.4.1.2　记账员

(1)负责现金、票证结算工作，及时交存货款。

(2)负责填报各种报表、正确反映商品流转情况，做到财务统计日清月结，达到账账相符、账实相符。

(3)负责保管站内现金、账册、票据及有关印章，确保资金安全。

(4)负责加气站内部核算工作，审核费用开支。

5.4.1.3　领班长岗位职责

(1)负责组织本班员工开展经营、生产、管理和服务工作，确保生产和经营目标的达成。

(2)负责组织本班员工做好现场管理和规范化服务工作，及时有效地处理顾客投诉、质疑或纠纷，处理不了或问题较大时及时向站长报告。

(3)负责本班安全管理工作。落实各项安全制度，监督现场安全措施的落实。

(4)负责组织交接班工作。

(5)负责本班员工考核工作。

5.4.1.4 加气员岗位职责

(1)按照操作规范为顾客提供加气服务。

(2)判断并排除加气机一般性故障。

(3)做好现场安全监督工作，发现不安全因素及时阻止并上报。

(4)参与站内应急预案演练，扑救初期火灾。

(5)负责责任区域内清洁卫生工作，保持现场环境整洁。

5.4.2 岗位设置的原则

“因事设岗”是岗位设置的基本原则。具体设置岗位时，还应注意考虑以下几个方面：

(1)岗位设置的数量(目)是否符合最低数量原则，即是否以尽可能少的岗位设置承担尽可能多的工作任务。

(2)岗位之间是否实现了有效配合、补充，保证有效完成加气站任务。

(3)每一个岗位是否在组织中发挥了积极效应，同时保持向上发展的可能。

(4)充分考虑专业性和一专多能的平衡，保证员工有效完成个人任务。

(5)“一人双(多)岗、AB岗、一岗双责”等岗位设置必须注意不兼容岗位，明确责任界限。

5.4.3 人员编制与选聘

这里的编制是指加气站内人员的数额及职位的配置。一般考虑加气量、加气量波动情况、设备的复杂程度、加气站客户情况等因素，确定每个岗位需要的人数。同时，相关情况变化时，也主要考虑这几个因素进行人员编制调整。

各系统对加气站员工的聘用权限都有明确的规定，除人事部门统一招聘、统一调配以外，加气站站长选聘再交由人事部门核定也是一个重要补充途径。无论是统一调配还是自己选聘，都应该注意以下几个方面：

(1)满足基本的学历要求、身体健康、处于法定用工年龄范围。

(2)所有到站员工必须经过试用期的考核，站长作为用人主管应侧重观察工作态度(人品)和学习潜力(能力)。

(3)管理岗位适当参考工作经验和居住范围。

(4)经考核录用以后，要做好育人、留人工作，减少基层人员的流动性。

5.4.4 排班形式

加气站员工排班形式的确定必须符合国家的用工法律、法规，既能保证员工的合法权益，也有利于降低人工成本，有利于站内的高效运营。目前实行的排(轮)班形式主要有三种，站长要根据运营实际权衡利弊、综合考虑：

(1)12h 对靠班。即工作 12h，休息 12h。该方式员工劳动强度大，只能短期临时过渡，不宜长期实施。适合刚开业处于调试期，业务量不是很大的站点。

(2)8h 三班倒。该方式适合业务量大且业务量相对稳定的站点，多见于大中城市的中心地带。

(3)三班二运转。即每班工作 12h，休息 24h，每天有二个班组在运转。该方式是“8h 三班倒”的替换方案，主要考虑降低人工成本。但由于交接频繁，对内部管理的要求比较高。

5.5 加气站员工的培训与考核

加气站员工培训作为基层培训是加气企业人力资源开发的重要组成部分，直接关系到加气站的运营安全和效益。它应该作为企业的战略规划之一，进行系统设计、标准操作、长期投入。

5.5.1 培训内容

加气站培训按培训环境或主体来分，主要有内部培训和外部培训。

(1)内部培训。内部培训有岗前培训、开业培训、在岗培训、转岗培训、进阶培训、职业技能鉴定等，内部培训是基层培训的主要内容。

(2)外部培训。主要是为了满足持证上岗的要求，主要有车用气瓶充装证(加气证)、移动式压力容器充装、压力容器操作证、压力容器维修证、特种设备管理证、压力管道巡检证等。

培训的系统性和标准化要求员工培训包含但不限定于：目标、对象、范围、规模、时间、投入、方式、教师、评估等。培训的人员、内容应和业务发展必须紧密结合、环环相扣、层层递进。培训评估环节应留意有潜力的员工，适当关注并给予发展通道，充分发挥员工的个人价值，取得职业发展的成功。

5.5.2 培训资源整合

基层培训特别注重实效和效益兼顾，各类培训多数以抽取员工参与轮训的方式进行，个别培训甚至还要挤占部分员工的业余时间。这就要求相关管理人员尽可能地在实际工作环境中挖掘和整合培训资源，作为课程设计的重要组成部分，从而达到事半功倍的培训效果。目前比较常用的资源整合主要有以下几方面。

1. 岗位训练

主要适用于新手岗前培训，也称为“传帮带”，以师带徒强化规范化动作。针对性的岗位训练站内都能独立实施，“成本小见效快”，能迅速提高新手能力、缩短适应过程。

2. 岗位互换

主要适用于技术工种的在岗培训或进阶培训。比如两个同类型加气站站长互换工作岗位，或两个不同设备同种类型加气站设备管理员互换工作岗位。有利于通过比较迅速发现问题或者触类旁通加快学习进度。

3. 应急演练

应急演练完全匹配培训体系“针对性、标准化、有效性”的三大要求，也是评估员工各项培训效果的最佳途径，同时也是对员工避免事故、防止事故、抵抗事故安全再教育。加气站不仅要按规定定期开展应急演练，也要善于提高演练质量避免走过场。

4. 例会

各种例会是总结经验、提高认识的重要途径。例会的组织者要善于挖掘工作中的亮点或共性问题，或培养系统内兼职讲师，结合会议主题和近期工作重点见缝插针地开展针对性学习。对管理人员的培训内容侧重于启发或介绍新事物，而对加气员的培训则侧重于强化或案例分享。

5.5.3 站级考核

站级考核的效标集中在行为性效标和结果性效标两类。前者侧重考量执行能力，适用于人际接触和交往非常频繁岗位，对应到加气站多数员工；后者侧重于一些能量化的目标任务，适用于站长和设备管理员等管理岗位。由此可见，站级考核的日常内容集中于考评一般员工的规定动作和执行力。

绩效考评所涉及的基本方法种类很多，适合站级考核的具体方法有结构式叙述法（个体评价）、强迫选择法（发现优缺点）、劳动定额法（排班加班）、图解式评价量表法（动作分解）、合成考评法（适合）、日清日结法（便利店）等。以上不一一展开叙述，站长要善于在实践中使用适合自己的理论工具，着力打造约束和激励相结合的站级考核机制。这里再提几点建议：

（1）很多基层管理者都会遇到“情理法”还是“法理情”的顺序问题。所谓情理法，就是在团队中强调家文化，先感情沟通，再摆事实讲道理，说不通再讲规章制度。但在考核层面，没有制度就没有度量衡，没有价值尺度就没有约束力，没有约束力就会坚持各自的立场或既得利益，管理就沦落为和稀泥。一定要树立和维护规章制度的权威性，先有“法”的限定，才有“理”和“情”的空间。站长可以从最基本的考勤制度开始，规范员工的行为，保证作业时间，严格内部管理。树立令行禁止，高效严明的团队风气。

(2)如果把考核比作水渠，那么“水到渠成”的动力源在哪里呢？所谓因势利导，“势”就是要给盼头给希望，做到个人愿景和企业愿景的契合。加气业务安全高效，员工收入才会稳定和增长，工作心态也会保持健康；“利”就是要做好激励，让跑得快的高绩效员工及时得到认可和奖励，倡导凭本事吃饭，靠贡献挣钱的劳动致富、劳动谋生的正确打工观。

(3)站级管理还会遇到物质奖励相对有限的问题。单纯的物质奖励会带来更多弊端，这就需要我们更多地运用和挖掘机会奖励和精神奖励。例如对站内表现优秀的员工在有机会和条件时，选送其参加各种提高性培训，为以后晋升创造条件；实行站内“创先争优”、“星级评定”等活动，对工作积极、业绩突出的员工给予充分肯定。

(4)站长要“管好自己、影响别人”。考核维护的是制度的权威，管理维护的是企业的效益，在此之外没有“法外之人”。“学高为师、身正为范”，站长要以自己模范的言行，影响、示范、带动员工。要求员工做到的自己首先做到，以实际行动来养成自身的人格魅力和“信、威、权”，从而再来反作用于站级考核的实效。

第 6 章　加气站经营管理

6.1　进货管理

6.1.1　进货原则

(1)非独立核算加气站进货由上级公司统一采购，不得擅自外采。

(2)所购天然气必须符合国家或行业质量标准，杜绝不合格天然气进站。

6.1.2　标准站进货

标准站进货由地市公司与管道气供气单位协商，就天然气气质、供气量、供气价格、计量方式、结算方式、双方权利义务、违约责任等内容达成共识，报省市公司天然气主管部门批准，签订供气合同。

标准站根据实际生产经营需要，每日从管道进气，以进站流量计读数作为计量结算依据，进站流量计须按规定定期校验，校验合格后方可投入使用。标准站每天定时与供气单位共同抄录进站流量计读数，包括流量计起止数和日进气量。日进气量要定期与供气方签字确认，作为结算凭证。

6.1.3　子站进货

加气子站根据经营情况，提前向母站报送用气需求计划，母站通过管束车向子站配送，供气量以母站加气柱实际加气量为结算依据，母站加气柱流量计要按规定定期校验，取得合格证后方可使用。管束车向子站配送时，应随车提供出库单，注明管束车所充 CNG 的数量、压力、天然气水露点、硫化气含量等数据。

车辆到子站后，接卸人员须认真核对出库单，并与驾押人员共同检查管束车状况，确认安全后方可进行卸气。卸气完成后，子站核对卸气量，并在出库单上签字，出库单相关联随管束车返回母站。出库单是子站进气量的结算原始凭证，子站和母站应定期核对出库单数量。

6.1.4　L－CNG/LNG 站进货

L－CNG/LNG 站根据经营情况，向上级单位报送 LNG 需求计划，地市公司汇总需求上报省市公司，由省市公司统一组织进行 LNG 资源采购和配送。LNG 以工厂出厂过磅单作为结算依据。

LNG 罐车到加气站后，接卸人员须认真核对过磅单，并与驾押人员检查车辆情况，确认安全后方可卸液。卸液完成后，加气站核对卸液量，确认无误后在过磅单上签字。双方签字的过磅单作为加气站进气量的结算依据。加气站要登记好购进台账，并及时报送上级公司确认。

6.2　销售管理

6.2.1　现金销售

(1)根据顾客加气数量足额收取现金。

(2)每日交接班时，现金收入数与《加气站交接班表》现金付油数相等。每日上缴银行的现金，应与《加气站销售日报表》中现金收入合计栏相等。

6.2.2　IC 卡销售

(1)主动请顾客出示 IC 卡，并在 IC 卡余额内提供加气服务。若余额不足，及时提醒顾客充值。

(2)对有限制信息的 IC 卡，严格按限制信息操作。

6.2.3　银行卡销售

严格执行银联卡操作规程，做到刷卡记账单、发票记账单和销售凭证“三单匹配”。

6.2.4　信用销售

(1)信用销售管理。加气站不允许擅自开展信用销售或预收款业务。确需开展的，报经省市公司审批同意后，由地市公司与顾客签署协议，加气站留存复印件。加气站认真履约，及时回笼货款，不得超信用额度或预收款额度付油。

(2)加气站应分户建立信用销售或预收款客户明细账。每次加气后，收银员应与客户在相关台账上相互签字确认；每日营业结束，记账员做好记账客户的台账登记工作。

(3)预收款必须及时足额缴存到公司指定的银行账户，严禁将预收款隐瞒、私存或挪作他用。每月末，加气站会同上级财务部门，核对客户预收款余额，无误后与顾客进行函证。

(4)加气站应主动引导预收款客户办理 IC 卡，充值加气。

6.2.5　交接班管理

(1)做好营业前准备。接班人员接班前整理好个人仪容仪表，备足零钱，备齐工作用品；领班清点人数，组织员工互查仪容仪表；站长(领班)组织召开班前会，布置本班工作，大站要履行交接班仪式。

(2)交接双方记录、核对和交接当班加气机累计字码数、天然气实存量，清点相关商品及发票等，发现差异及时查明原因，妥善处理，核对无误后双方确认。

(3)交接双方检查设备设施、消防器材及卫生等，提醒和交接当班经营、管理、服务工作中应注意的事项。

(4)交班班组依据交接内容，在管控系统中进行班结、日结和数据通信工作，并据实录入零售管理系统。交班班组将对应的账表单证、票款等转交记账员，核对无误后，双方确认。

6.3 库存管理

6.3.1 基本原则

(1)加气站应做到每日盘存、每月盘点，账账相符、账实相符。

(2)子站应进行单车次比对。即对每车次的原发数、卸气装置走字数和加气机走字数进行比对。若出现大盈大亏，应立即查明原因，及时处理。

(3)上级主管部门组织加气站月盘点，县区公司经理每月对加气站库存进行抽盘，核实损耗情况。

6.3.2 相关流程

(1)加气站天然气库存量为储气井(瓶组)、管束车气瓶、LNG 槽车内天然气存量，加气站盘点时抄录储气井(瓶组)、管束车气瓶的压力和水容积，根据计算公式(详见“库存计算”小节)计算天然气库存量，LNG 槽车通过液位仪读取液位高度，查出对应体积，计算库存量，并做好记录。

(2)月末盘点时，母站和子站应按时抄表，并根据计算公式计算出储气井、管束车和罐车内存气量，作为月末库存。母站已充装到管束车的天然气，以与子站签字验收为准，已签字的作子站库存，未签字验收的以及在途、在母站的，全部作为母站库存。LNG 到达加气站，已签字验收的作为加气站库存，LNG 已出厂在途的，加气站未验收的作为虚拟工厂库存处理。

(3)月度盘点时，由地市公司零售、财务部门会同加气站管理人员，对加气站复查；年中、年度盘点由省市财务部门牵头，组成盘点小组，对加气站复查。

(4)加气站记账员根据盘点数据填写《加气站 CNG 损溢分析及处理报告单》，由加气站站长签字确认后报地市公司零售管理部门。

(5)地市公司汇总加气站上报数据，填写本单位《天然气盘点统计表》和《天然气输差核销表》，按相关规定权限及程序核销处理。

6.3.3 库存计算

储气井内的天然气量 $V = v \times \alpha m^3$，储气井水容积为 $v m^3$，压力为 pMPa，查表，pMPa 对应的系数为"α"。天然气库存计算系数见表 6－1。

表 6-1 压缩天然气压力与体积对照系数表

压力/MPa	体积/m^3	压力/MPa	体积/m^3	压力/MPa	体积/m^3
0	1	8.5	99.5805	17	214.1366
0.5	5.86	9	106.1299	17.5	220.3929
1	10.9519	9.5	113.0499	18	226.0726
1.5	16.0723	10	119.5356	18.5	231.4163
2	21.3255	10.5	126.6841	19	237.0301
2.5	26.7208	11	133.8173	19.5	242.6058
3	32.1731	11.5	140.8964	20	248.1741
3.5	37.6548	12	147.8926	20.5	253.3685
4	43.4367	12.5	154.3919	21	258.5355
4.5	49.1557	13	161.3453	21.5	262.6606
5	55.1668	13.5	168.5738	22	266.0651
5.5	61.2526	14	174.9921	22.5	271.3309
6	67.5599	14.5	182.1254	23	277.0716
6.5	73.6313	15	188.601	23.5	280.9775
7	79.6604	15.5	194.8877	24	285.177
7.5	86.1634	16	201.0853	24.5	288.9719
8	92.8002	16.5	207.6109	25	293.0696

例：储气井水容积为 $6m^3$，压力为 20MPa，查表，20MPa 对应的系数为 248.1741，则储气井内的天然气量为：$6 \times 248.1741 = 1489.0446m^3$。

6.4 价格管理

6.4.1 采购价格

（1）管道天然气购进价格。配置资源按中国石化天然气分公司下发价格通知执行。外采价格不得超过当地物价局规定的最高限价，如需调整，由地市公司零售管理部门提出申请，经地市公司分管经理、价格领导小组签署意见后，报省市公司天然气主管部门审批后方可执行。

（2）CNG 和 LNG 购进价格。配置计划购进价格依照中国石化天然气分公司价格文件执行；外采资源购进价格由省市公司天然气主管部门根据市场行情向公司价格领导小组提出最高限价，报价格领导小组审批通过后方可执行。

6.4.2 零售价格

(1)加气站零售挂牌价格严格按照当地物价局定价文件执行。

(2)加气站天然气价格调整。因经营需要，需对加气站天然气挂牌价、销售价、优惠幅度等进行调整的，应按价格审批权限，报省市公司天然气主管部门或省市公司价格领导小组审批确定后，方可执行。

6.4.3 调价管理

6.4.3.1 基本原则

(1)联网加气站，由省市公司统一调整加气机零售价格；非联网加气站，根据上级指令，及时进行加气机价格调整。

(2)调价时，加气站在规定的时点，抄录加气机的泵码，盘点库存，调整价格。加气站按调价前和调价后，分页填制《加气站交接班表》，当日《加气站销售日报表》按不同单价分行填写销售数量和销售金额。

(3)调价后，及时公示新价格，调整开票系统价格，并准时按新价格销售。

6.4.3.2 调价操作

(1)联网加气站调价。在规定的时间，首先停止加气，进行管控系统数据通信，接收新的价格。通信完成后，管控系统将接收到的数据，自动下发至加气机。若不能正常通信或下发价格，需关闭管控系统，进行手工调价。

(2)非联网加气站在规定的时间，进行手工调价。

6.5 营业款管理

6.5.1 账户管理

加气站营业款缴存账户由省市公司统一开设、变更和注销，加气站营业款须存入公司指定账户，严禁公款私存。

6.5.2 现场现金管理

省市公司根据加气站实际情况制定员工现场持币额度。当员工所收现金达到持币限额时，应及时投放到投币式保险柜内。

6.5.3 交接班营业款管理

每班营业终了，当班员工及时将现金、相关报表单证，移交记账员或站长，核对无误后，录入系统。营业款上缴银行前，由记账员负责存入保险柜保管，站长负责监管。

6.5.4　每日营业款管理

每日营业终了，记账员据实日结；填制现金缴款单据并录入系统，由站长审核确认，确保营业款及时、足额上缴。

6.5.5　营业款缴存管理

银行上门收款的站，应预先将当日资金清点无误后打包封存，按公司和银行协议，核对上门收款人员证件，办理书面交接手续，并在监控下交接；自行缴款的站，在站长（或当班收银员）监督下，由记账员清点当日缴存营业款，整理打包后由站长或其他人员陪同存入指定银行账户。站长及时核对银行回单，并监交签字。缴款时间、频率等，执行上级公司规定。

6.5.6　支票管理

加气站建立支票登记册，记录客户单位名称、电话、支票号、经办人姓名、有效证件号等信息，并妥善保管；收取客户支票，认真核实，不符合规定的支票一律退还；发生银行退票时，加气站及时通知有关单位尽快解决；发生支票丢失，加气站立即上报公司财务部门或核算机构，按规定处理。使用支票必须经公司财务部门确认货款到帐后，加气站方可办理业务。

6.6　客户管理

6.6.1　基本要求

（1）天然气零售客户是指到加气站加气的客户，包括现金客户和非现金客户。遵循“属地负责，集中管理”的原则，建立省、地两级零售客户管理体系。

（2）客户档案属企业机密，各级零管部门要制定大客户档案保密办法，确保信息不流失、不泄密。未经许可，任何人不得私自查阅、复制大客户档案。

6.6.2　客户分类

（1）CNG 客户。CNG 客户以短途车辆为主，主要包括公交车、出租车、教练车、私家车及其他四大类，其中公交车和出租车用气需求较大，教练车次之。

（2）LNG 客户。LNG 客户主要以长途大巴车、货运车等长途车辆为主，客户主要集中在各客运中心和物流中心。

6.6.3 客户档案

零售客户档案管理是客户管理的基础工作。加气站客户档案应详细记录客户基本资料，包括主要负责人、消费情况、信用记录、客户需求、客户走访记录等信息，并按要求及时更新。

6.6.4 客户分析

(1)按客户类型、月度消费数量，对客户实行分类管理。

(2)加强重要客户、固定客户的动态管理，定期分析客户数量及消费变化情况，发现异常及时采取措施，并上报主管部门。

6.6.5 客户维护

(1)结合不同市场形势，针对客户的不同特点，建立客户维护责任制，实施差异化分级维护。

(2)明确客户维护分工职责，确定客户维护频率及方法，将各类客户维护责任落实到人。

(3)常见客户维护方式有：电话沟通、登门拜访、信函、节假日赠送纪念品、组织客户参与集体活动等。

6.7 促销管理

6.7.1 市场信息收集

6.7.1.1 市场信息上报

加气站要对所辖市场区域做到心中有数，主动研究市场，及时根据市场变化和客户需求调整经营策略，提高经营水平。原则上市场信息应每日监控上报，重点是气源供应、加气站客户组成及变化、竞争对手价格和促销优惠、当地政府政策变动、顾客消费心理和消费习惯等情况。

6.7.1.2 竞争对手调查

加气站应建立同一竞争区域内竞争对手的档案，经常了解竞争对手的动向，并及时更新竞争对手档案。竞争对手档案的主要项目和参数包括：

(1)加气站概况。详细位置、位置类型、权属情况、土地情况、人力配备等。

(2) CNG 或 LNG 销售情况。销售品种、定价、气源来源、日销售量、销售的平稳性、主要客户结构、促销方式等。

(3)附加设施情况。是否有便利店、汽车美容、充气等其他经营或服务项目。

(4)硬件水平、服务和管理水平，在客户心目中的地位、竞争力等。

6.7.2 促销原则

(1)加气站促销必须以增量、盈利和提升中石化品牌形象为目的。

(2)要因时因地，综合考虑竞争对手的促销，采取灵活有效的促销方式。

(3)促销工作的职责、职能要统一，由加气站管理部门负责。

6.7.3 促销分级

(1)整体促销。由地市级以上单位统一组织。

(2)区域促销(竞争激烈地区、高速公路、特定区域)。由地市公司统一组织。

(3)单站促销。新开业、重新营业的加气站实施“一站一策”；竞争对手开展促销的加气站，实施“点对点”竞争；锁定大客户，满足客户需求，实施“一户一策”；按加气站不同客户种类开展促销，实施“一类一策”。

6.7.4 促销方式

(1)让利优惠。在一定时间、范围内，针对全部客户或特定客户的降价促销。一般通过在客户结算气款时减免优惠金额的方式实现。

(2)加气即送奖品。在一定时间、范围内，客户加气即送奖品。

(3)累计积分。加气累计积分兑换奖品或返利。

(4)针对促销。新开业加气站及一些特定的日期开展促销活动。

(5)主题促销。在一定时间、范围内，开展特定主题的促销活动。

6.7.5 促销管理

(1)加气站按照上级统一要求，认真做好本站的营销组织、实施工作。

(2)加气站站长要及时总结评估营销活动效果，并将活动开展情况及相关建议上报主管部门。

(3)促销品由上级公司负责统一采购、配送。加气站指定专人负责促销品的实物管理和促销品分发，并做好登记。

第7章　生产管理

加气站是易燃易爆场所，随着工艺和技术的不断发展，设备的自动化程度越来越高，但设备都需要人操作，且加气站的压力容器操作、气瓶充装作业属于特种行业范畴，对作业人员的上岗资质要求甚高。本章着重从加气站的作业中选取了几个关键的环节进行讲解，如排污作业、加气作业、接卸作业和压缩增压作业，旨在阐述这些作业环节中的安全要求、规范操作。

7.1　作业基本要求

7.1.1　制度要求

天然气加气站属于易燃易爆的危险化学品经营场所，按照国家法律法规的要求，加气站应建立完善的生产安全管理制度，对相关作业时应建立与之配套的操作规程及作业指导书，同时还需要制定有针对性的应急预案。为便于作业过程中的监控，还需根据设备的使用、工艺的布局制定切合实际的台账，用于记录设备的运行参数、工艺的变化情况。在科技不断发展之际，原本手工的台账可以通过传感器自动传输数据，在后台设立程序获得，这也是加气站不断提升自身自动化的方向。

7.1.2　人员要求

(1)加气站的从业人员按照岗位分工，属于特种作业的，必须经专门的当地市一级质量技术监督部门的安全技术培训，并考核合格，取得特种作业操作证后，方可上岗作业。同时，从业人员还需接受当地安全生产监督管理部门和消防部门的监管。

(2)加气站的设备管理人员也应接受当地质量技术监督部门、安全生产监督管理部门和消防部门的监管，须经专门培训，并考核合格，取得对应的上岗资格证后方可上岗管理。

7.2　排污作业

加气站的生产过程中，由于压缩、沉淀、沉积等因素不可避免的会产生一定的油污、污水和废气，这些废物长期积累会对设备、管线、容器产生影响，造成天然气气质不合格，甚至堵塞过滤器，引起冰堵事故，因此我们要定期将这些污物排放掉，这就是我们的排污作业。加气站是闭式循环，部分容器还是高压状态，排污作业大部分是通过天然气的压力将废油、废水排除，并统一收集，在操作过程中要注意控制压力和流速，且应严格按照环境保护的要求处理排放的废弃危险化学品，避免其泄漏对环境产生的影响。

7.2.1 作业要求

(1)作业人员具有操作的资质，持有《固定式压力容器操作证》(R1)，身着防静电工作服，佩戴手套，熟悉操作规程。

(2)控制压力容器的压力，操作时控制排污气流流速，操作球阀阀柄时应侧身操作，避免阀柄因压力冲出造成的伤害。

7.2.2 操作要点

(1)CNG 常规站和母站的脱水装置、低压容器及压缩机排污应由当班的操作工定时进行。站内放空管、储气井(瓶)及 CNG 车载储气瓶组的排污作业时应尽可能在白天进行，并加强现场作业监护。

(2)储气井(瓶)排污应满足以下要求：

①储气井(瓶)排污作业时应由两名人员同时作业，一人排污，一人监护，排污时，排污口严禁对人。

②储气井(瓶)排污压力不应大于 10MPa；作业时应缓慢开启针型排污阀，排污阀开度宜控制在有液体流出。排污过程中排污阀结霜严重时应暂停排污。

③排污时要一井(瓶)一排，严禁多井(瓶)同时排污。雷雨、大雾等不良天气下或附近有明火时，禁止排污。

④车载储气瓶组拖车排污压力不应大于 10MPa，排污位置应在指定地点，排污前必须确保车辆与静电接地装置连接有效。

⑤站内放空总管的排污应每天一次。

(3)排污出来的油水废物应集中收集，按照危险品废物处理要求进行处理，对飞溅出来的少量油水废物应及时清理，避免对环境造成污染。

(4)排污作业须有记录，做好能记录排污出来的油水废物的量，便于对工艺情况的分析，同时，油水废物的量应与加注的润滑油的量进行对比分析。

7.3 CNG 车载储气瓶组接卸作业

CNG 子站的气源来自车载储气瓶组，其接卸是 CNG 子站的关键作业环节，整个作业环节涉及设备的停机、放空、车辆的指挥、接卸快转接头、检查、开关阀门、指挥车辆离开和设备的启动等多个环节，容易发生误操作，需由熟练的工人按照操作规程规范操作，并加强监管。

7.3.1 作业要求

（1）作业人员具有操作资质，持有《固定式压力容器操作证》（R1），身着防静电工作服，佩戴手套，熟悉操作规程。

（2）现场摆放有满足要求的消防器材，静电接地装置能有效工作。

7.3.2 操作要点

7.3.2.1 CNG标准子站的接卸作业

（1）CNG车载储气瓶组拖车进站应限速，车速不大于5km/h，停靠在指定的安全作业点。操作人员应按规定摆放消防器材、警示设施，车档及连接静电接地夹。严禁未启动拖车自动刹车装置就开始接卸。

（2）牵引车头与车载储气瓶组不分离时，车钥匙必须由操作员暂时保管。

（3）接卸前，操作人员必须认真检查车载储气瓶组每一只储气瓶的安全状况，检查拖车前后舱内的阀门、压力表及温度计等附件是否有泄漏现象，会同司机核对储气瓶的压力、温度数据，质量报告，签字验收后方可接卸。发现问题，必须处理完问题后再进行卸气操作。

（4）卸气前一定要先打开卸气柱和拖车后舱放散阀放散，保证管路内不含压力，方可进行下一步操作。严禁未确认卸气柱上放空阀是否处于关闭状态，就开始卸气。

（5）卸气柱软管与子站拖车主阀连接后，操作人员必须再次对软管连接的可靠性进行确认，防拉脱装置必须连接有效。卸气过程中必须有操作人员在现场监护。操作人员应巡回检查管道、阀门、仪表工况，并做好记录。

（6）在操作卸气柱和车载储气瓶组拖车主阀门过程中，应侧向操作，严禁正面对向阀门和快装接头。卸气结束后，操作人员应逐一检查各气瓶阀门、管线接头等部位无漏气，并确认拖车各处连接已拆下，方可引导车辆离站。

（7）卸气过程中，严禁非工作人员进入卸气作业区。

7.3.2.2 CNG液推子站的接卸作业

（1）卸气操作。

①CNG车载储气瓶组拖车司机将拖车停到指定位置，用楔块固定好拖车前轮，摇下拖车支腿使牵引车离开。

②打开管束拖车后仓门，启动拖车气动刹车装置，连接拖车防静电接地线。

③认真检查车载储气瓶组每一只储气瓶的安全状况，检查拖车前后舱内的阀门、压力表及温度计等附件是否有泄漏现象；检查各手动阀和气动阀是否处于正常状态，如发现问题，必须解决后方可进行下一步操作。

④将拖车前端气瓶组卡锁置于打开位置，放下液压顶升油缸，松开拖链挂钩。

⑤连接液压顶升装置软管，按动定升启动按钮，调节压力手柄，将压力调节至17～20MPa，扳动液压换向阀手柄，使拖车管束前部适当抬高，仰角控制在8°～11°；顶起过程中注意观察液压缸不可与地面接触，液压管路是否泄漏，拖车是否平稳，有无异常。

⑥将换向手柄调至中立位置，调节压力手柄，将系统压力降为零，按动液压顶升停止按钮，停止液压顶升装置。

⑦打开拖车各块体处的放散阀，放掉该部分余压，然后关闭放散阀。

⑧将液推装置的注油软管、回油软管和卸气软管，分别与CNG车载储气瓶组上对应的快装接头连接，同时，确保防拉脱装置必须连接有效。

⑨将液推装置的注油阀控制气路、回油阀控制气路和卸气阀控制气路，分别与CNG车载储气瓶组上相应的气动快装接头连接。

⑩打开液推装置的注液动阀、回液手动阀和卸气手动阀门；打开CNG车载储气瓶组上的加气总阀门，并进行检漏，确保快装接头连接可靠和无泄漏。

(2)启动自动运行程序操作。

①气动控制气源设备，使气体储罐压力达到设定值，打开控制气源总阀。

②系统送电，此时液推装置控制柜界面显示系统停运状态的相关信息。

③通过控制柜人机界面，调整CNG车载储气瓶组的1～8号气瓶的状态与瓶组实际状态吻合。

④退出设定状态屏，按动启动按钮时系统进入自动运行状态，液推装置开始工作。

(3)更换CNG车载储气瓶组拖车操作。

①当确认第一辆拖车第八只储气瓶开始回液，此时可以进行换车操作。

②关闭CNG车载储气瓶组卸气总阀，关闭液推装置卸气手动阀，注油手动阀。

③打开液推装置注油管路和泄气管路上放散阀，卸掉两管路中的压力，关闭两放散阀。

④打开第二辆拖车注液管路和泄气管路上的放散阀，卸掉气动阀与快装接头管路间的压力，关闭两放散阀。

⑤从第一辆CNG车载储气瓶组拖车卸下注液软管、卸气软管，将其连接到第二辆拖车相应的快装接头上。从第一辆拖车卸下注液阀控制气路、卸气阀控制气路，将其连接到相应的快装接头上。

⑥打开拖车加气阀，打开液推装置注油手动阀和卸气手动阀。

⑦按下换车按钮，按下时蜂鸣器，启动液推装置，开始正常工作(可以正常加气)。

⑧等待第一辆拖车第八只储气瓶回液结束后(包括二次回液)，关闭液推装置的手动回液阀。

⑨打开子站撬体回液管路放散阀，卸掉管路中的余压，关闭放散阀。打开第二辆拖车回液管路的放散阀，卸掉该部分管路压力。将第一辆拖车的回液软管、回液控制气路

卸下，连接到第二辆拖车回液管路和回液控制气路快装接头上。

⑩打开液推装置上的手动回液阀，第二次按下换车按钮，完成换车作业。

(4)CNG 车载储气瓶组拖车驶离子站操作。

①检查 CNG 车载储气瓶组上的管路、阀门是否正常。

②降下 CNG 车载储气瓶组，断开拖车防静电接地线。

③将拖车前端气瓶组卡锁置于锁定位置。

④断开两个液压顶升软管快装接头，卸下液压顶升软管，挂上液压顶升油缸挂钩。

⑤摇起拖车支腿，将 CNG 车载储气瓶组拖车降到合适高度，连接牵引车。

⑥移走拖车的支撑底座，移走拖车车轮的楔块。

⑦检查拖车连接情况，确认无误后，关闭拖车后仓门(松开拖车安全闸)

7.3.3 安全注意事项

(1)基本要求。加气站域严禁烟火，杜绝天然气泄漏，非工作人员不得进入生产区域，发生任何天然气泄漏、着火爆炸，按照事故应急抢险预案的规定执行。

(2)高压液压系统、高压天然气系统严禁带压检修。液压管线检修时必须卸压至常压后，必须把系统内的天然气置换合格后，并保持其系统与大气相通，有专业人员进行设备维护、维修工作。

(3)电路系统严禁带电作业，必须断电后由专业人员进行电器设备的维护、检修工作，电路开关处需人值守或挂牌警示。

(4)在使用过程中，严禁高压软管的弯折和扭曲；CNG 车载储气瓶组拖车气瓶内的液压介质没有彻底返回子站油箱中时，不得擅自将 CNG 车载储气瓶组拖车拖离子站。

7.4 压缩机增压作业

压缩机是 CNG 加气站的“心脏”，承担着增压、稳压，建立压差的功能，其工作正常与否直接关系到加气站能否持续正常经营，其排量影响加气站的经营总量，对压缩机的操作是加气站的核心作业。

7.4.1 作业要求

(1)作业人员具有操作的资质，持有《固定式压力容器操作证》(R1)，身着防静电工作服，佩戴手套。

(2)作业人员需经过培训，熟悉设备原理及操作规程，并严格执行操作规程。

7.4.2 操作要点

7.4.2.1 压缩机增压作业

(1)压缩机操作安全保障。

①压缩天然气是易燃易爆物质，压缩机的安全操作是防漏、防火、防爆的基础。

②机房区域内严禁烟火、严禁使用非防爆电器。

③机房是加气站危险区域，在机器运行过程中非操作人员不得靠近。

④在起动压缩机之前，应保证没有人正在进行压缩机及其系统的检查和维修工作。

⑤在压缩机运行过程中不要随便接触各级排气管路，因为这些部位压力和温度较高，以防意外事故。

⑥在压缩机运行过程中不得进行与其系统有关的维修作业。

⑦压缩机操作人员须经过培训合格后方可上岗。

(2)压缩机开车前的准备工作。

①压缩机在制造厂经过试车，厂内试车使用的是防锈润滑油，加气站在安装调试后由厂家提供换油方案，通常情况下压缩机在出厂之日起6个月内，可直接安装使用，如存放期过长，应检查各摩擦面有无锈蚀现象，若有，则应用油石将锈蚀研磨当洁。用煤油清洗油封时须待煤油全部晾干后方可总装开车。

②如果在清洗油封时曾拆下各级活塞，则安装活塞后应检查活塞的死点间隙是否符合规定。

③检查压缩机油池和注油器油位，是否在油标规定高度范围内，否则应将机油补充到位。确认曲轴箱清洁后，将符合规定的润滑油注入，并达到规定的油面线为止。第一次开车前应向传动件的摩擦面上、十字头滑道、轴瓦、浇以足够的油量，以避免初次开车时因无油烧损。并用手摇注油器手把，把油压出。同时将与气缸上油止回阀连接的接口拆开，检查是否畅通。当油溢出时，接好油止回阀继续摇动手柄约1min，使润滑油进入气缸内。

④检查压缩机各运动件与静止件的紧固及防松情况。

⑤接通水源使水畅通地流过各水路并调节流量。

⑥检查配电电压是否正常(正常范围应在360～400V)。

⑦打开卸荷阀、排污阀，打开压缩机冷却进排水阀，确认是否有异常和灵活、可靠。

⑧检查润滑系统、冷却系统时，启动润滑油泵电机、注油器电机，保证油压和油量在正常范围，必要时进行油压、水压调整。启动冷却水泵电机、风机，观察水压，保证水压和水量在正常值。

⑨查压缩机的清洁，保养是否达到安全运行的要求。

⑩开车前应单独检查电动机，观察其转向是否正确，并盘车数转以检查运行是否灵活，确认无障碍后方可开车。

(3)压缩机启动与运行。

①必须在上述准备工作完成后进行，并详细阅读压缩机操作说明书的电控部分。

②接通电源，保证水压、油压和油量正常，启动压缩机，使压缩机空负荷运行。

③当压缩机转速正常后，打开进气阀，关闭卸荷阀、排污阀。

④观察油压、水压和各级进、排气压力，温度（各级进气温度不超过40℃，各级排气温度不超过150℃）是否正常。

⑤调整进行站管在线的调压阀，使压缩机不超负荷运行。

⑥压缩机运行中，要依原料气含水状况对油水分离器定时排污（一般每2h排污一次）。

（4）压缩机工作过程中的巡回检查

①起动完成后，压缩机即投入正常运行和升压，其润滑油及油温、冷却水压力、进气压力、各级排气压力及温度、电流、电压等参数受PLC控制装置控制。如有异常将会自动报警停机。

②压缩机运行中，操作人员必须定期到机房查看其运行情况，检查阀门，管路接头等有无泄漏。并作好记录。

③压缩机启动和运行中，操作人员必须定期到机房查看和监听有无异常现象及声音出现，并作记录。因为机械故障不受电控控制。

④随时查看注油器油滴数量。因为油滴数量不受电控控制。

7.4.2.2 压缩机运行安全事项

（1）注意观察各级压缩缸的温度和压力。

①在运转过程中某一级压力或温度突然升高时，必须立即停车处理。

②在正常运转中，进气温度升高时必须立即加大冷却水水量，防止进气温度过高，影响排气量。

（2）注意观察压缩机的各部件、零件。

①正常运转中，如突然出现撞击声时，应迅速切断压缩机电源，紧急停车。否则引发机毁人亡的严重事故。

②严格防止液体带入气缸，造成气缸内液击而损坏机器。

③压缩机在断水之后，不能立即通入冷水，避免因冷热不均，出现气缸裂纹。

④随时仔细检查设备及管线的法兰接合处，不准有泄漏、振动及相互磨擦等情况。

⑤经常注意机座螺丝是否松动，以防损坏基础。

⑥开关阀门要缓慢，不要用力过猛，使阀门损坏，并且不要开得太足，关得太死。记好各阀门开关的转数。

⑦各种零星配件，如气门、各种铝垫、止逆阀、注油器组件及专用工具等必须有专人负责保管。

（3）注意观察压缩机润滑油系统的润滑情况。

①在正常运转中注意注油器的滴油情况，加发现注油器漏油必须及时修理。注油量不足时及时调整和清洗。

②注意观察润滑油的温度，不得轻易加大冷却水量。

③要保持润滑油的清洁，按压缩机使用说明书强制保养(更换润滑油和滤网等)。

(4)对压缩机检维修作业，要先停气卸压，同时断电，并按规定在控制柜上悬挂“正在检修”、“禁止合闸”等警示标识，避免误操作；需动火时应先进行气体置换后，办理相应直接作业环节票据后动火。

7.5　加气机加气作业

7.5.1　作业要求

(1)作业人员具有操作的资质，持有《车用气瓶充装证》，身着防静电工作服，佩戴手套。

(2)作业人员需经过培训，熟悉设备原理及操作规程，并严格执行操作规程。

7.5.2　操作要点

7.5.2.1　做好加气前的安全检查及准备工作

(1)检查加气设备是否正常，加气机压力指示正常。

(2)引导加气车辆内乘客下车，加气区域外等候。

(3)引导车辆停靠在加气车位。

(4)督促司机熄火，关闭电源。

(5)检查车辆状况。

①检查加装车的设备检验证件(原件)。对已投入使用的天然汽汽车，无定期质检合格证，气瓶超过有效期及合格证不全的车辆，一律不得加气。

②对新到站加气的车辆，未查明气瓶原有不同介质已置换完之前，一律不得加气。

③对没有剩余压力的气瓶一律不得加气。

④对气瓶、减压阀、充气阀、高压管线等装置连接有松运、固定不可靠的车辆，未整改的，一律不得加气。

⑤对有结露等泄漏现象的车应立即停止加气。

⑥检查待充气车辆发动机是否已经熄火。对车辆未熄火，驾驶员和乘客未下车一律不得加气。

⑦严禁对有伤、焊接的气瓶加气。

⑧对持有电子标签系统的地区，必须加气前必须扫描电子标签，确定气瓶在监控范围内。

7.5.2.2　加气作业

(1)启动加气机，观察加气机是否处于正常状态，屏显加气量已归“零”。

(2)应主动打开汽车的引擎盖。

(3)左手抓住加气枪，右手拔出加气阀防尘塞，把加气枪头插入加气阀中；

(4)若该地区要求加气枪安装防弹出的保护练级装置，则需将防弹出伤人保护连接在汽车牢固位置

(5)一只手握住加气枪两位三通阀体，另一只手旋开加气枪两位三通阀手柄至“通”位置，开始加气。

(6)加气时能听到天然气流动的声音，说明充气正常。

(7)加气过程中，应注意观察加气机、加气枪和加气汽车加气管路是否有结露、异常响声、异常味道等现象；发生异常现象，应立即停止加气，待查明原因，排除故障后方可恢复加气。

(8)充气过程中，当听到气瓶有异常响声时，应立即停止加气，发出警报，关闭充气阀、关闭加气机进气阀，将现场人员疏散到安全地带观察，打开加气车充气阀放空。

(9)充气过程中，加气员一定要防止加气枪头冲出，软管飞舞发生事故。

7.5.2.3　加气结束

(1)当加气机工作状态灯指示加气完毕时，关闭两位三通阀，关闭加气车充气阀，打开两位三通阀排空后，拔出加气枪头，插好防尘塞后，方可示意加气车启动离开。

(2)由司机关闭车盖，引导车辆离开

(3)在加气员未拔出加气枪头之前，严楚加气车驾驶员上车启动汽车。

7.5.3　注意事项

(1)加气枪口严禁对人，以免人员受伤。

(2)加气枪套管为硬塑材料，使用时须轻拿轻放，严禁磕碰。

(3)开启阀门加气时，加气员要站在阀门一侧，避免加气嘴结合不好弹出危险。

(4)加气时严禁加气员脱岗。

(5)当拔出防尘塞，产生较响亮的“砰”响声时，说明有两种情况的可能。一是该车的加气阀没有关严，二是加气阀已发生故障。判断是第二种情况时，应建议驾驶员将车送修理厂修理，再来加气。

(6)加气枪头橡胶密封圈由于反复使用，容易磨损变形，应适时更换。如果加气时，发出“呼呼”声并伴有气雾，说明加气枪头橡胶密封圈密封不严。这时，加气员应握紧加气枪，立即关闭两位三通阀，关闭加气车针型阀开关(单向阀不关闭)，拔出加气枪头更换橡胶密封圈后重新加气。

(7)拔出加气枪头困难时，可适当用力旋转向上即可拔出；切忌向水平方向用力。

(8)加气过程中发生紧急情况的处理方法，按加气站事故应急预案执行。

第8章　设备管理

CNG/L－CNG加气站及CNG母站就是一个天然气加工车间，是一系列设备设施构成的一个系统，例如CNG标准加气站从天然气进站计量开始，经过调压、净化、增压、储存等环节，把天然气压力从0.1MPa提高到25MPa，即加工成CNG销售，涉及数十台设备设施。因此，CNG加气站的设备管理相对于加油站，设备价值高、数量多、耗能高、技术含量高、管理复杂等特点，且与加气站的效益息息相关。所以建立一个完善的设备管理体系，使设备管理工作标准化、规范化、系统化是加气站管理工作的重要环节。

本章概况介绍企业设备管理体系应该包含那些主要内容，重点介绍了加气站在设备管理方面应该开展的工作。

8.1　企业设备管理体系

一个完善的企业设备管理体系应包括三方面：一个全面覆盖的管理网络、一批具备专业素养的管理人员、一套行之有效的管理制度，缺一不可。

8.1.1　设备管理网络

要科学合理、经济有效地使用设备，充分发挥设备效能，保障设备安全经济运行，一个企业首先应该自上而下建立一个完整覆盖全企业的管理网络。设备管理网络可分为三个层次，常规设置如图8－1所示。

对油品销售企业来说，上述设备管理体系如图8－2所示。

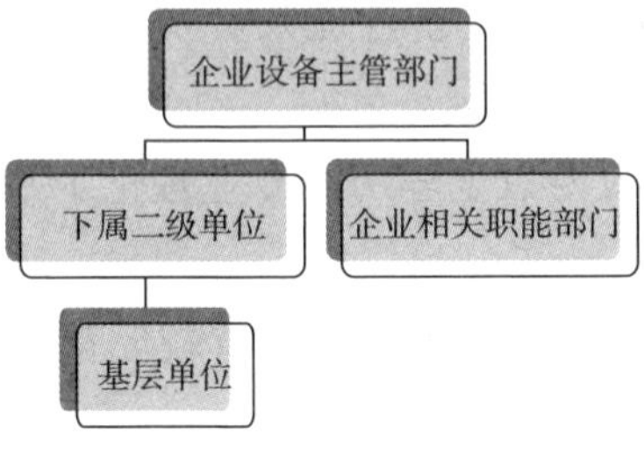

图8－1　设备管理常规设置

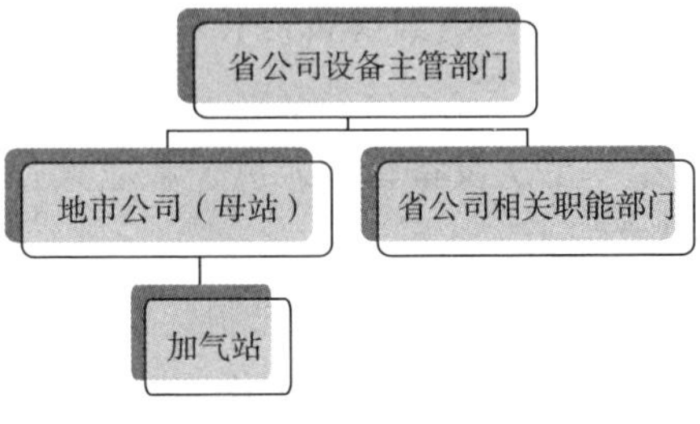

图8－2　销售企业设备管理常规设置

1. 第一层次：企业设备主管部门

全权负责本企业与生产经营相关的设备设施全过程管理。主要管理内容包括：企业层面设备管理方面的建章建制；审核和下达各项年度计划、临时应急计划和与重大设备相关的技术方案；重大设备事故的调查分析、现场鉴定及处理；主要设备及大宗主要部件配件的采购、使用、维修、处置的全过程监管；制定与设备有关的技术培训计划等。

2. 第二层次：企业下属二级单位

设立专职设备管理部门(岗)，负责本区域下属基层单位与生产经营相关的设备设施现场管理。主要管理内容包括：制定本级管辖范围内设备管理实施细则；编制、上报和实施各项年度计划、临时应急计划及与重大设备相关的技术方案；主持设备事故的调查分析、现场鉴定及处理；负责设备及备品备件的采购、使用、维修、处置的全过程管理；配合有关部门做好设备管理、操作、维修人员的业务培训及考核取证工作，保证所有人员持证上岗；指导检查各基层单位的设备使用和日常维护工作；建立本单位所属设备原始数据库及设备技术档案；编写设备操作规程等。

3. 第三层次：各基层单位设立专(兼)职设备管理员

主要管理内容包括：贯彻执行上级下发的各项管理制度、操作规程、标准规范；负责编制本单位常规维修及备品备件领用计划；参与本单位设备大修技术方案制定，协助相关厂家做好设备大修，参与大修设备的调试、验收工作；负责组织设备操作工现场培训；随时检查督促设备操作人员认真执行岗位职责及设备操作规程，及时制止一切违反设备操作规程的作业；负责现场设备的日常维修保养工作，保证设备正常运行；掌握本单位设备的性能参数、技术状况、使用状况；负责收集建立设备运行、使用、维修的原始记录档案及运行报表；与相关单位现场服务人员保持联系，建立良好的合作关系等。

要想搞好企业的设备管理工作，一套自上而下的设备管理网络应覆盖所有相关的部门及单位，做到不缺位、不重叠，并制度化。每一个管理和操作岗位都应有明确的职责及任职要求，确保设备管理工作落实到实处。

8.1.2 设备管理队伍

设备管理体系中，管理人员的职业素养是支撑体系正常运行的基础，与设备管理人员自身的专业知识及技能、从业经验等密切相关，所以从事设备管理工作的人员应具备一定的专业学历及基层设备操作维护管理经历。企业对设备管理人员要有明确的任聘要求。

(1)第一层次设备管理人员一般应具备相当于大专以上学历及专业理论水平，并具备以下基本能力：

①对国家、行业及本系统制定的相关法律、法规、制度、办法有较完整深入的了解，能熟练、灵活地应用于工作实践。

②能全面掌握本企业主要设备的动态运行情况，为企业的相关中长期规划、年度计划提供技术支撑。

③能熟练应用自己的专业知识处理较复杂的设备技术问题，培养、指导下一层次设

备管理人员的日常管理工作。

(2)第二层次设备管理人员一般应具备相当于中等专业以上学历及相应的专业知识，并具备以下能力：

①对国家、行业及本系统制定的相关法律、法规、制度、办法有较完整的了解，能较熟练地应用于工作实践。

②能全面掌握本单位主要设备的动态运行情况，合理编制本单位的相关年度计划及设备大修理技术方案。

③能熟练应用自己的专业知识处理一般的设备技术问题，指导下一层次设备管理人员的日常管理工作。

(3)第三层次及相关单位设备管理人员一般应具备相当于高中以上文化程度，具有主要设备操作经验，并具备以下能力：

①了解国家、行业及本系统制定的相关法律、法规、制度、办法，熟练掌握本单位主要设备的操作规程。

②能全面掌握本单位设备的动态运行情况，合理编制本单位的相关计划。

③能熟练应用自己的专业知识处理设备日常运行中的常规故障，指导设备管理操作人员的正确使用、维护设备。

设备管理是系统工程，设备管理人员的技能需要正规的培养，经验需要长时间的积累，所以企业应该高度重视设备管理人员的继续教育及队伍稳定。

8.1.3 设备管理制度

企业有了设备管理网络及具备专业素养的管理人员，还需要一套行之有效的管理制度。

8.1.3.1 设备管理制度

对应于设备管理网络，设备管理制度也可分三个层次，如图8-3所示。

具体到销售企业，上述设备管理体系如图8-4所示。

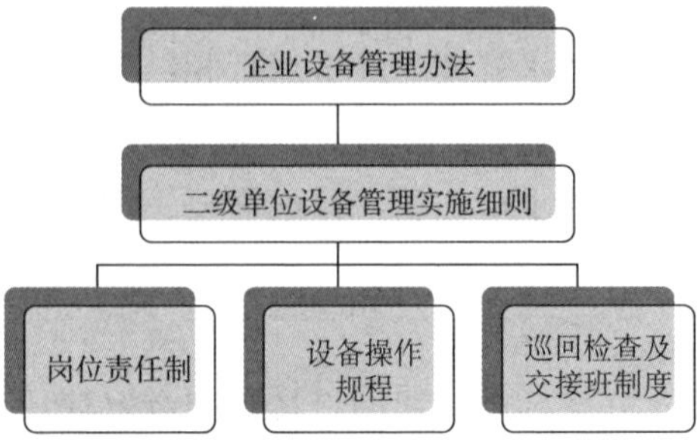

图8-3 设备管理制度分级

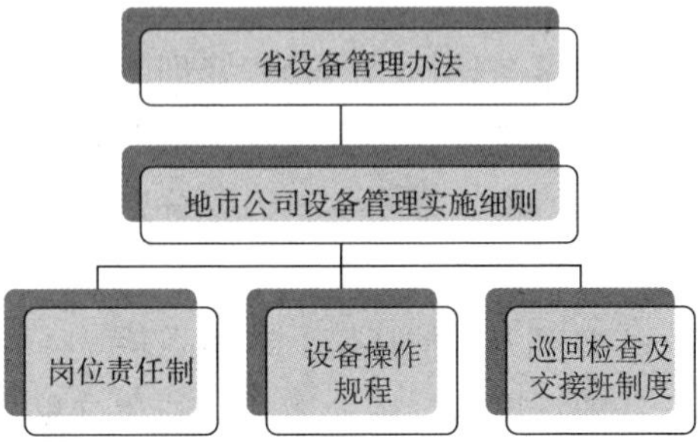

图8-4 销售企业设备管理制度分级

(1)第一层次，企业设备设施管理办法。企业设备管理办法是企业对设备进行科学管理的大纲，主要包括设备管理网络设置及职责、设备管理工作考核以及设备的采购、使用、修理、封存、调拨、报废、事故处理、档案管理、考核等方面，全方面规范了设备从使用到报废的全过程工作流程及管理方法。

(2)第二层次，二级单位设备管理细则。是依据企业设备管理办法，结合本单位具体情况制定的具体实施方案，更具操作性。

(3)第三层次，包括岗位责任制、设备操作维护规程、巡检及交接班制度。建立在设备管理办法框架下的岗位责任制，具体规范每一个设备操作者和管理者的职责。针对具体设备制定了一套完整的日常操作维护规程(包括操作顺序、维护部位、保养周期、日常点检、安全警示等要素)，操作者必须严格遵照执行。针对基层单位连续工作及大型成套设备是多人轮班操作设备的特点，为及时发现问题，明晰义务，分清责任还要制定一套覆盖基层单位辖区范围内所有设备的巡检及交接班制度，该制度对巡检路线、巡检点、巡检频度、巡检内容、责任人以及发现问题的处理方法等都要做出具体规定。

“设备管理办法”全方面规范了企业设备从使用到报废全过程的工作流程及管理方法；“设备管理实施细则”是各二级管理单位建立在管理办法框架下的具体实施方案。“岗位责任制”具体规范了每一个设备操作者和管理者的职责；“设备操作保养规程”是针对具体设备来规范操作者的“动作”程序；“巡检及交接班制度”则把各点的设备依据它们的关联关系有机地串联起来，及时发现问题、处理问题，确保设备保持在正常状态下运行。

8.1.3.2 制定设备管理办法的目的及管理原则

(1)制定设备管理办法的主要目的是为了加强企业设备及配套设施的管理工作，充分发挥设备效能，提高设备管理水平，保障设备安全经济运行，明确相关责任，对设备的选型、购置、安装、使用、保养、维修、更新改造、报废处置等环节进行全过程管理，防止购、用、修、改、废相脱节，从组织、技术、经济各方面采取措施，科学合理、经济有效地使用设备，优化设备配置，维护其完整与安全，依靠技术进步，充分发挥设备效能，使设备管理工作标准化、规范化、系统化。

(2)设备管理办法的基本管理原则有以下四点：

①安全第一、预防为主，确保设备安全可靠运行。

②购置与使用相结合、修理改造与更新相结合、技术管理与经济管理相结合、专业管理与全员管理相结合、维护与计划检修相结合。做到合理选购、正确使用、精心维护、科学检修、安全运行。充分发挥其效能，保证企业生产经营工作的需要，形成投入产出的良性循环。

③要努力保护环境，节能降耗。

④建立设备管理的激励机制和自我约束机制，开展各种形式的设备管理竞赛评比活动，对设备的管理、使用和维护做出显著成绩的单位和个人，给予表彰奖励。

8.1.3.3 设备管理办法管理的范围及目标

设备管理办法的管理范围要涵盖本企业内与生产经营相关的生产和管理单位及提供

配套服务的相关单位，管理对象是用于本企业与生产经营的各类设备及附属设施、仪器、器具等。依靠技术进步，充分发挥设备效能，提高设备管理水平，从技术、经济、组织各方面采取措施，科学合理、经济有效地使用设备，优化设备配置，保障设备安全经济运行，以有限的投入谋求最大的效益是企业设备管理的最终目标。

8.1.4　设备的常规管理

设备的常规管理包括设备的前期管理、设备的运行与维护、设备维修、设备调拨和封存/启封管理、设备报废等。

8.1.4.1　设备的前期管理

设备的前期管理包括设备的采购或更新改造，及设备的安装、验收及交接。

1. 设备采购或更新改造

设备采购或更新改造是设备全过程管理的一个重要环节，关系到后续设备管理工作是否顺利及维护成本，一次性投入较大。应根据生产要求、市场情况、资金状况等因素，本着质量优、性价比高、技术先进、零部件来源广泛、通用性好、标准化高、售后服务到位的原则选型，基本做到同类设备选用同一系列产品，同一设备选用同一产品，同一使用单位选用同一生产厂家，便于零部件及易损件通用及采购、储备。

一套完整的设备更新或改造工作流程如图8－5所示。

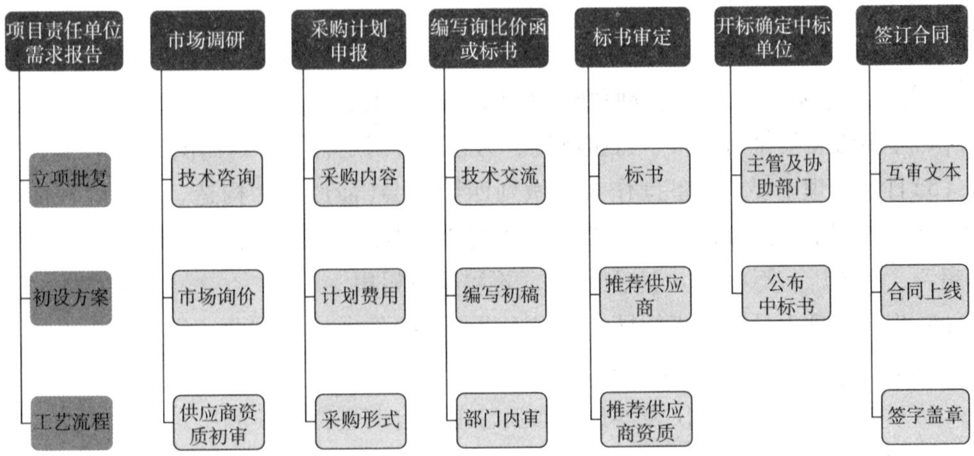

图8－5　设备更新改造管理工作流程

2. 设备安装及验收交接

设备合同签订后，设备的安装、验收直至交付使用如图8－6所示。

非安装设备工作流程与上述流程相似，不包括现场施工及设备安装环节；独立运行的单机设备不包括联机调试环节。

上述各环节的具体操作模式及责任部门要在企业设备管理办法中规范。

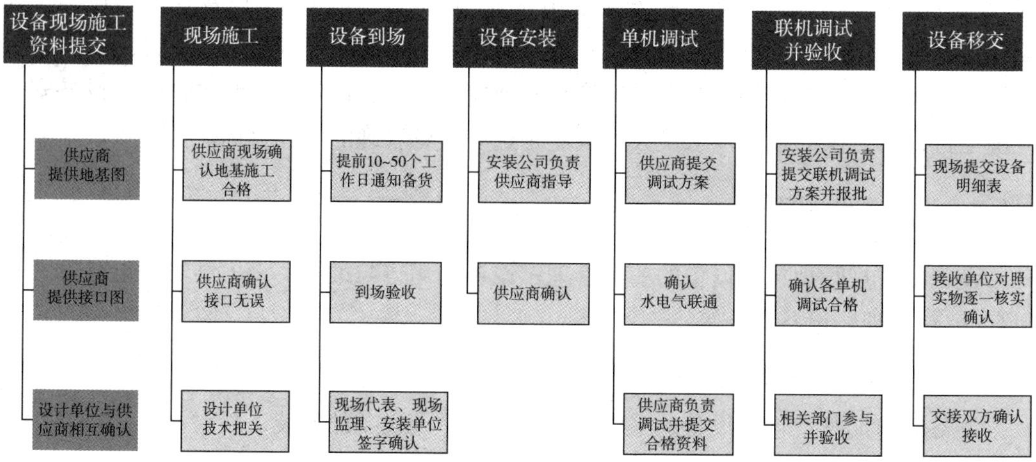

图8-6 设备安装及验收管理工作流程

8.1.4.2 设备的日常运行与维护

设备的日常使用和维护管理由基层单位负责。具体要做好以下几点：

(1)严格执行各项规章制度，建立健全岗位责任制及各类设备操作和维护保养规程，特种设备必须办理相关使用证照，杜绝无证使用。

(2)本企业未使用过的新型设备，在投入使用前要组织相关管理和操作人员培训，制定操作和维护保养规程。

(3)贯彻设备使用与维护相结合的原则，设备由其操作者进行维护，并实行四定——定人、定机、定岗、定责原则，主要设备凭证操作。

(4)主要设备要推行日报、月报制度，为管理者制定各类计划提供基础资料。

(5)日常管理中要求设备操作人员做到四懂三会(懂原理、构造、用途，性能，会操作、维护、排除故障)，应严格遵守操作规程，合理使用设备，保证设备“四不超”(不超温、不超压、不超速、不超负荷)，不得精机粗用。

(6)生产管理人员和上级领导、部门不得强迫操作者违章作业，设备管理人员和操作者有权制止、拒绝执行，对违章指挥者应追究责任。

(7)对特种设备及计量仪表器具要加强管理，定期进行校验和鉴定工作，积极配合地方只能职能部门的指导检查。

(8)使用中的设备应保持完好状态，安全、保护装置齐全，动作灵活可靠。应实行定期检查，不合格的设备不准使用，强化油水管理。严格执行日常和定期点检制度。

①日常点检：每台设备的日常维护保养主要是点检，每个加气站都应按照保养规程编制点检表由操作者执行。日常点检中，重点要加强设备的检查、调整和润滑管理，认真实行润滑油“五定”(定人、定点、定质、定量、定时)制度，润滑油必须使用设备使用说明书规定的润滑油型号。

②定期点检：检查内容及时间按设备使用说明书有关规定，由维修和管理人员进

行。凡重点设备检查结果必须作出记录，检查中发现问题，应由操作者或维修人员及时处理。

8.1.4.3　设备的维修管理

设备的维修管理包括设备维修及备品备件管理两部分。

1. 设备维修

(1)设备按其修理周期和工作量可分为周期性(大修)修理、恢复性修理(项修)、一般零星修理(小修)和日常维修。

日常维修是以保养为主的日常检修工作，目的是维持设备正常运行，及时发现设备隐患，此项工作一般由操作人员按设备使用说明书及操作保养规程实施。小修是根据设备运行时间、运行状况进行的维修工作，目的是消除机械的过渡磨损，改善设备状况，及时消除设备隐患，其工作量相当于大修的20%以下，这部分工作一般由各站设备管理人员负责组织修复。

项修是对设备有针对性有计划的局部修理，目的是使设备局部恢复原有精度及性能，工作量相当于大修的20%～50%；大修是有计划进行的全面恢复设备原有性能指标的修理工作，对经常发生故障的部位，可结合大修进行改善性修理以求提高设备综合性能。有专职设备维修队伍的企业项修及大修可由企业的专职设备维修队伍实施；没有自己的专职维修队伍的企业项修及大修应聘请设备制造商或专业修理机构实施。

(2)设备小修应尽量安排在生产间隙或设备停机时进行；设备项修和大修有可能影响经营，应列入本企业设备维修年度计划，按计划维修。

(3)需要外协或送修的设备，送修与承修双方应签订修理技术协议，内容包括修理项目、修理标准、修理程序、质量要求、验收方式等内容。选择承修厂家要具备与修理内容相一致的修理能力。送出现场修理的，送修时应派人向承修单位介绍设备使用及技术情况，办理交接。设备修毕后，送修单位和承修单位应共同试车验收。

(4)设备修理必须按修理规范进行。专用设备按部颁检修规范执行；通用设备按国标或有关部颁规范执行；尚无规范和标准的，可参照出厂技术标准执行。设备修理要确保质量，要严格执行“四不验收”(达不到质量标准不验收；无检验合格证不验收；无保用期不验收；无修理资料不验收)规定。在保修期间，因修理质量造成故障的，应由修理单位负责修好，承担直接经济责任。修理资料包括修理前技术鉴定记录、修理中检修标准记录、修理后出厂检验记录等，要归档妥善保管。

2. 备品备件管理

设备在日常使用维护中易损件需要定期更换，设备修理中也需要更换一些损坏的部件，这些易损件和维修中经常需要更换的部件一般统称为备品备件。

备品备件管理的工作流程如图8-7所示。

为保证设备的备品备件质量可靠、性价比高、配送及时，有条件的企业可采取集中采购配送的管理模式，建立备品备件库。变零星采购为批量订购，可有效减少中间环

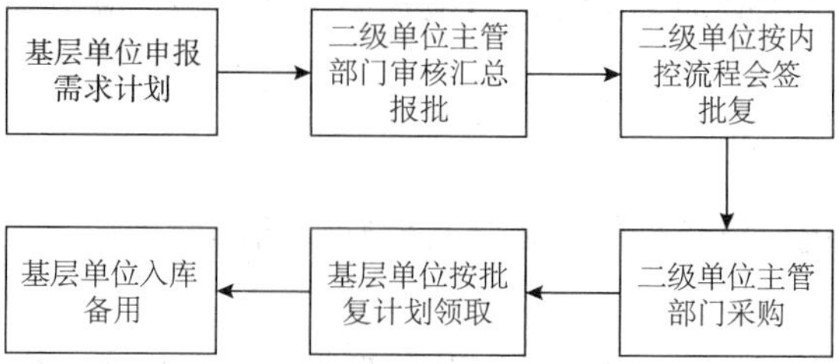

图8－7　备品备件管理工作流程

节，及时处理设备隐患，提高设备运行效率，降低生产成本。

8.1.4.4　设备的调拨、封存与启封管理

企业的生产经营有可能是阶段性、间隙性的或因生产经营方式等发生变化要做出相应的调整，为了更有效地利用设备，最大限度的发挥其效能，除了精心维护、正确操作外，在企业内部可以依据各基层单位的实际需求对设备进行再调拨；对停用设备，为确保设备处于完好待用状态，应对其采取适当的维护措施。

1. 设备调拨

设备调拨可以是不同的二级单位之间调拨，也可以是同一二级单位基层单位之间的调拨。无论何种形式的调拨，都必须遵循下列原则：

（1）调出单位必须保证调出设备的完好及完整性（零部件、专用工具、操作维护规程、技术档案等齐全），如有缺陷应由调出单位负责完善。

（2）调入单位应做好调入设备的准备工作。操作人员培训、取证，设备验收、安装及调试等。

（3）上级调拨部门要建立设备调剂台账。组织协调好相关工作，保证设备能正常调出，按预期投入使用。

2. 设备封存与启封

（1）设备封存是指对某些至少在半年内暂不使用，但今后仍需使用，且属于先进或保留机型的设备而采取的特殊技术、经济管理措施。设备的封存管理原则上由原使用单位负责。设备封存前应对设备进行必要的封存技术处理。

（2）因生产经管活动需要启封的设备，其启封工作原则上由原封存单位负责。设备启封后纳入设备正常管理程序。

8.1.4.5　设备报废及处置

（1）在日常管理中，发现设备存在下列情况之一的应申请报废：

①发生重大、特大事故，基础件已严重损坏，修理后其技术性能不能恢复到原有水平，不能满足生产工艺要求；

②设备老化，技术性能落后，耗能高（超过定额标准20%以上），效率低，经济效益差；

③维修费用过高(一次大修超过原值50%以上),继续使用在经济上不合算;

④机型已淘汰,性能低劣,又不能降级使用;

⑤主要零、部件无法补充而长期失修的;

⑥严重污染环境,危害人身安全与健康,进行改造又不经济;

⑦存在重大安全隐患且目前无法通过技术升级改造方式消除隐患或技术改造投入太高经济上不合算;

⑧国家统一规定强制报废。待报废设备由基层单位提出申请,由上级主管部门组织技术鉴定小组对待报废设备进行技术鉴定,确认是否达到报废条件。对大型成套设备应对各组成部分分别鉴定,确认报废及可利用部分。

(2)已报废设备的处置。已报废设备按照上级的相关规定及程序进行处置核销。处置前各单位应组织相关专业人员对已报废设备进行最后鉴定,对可利用部分提出处置建议,尽量做到物尽其用,减少损失。

8.1.5 设备事故管理

设备除正常磨损,自然衰老以外的损坏,称为设备事故。按照设备事故造成的直接经济损失(指使设备恢复到事故前的技术状态所发生的一切费用),一般将设备事故分为一般设备事故、重大设备事故、特大设备事故。

8.1.5.1 一般设备事故

零部件损坏,所需修复工作量及直接经济损失相当于小修程度者。一般事故发生后,操作人员应立即向所在基层单位负责人和设备管理人员报告检查事故原因,查清事故责任。

8.1.5.2 重大设备事故

设备损坏程度达到必须大修方可恢复性能,直接经济损失达到大修费用者。

8.1.5.3 特大设备事故

导致高、精、尖端大型设备报废者。

(1)对各类事故,应坚持“三不放过”(原因不清不放过、责任者未经处理和职工未受到教育不放过、没有防范措施不放过)原则。对各类事故的责任者,应按照事故的性质严肃处理。情节严重的,要进行经济制裁或纪律处分,直至追究法律责任。对事故隐瞒不报的单位和个人,一经发现,应根据情节轻重给予通报批评和经济制裁。

(2)重大、特大事故发生后,要好保护现场,并立即按相关程序上报设备管理部门。上级设备管理部门接报后应立即上报有关部门并按照企业事故管理等级由企业负责组织有关部门赴现场共同调查,分析事故原因,查清事故责任,进行事故处理。事故处理完毕后,按企业相关要求做好善后工作。

8.1.6 设备的档案管理

设备档案是设备的历史记录，一套完整的设备档案真实客观地记录下了该套设备从采购到报废处置的全部生命历程，可以为企业编制中长期发展规划、各项设备年度计划、经济效益分析等工作提供详尽的数据支持。

8.1.6.1 一套完整的设备档案应包括的内容

1. 设备前期档案

设备采购合同及技术协议；进口设备的原始凭证、资料、图件；设备出厂合格证、出厂试车验收记录、装箱清单、设备使用说明及有关资料、图件、设备开箱验收表；设备安装、调试技术资料；移交明细。

2. 使用记录

单台设备基础数据表（包括以下主要内容：原始数据、年度运转记录、修理登记、调动登记、事故登记等）、运行记录（日报、点检、巡检、交接班记录等）、设备维修记录（主要记录项修、大修，包括主要零部件更换记录，修理费记录，技术数据记录、完工验收表等）；更新、改造记录；设备报废申请表、技术鉴定及批复文件；其他有关设备的原始凭证及资料等。

3. 事故管理

事故报告；事故调查组织工作的有关材料；事故现场勘查报告，包括事故现场图、照片、录像，勘查过程中形成的其他材料等；事故技术分析、取证、鉴定等材料，包括技术鉴定报告，专家鉴定意见，设备、仪器等现场提取物的技术检测或鉴定报告等；事故经济损失的评估材料；与事故调查工作有关的会议记录；事故处理决定等。

4. 统计资料

本单位设备明细表（台账）、备品备件台账、特种设备台账、强检设备设施台账、设备项修及大修台账、主要设备运行月报表等各种统计资料及报表。

8.1.6.2 原始资料的收集及管理

以上各类资料大部分来源于基层单位，所以基层单位应做好收集整理好本单位的相关资料，并按要求上报，确保上报资料真实可靠。

设备档案应当由二级单位设备主管部门负责整理保管，原则上设备档案保留原件，其他部门和基层单位可以查阅和借阅，借阅时要办理相关手续。基层单位日常工作中需要经常查阅的部分资料可留存复印件。主要设备按单台建立历史档案，统计资料按资料内容及时间顺序整理归档。设备报废处置后其档案可移交单位档案室，按照相关规定5年后经评估无继续保留价值可以销毁。

8.1.7 设备管理工作考核

企业对设备管理工作进行周期性考核是为了查找设备管理漏洞，健全和改进设备管理体系，提高企业设备管理水平，以期获得较高的投资回报。

8.1.7.1 设备管理工作的考核要点

1. 领导重视

领导班子应明确专人分管设备管理工作。

2. 组织机构落实

要明确设备的主管部门，配备专职或兼职人员。

3. 岗位分工清晰，职责明确

各单位分管设备工作的领导、设备主管部门以及设备管理人员要有岗位职责，责权明确，无管理漏点。

4. 积极开展岗位培训

要有计划地定期开展设备管理人员、主要设备操作人员的业务技能培训。

5. 设备管理制度健全

企业“设备管理办法”只是一个管理大纲，各单位要在此基础上根据本单位特点编制“实施细则”及相关配套的设备管理制度，可操作性强。要建立设备台账，主要设备要有历史档案。

6. 定期开展设备检查

要有定期设备管理工作检查计划，每次检查有记录、有评比、有总结。

7. 现场管理

从以下几个方面检查：改造、更新、新增设备有相应的验收、安装及调试记录；日常使用维护日报表及巡检、点检记录齐全，设备调拨及封存/启封手续齐全；发生设备事故按规定及时上报，并按“四不放过”的原则，组织对设备事故的调查处理；按计划安排设备大修，设备维修及备品备件管理规范；达到报废条件的设备及时申报等。

8.1.7.2 考核方式

采取抽查与普查相结合的考核方式。

(1)抽查。对设备管理工作较差的单位、本年度发生过设备事故的单位及新建或接收单位应不定期进行抽查，检查指导、以点带面，促进设备管理工作均衡发展。接受抽查的单位要按照抽查考评要求进行整改，整改结果应纳入年度考核。

(2)定期普查。应覆盖所有加气站及母站以及与加气站相关的单位(如维修队、备品备件库、管束车队等)。采取查资料、看现场等方式，依据本企业制定的加气站设备管理工作考核评价标准进行逐项评分。

(3)在检查考核基础上应定期进行设备管理先进单位、先进个人、维护保养能手的评选，给予一定奖励。

(4)在设备检查中发现有下列情况的，根据情节轻重，对单位和个人给予适当处罚：

①设备管理混乱，设备失修严重，影响生产和安全的单位及主要责任人。

②因玩忽职守，违反设备管理有关规定及违反操作、维护保养和检修规程造成设备事故和经济损失的领导或责任人。

凡触犯法律的，移交司法机关依法追究刑事责任。

8.2 加气站设备管理

加气站是设备管理网络上最基层的一个点，是设备的直接使用单位，这个点上设备管理网络运行是否通畅、有没有受过职业培训的专业管理人员、管理制度是否落实到实处直接体现出一个企业设备管理体系的管理水平。

8.2.1 加气站设备管理职责、范围和目标

8.2.1.1 加气站设备管理的主要职责

(1)负责贯彻执行上级下发的各项管理制度、操作规程、标准规范等。

(2)负责编制本单位常规维修及备品备件领用计划。

(3)参与本单位设备大修技术方案制定，协助相关厂家做好设备大修和现场维修保养工作，参与大修设备的调试、验收工作，负责组织设备操作工现场培训等工作。

(4)随时检查督促设备操作人员认真执行岗位职责及设备操作规程，及时制止一切违反设备操作规程的作业；组织开展设备点检工作，保证设备正常运行；掌握本单位设备的性能参数、技术状况、使用状况；负责收集建立设备运行、使用、维修的原始记录档案及运行报表；与相关单位现场服务人员保持联系，建立良好的合作关系等。

8.2.1.2 加气站设备管理范围

加气站行政管辖范围内用于生产、经营、生活的所有设备设施及附属物，包括在用、待用、停用、封存的设备设施及其备品备件。

8.2.1.3 加气站设备管理目标

充分发挥现有设备效能，提高设备管理水平，科学合理、经济有效地使用设备，保障设备安全经济运行，使设备完好率和利用率保持在较高水平。

8.2.2 加气站设备管理、操作岗位的配置及业务能力

8.2.2.1 站长

母站及加气站站长是加气站经营管理的第一责任人，加气站设备的安全运行及完好率与经营业绩息息相关。所以加气站站长不仅要具备一般加油站站长的能力，还要掌握与天然气相关的一般常识，持有特种设备管理证；知晓加气站天然气加工的一般工作原理和工艺流程；了解主要设备的基本构造、工作原理及性能参数；会处理一般设备常见故障。

8.2.2.2 设备管理员

母站及常规加气站设备数量和类型较多，一般应配置专门的设备管理员，子站设备数量和类型相对常规站较少，可以配置兼职设备管理员。无论是专职或兼职设备管理员，都应具备一定的专业知识和较强的动手操作能力，持有效特种设备管理证及电工操作证，有压缩机等主要设备操作经历，熟悉本加气站工艺流程各环节，清楚工艺流程中各设备、设施的基本构造、工作原理及性能参数。能熟练应用自己的专业知识判断处理设备日常运行中的常规故障，指导设备管理操作人员的正确使用、维护设备。

8.2.2.3 设备操工

加气站设备操作工主要有天然气压缩机操作工和天然气充装工。压缩机操作工不仅要求经过岗位培训取得压缩机操作证(或特种设备操作证或压力容器操作证)，在第一次操作新设备之前还必须参加由设备生产商举办的操作培训并考核合格方能操作设备。充装工按各地相关规定参加地方职能部门或本系统组织的培训并考核合格方能上岗。操作工取证后还必须按相关规定定期复审合格才能继续上岗。

8.2.3 加气站设备管理制度及规范

加气站的设备管理制度主要有：

8.2.3.1 岗位责任制

具体规范每一个设备操作者和管理者的职责。

加气站设备管理要体现全员参与，责任到人的原则，设备管理不留死角，也不重叠，每岗位都要有具体职责。岗位责任制要明确责任主体、对象、内容，具体到该做什么，不该做什么以及安全警示。

8.2.3.2 巡回检查及交接班制度

加气站设备是以工艺流程为主线连接起来为同一个工作目的运行的系统，设备设施是这个工艺系统上的各个点，其工作特点是连续工作、多人轮班操作。为及时发现问题，明晰义务，分清责任，加气站要制定一套覆盖站内所有设备设施的巡检及交接班制度。

巡检制度对巡检路线、巡检点、巡检频度、巡检内容、责任人以及发现问题的处理方法等都要做出具体规定；交接班制度对上下班交接时设备设施的技术状态、工作状态、保养项目、存在问题、交接人等内容同样要做出具体规定。并且，巡回检查和交接班制度的实施要以表格形式记录在案，具有可追溯性。

8.2.3.3 设备操作和保养规程

设备操作和保养规程是针对具体设备制定的一套完整的日常操作维护规程(包括操作顺序、维护部位、保养周期、保养要求、日常点检、安全警示等要素)，原则上，加气站的所有设备都应该有自己的操作和保养规程，操作者必须严格遵照执行。

设备操作保养规程是依据设备生产商随设备交付的操作保养手册和技术资料编制的，原则上不得低于或改变原设备操作手册的规定和要求，特殊情况需要变更的，要与设备制造商商议并取得书面认可。

8.2.4 加气站设备管理的主要内容

8.2.4.1 设备的前期管理

设备的前期管理包括设备的采购或更新改造，及设备的安装、验收及交接。

加气站在日常经营中有可能因设备技术淘汰、事故毁损、加气站改扩建等原因涉及设备新增、更新或改造，设备的采购主要由上级单位负责，加气站需要参与的主要是设备采购后的安装调试、验收及交接工作。

1. 设备的安装调试

设备安装原则上由设备供应商或设备安装公司负责，为确保设备到场后能尽快投入使用，缩短安装周期，不为后期经营留下隐患，加气站在设备安装过程中要做好以下工作：

(1)协同采购人员、上级主管部门对设备进行开箱验收。对照合同和装箱单查验设备、随机备品备件和专用工具的规格型号、数量是否与合同及装箱单一致；外观是否有缺陷、附件是否齐全等，发现问题及时上报上级主管部门。

(2)安装设备之前注意查验安装位置及周边是否已清理干净，具备安装条件，特别注意更新设备与工艺系统的接口是否匹配，发现问题及时提请安装方注意并记录在案，如果涉及动火动电等直接作业环节必须按规定办理作业票。

(3)设备安装完成后调试前，监控安装方查验各连接部位是否紧固、安全附件是否齐全并在有效期、是否有调试方案。

(4)设备开始调试时，监控安装方是否按调试方案调试，各项技术参数是否采集全，调试时间和次数是否符合要求。技术参数包括但不局限于：振动、噪声、温升、电压、电流、主参数等。

2. 设备验收

大型重要设备的验收原则上由上级主管部门负责，一般设备由加气站负责验收。设备验收时要注意以下几点：

(1)查验设备安装调试记录，确认所有调试技术参数值都真实且符合要求，无不符合项，安装调试记录有记录和审核签字。

(2)设备所有附件齐全，外观无缺陷，仪表及安全附件均通过校验并在有效期内，压力容器有出厂合格证并在地方职能部门备案。

(3)如无特殊要求，连续试运行时间不低于24h，其中带负荷运行时间不低于80%；总试运行时间不少于72h，其中带80%负荷运行不低于36h。

3. 设备交接

加气站设备交接不仅是设备供应商或设备安装单位与加气站之间的交接，也是上级设备主管部门与设备使用单位之间的交接。交接时移交方要出示移交清单，接收方要逐项清点验收，交接完成后双方要在移交清单上签字认可。移交清单应包括但不局限于下列内容：

(1)交接清单，包括设备主机及附件、备品备件、专用工具、操作使用说明书(或手册)及相关技术资料、产品合格证等。

(2)如果设备属压力容器或含压力容器，还包括压力容器检验合格证；如果属强检设备设施和计量仪表仪器，还必须有校验合格证且在有效期内。

(3)如果安装含隐蔽工程，要移交隐蔽工程实测图(不是施工图)；如果水电气走向有变更，要移交更新后的水电气布置图。

(4)安装调试原始记录(可以是复印件)、试运行记录等。

8.2.4.2 设备的日常运行与维护

加气站设备管理的重点是日常的运行与维护。要着重做好以下工作：

(1)严格执行各项规章制度，建立健全岗位责任制，形成全员参与、人人有责的管理氛围。主要设备要一对一制定操作和维护保养规程，做到科学合理，正确使用，精心维护，尽力延长设备的有效使用周期。特种设备要先办理相关使用证照再投用，坚决杜绝无证使用。

(2)凡本站未使用过的新型设备，在投入使用前，要积极与设备生产商沟通合作，依据设备使用说明书及技术资料制定出操作(使用)维护规程，组织操作、管理人员参加设备生产商举办的操作培训并通过考核合格，与设备供应商共同在现场确认新设备达到使用条件后材投入使用。

在新设备使用初期要监控其运行情况，与设备供应商保持沟通，发现异常要及时向上级设备管理部门及供应商反馈信息，保证新设备不因小问题而发生大故障。

(3)贯彻设备使用与维护相结合的原则，设备由其操作者进行维护，并实行四定——定人、定机、定岗、定责原则，主要设备凭操作证上岗操作。设备的维护保养要落实到人：专人使用的设备由操作者负责；多人使用的设备由基层领导负责；公用设备指定专人负责。

各加气站根据本站具体设备和工艺流程编制设备点检、工艺系统巡检、交接班制度及记录表。单台设备实行点检、整个工艺系统实行巡检制度、多班制生产用设备实行设备交接班制度，并作好设备运行记录。

(4)加气站主要设备要推行日报、月报制度，即单台设备每天填写日报表，系统记录主要设备的运行时间、参数、维护情况等；每个月末将日报表相关数据统计上报上级设备主管部门。这些参数的变化情况客观反映出设备的运行状况，加气站可以通过分析运行参数的变化，合理制定设备易损件的储备及检维修计划。

日报由设备操作者填写，设备管理人员每天都要检查设备日报表并签字认可；月报由设备管理人员填写。

(5)正确使用和维护保养设备关系到设备的有效使用周期。加气站要有意识地培养设备操作人员良好的职业道德，自觉养成爱护设备的良好习惯。鼓励操作者认真学习和掌握设备操作要领，切实做到四懂三会(懂原理、构造、用途，性能，会操作、维护、排除故障)。要严格遵守设备操作规程，合理使用设备，做到设备“四不超”(不超温、不超压、不超速、不超负荷)，不能精机粗用。当生产管理人员和上级领导、部门强迫操作者违章作业时，设备管理人员和操作者有权制止、拒绝执行。

(6)加气站要按照国家有关部门的规定和规范，加强对动力设备、起重运输设备、重要仪表、防爆电气、压力容器等类设备的使用、维护、检查、预防性试验和维修管理，定期进行校验和鉴定工作。对计量仪表、计量器具和锅炉、压力容器的管理工作，还应接受地方计量和劳动安全部门的指导检查。

(7)要保证使用中的设备处于完好状态，安全、保护装置齐全，动作灵活可靠。要定期检查设备各项性能指标，不使用“带病”设备。加强油水管理，润滑油的规格牌号必须与设备操作维护说明书上标明的润滑油规格牌号一致，确实因市场或其他特殊原因不能满足说明书要求需要采用其他规格牌号代替的必须与设备生产商沟通并取得书面认可。润滑油在存放、使用中严禁污染；设备用冷却水必须软化使用，不能直接接入硬水。设备的日常和定期点检制度必须严格遵守。

8.2.4.3　设备的常规维修及备品备件管理

1. 设备维修

设备维修依据其维修性质和工作量，通常分为日常维修、小修、项修及大修四个等级。加气站主要负责日常维修和小修，配合相关单位进行项修和大修。

(1)日常维修是以保养为主的日常检修工作，目的是维持设备正常运行，及时发现设备隐患，此项工作一般由操作人员按设备使用说明书及操作保养规程实施，并负责将维修作业记入相关表单或档案中。记录内容包括：维修部位、主要工作内容、更换部件明细、维修后调试情况等。设备管理员要负责检查维修结果，确认是否达到工作目的，记录的内容是否准确等，发现问题及时纠正。

(2)设备是寿命周期的，其各部组成件也有其不同的寿命周期，通常，我们把使用周期相对较短，需要定期更换的配件叫做易损件。小修就是根据设备运行时间、运行状况、易损件预期寿命进行的维修工作，目的是消除机械的过渡磨损，改善设备状况，及时消除设备隐患，这部分工作一般由加气站设备管理人员负责组织修复。同样，整个修复作业的要点都要记录进相关设备的档案资料中，并由站长负责复核。设备小修应尽量安排在生产间隙或设备停机时进行。

(3)加气站设备项修和大修通常由专职设备维修队伍承担，加气站的主要工作是根据设备的运行记录、技术状况、经营情况向上级设备主管部门提交项修或大修申请计划，并根据现场实际情况提出是否送修的建议。

设备项修或大修申请计划批复实施时，如果在现场修理，加气站设备管理员要对整个修理工作进行监控，发现问题及时与承修方沟通，双方如果发生意见分歧，要及时通报上级设备主管部门。送出现场修理的，要向承修单位详细介绍设备使用及技术情况，办理交接。

设备修毕后，加气站要会同上级设备主管部门共同参与试车验收。要严格执行“四不验收”（达不到质量标准不验收；无检验合格证不验收；无保用期不验收；无修理资料不验收）规定。在保修期间，因修理质量造成故障的，要求承修单位负责修好，承担直接经济责任。修理资料包括修理前技术鉴定记录、修理中检修标准记录、修理后出厂检验记录等，要归档妥善保管。

2. 备品备件管理

设备在日常使用维护中易损件需要定期更换，设备修理中也需要更换一些损坏的部件，这些易损件和维修中经常需要更换的部件一般我们统称为备品备件。加气站的主要工作是编制备品备件需求计划和妥善保管待用的备品备件。

（1）编制备品备件需求计划。加气站在日常维修及小修作业中需要更换部分易损件或损坏的小型零部件，这些配件要提前预备，应根据设备的运行时间、技术状况、日报表、维修记录及经验定期编制备品备件需求计划，按设备管理办法规定的工作程序上报、领取。

备品备件需求计划至少要包含下列信息：备品备件名称、规格型号、对应机型、数量、特殊要求，另外是非标件还必须注明材质、尺寸、生产商等信息，必要时需要附相关图纸。

（2）备品备件的管理。备品备件需求计划是一个预期计划，按计划领回备品备件后到实际用于设备中间有一个暂时保管的环节，加气站一定要重视这个环节的管理工作，确保备品备件完好无损地用于设备维修。

①验收。领取备品备件时要严格按需求计划和相关程序验收，发现与需求计划所列项目不符、外观破损、三无产品等缺陷要及时提出异议，不能盲目领取。

②建立备品备件库。备品备件领回加气站后，建立备品备件台账，划定专门区域保管，指定专人管理，避免备品备件损坏、变质和丢失。备品备件要分类整齐摆放在货架上，摆放整齐、清洁，并建卡标识备品备件的名称、规格型号、数量、适用机型等内容。维修人领用时要履行相关手续。

③备品备件的管理要求：

（a）备品备件要分类摆放，整齐、清洁，标识清楚。

（b）备品备件要做好防腐、防尘、防冻、防潮、防霉、防鼠工作。

（c）备品备件发放遵循先入库先发放的原则，对温度较敏感的备品备件要放到空调房间中保存，防止老化变质。

（d）备品备件在库内摆放、搬动时，要轻拿轻放，防止损坏。

④备品备件库盘点。要定期组织库存盘点，盘点的内容包括：库存备品备件的保管状况；库存备品备件的质量、数量；账、物、卡符合状态等。备品备件库盘点时发现库存备品备件出现数量及规格型号不相符、有损坏、变质等情况时，要查明原因，制定整改措施。

8.2.4.4 设备的调拨、封存/启封、报废管理

加气站有可能因为技术改造、扩容等原因或周边环境发生变化导致生产经营方式等发生变化，上级设备主管部门从企业全局效益考虑要做出相应的调整，在企业内部依据各基层单位的实际需求对可在利用设备进行调拨；对停用设备，为确保设备处于完好待用状态，要对其采取适当的维护措施。

1. 设备调拨

(1)加气站如果是设备调出单位必须保证调出设备的完好及完整性(零部件、专用工具、操作维护规程、技术档案等齐全)，如有缺陷及时上报上级设备主管部门，视其损坏情况安排相应等级的维修，未恢复其技术功能前不得调出。

(2)加气站如果是调入单位要做好调入设备的准备工作：操作人员培训、取证，设备验收、安装及调试等。对有缺陷的调入设备加气站要及时告知上级设备主管部门，对完全无法使用的设备加气站应拒收。

2. 设备封存与启封

设备的封存管理原则上由原使用单位负责。在设备封存前，加气站应对设备进行必要的封存技术处理：

(1)机械设备应重点进行防腐、防尘、防冻、防潮、防霉工作，对关键部件应进行除锈刷漆，特别对成套设备应进行定期保养，每季度起动运转一次。

(2)对电器仪器设备应重点进行防潮、防尘、防霉、防鼠工作，并按使用说明书要求定期进行通电运行。

(3)封存设备必须保持其完整性，未经主管部门同意，不得以任何理由拆借其零部件。确因工作急需，而又获准拆借封存设备及零部件，必须限期恢复。

因生产经管活动需要启封的设备，同样由原封存单位负责。设备启封后纳入设备正常管理程序。

3. 设备报废与处置

加气站设备按相关规定已达报废条件，由加气站提出报废申请，积极协助上级设备主管部门对待报废设备进行技术鉴定。设备报废申请批复后，上级设备主管部门对其处置前，加气站要妥善保管，如果需要拆取报废设备上的零部件应急，要征得上级设备主管部门的认可。

8.2.4.5 事故管理

加气站设备发生事故后，操作人员要立即向站长报告并妥善保护现场。站长要在第一时间赶到事故现场了解基本事实。如果是一般设备事故，由站长主持查清事故责任，

制定修复方案，尽快恢复生产经营，并将此次事故记录在案。如果属重大、特大事故，站长要立即报告上级主管负责人和设备管理部门，按照上级的指令开展下步工作。

如果设备事故导致人身伤亡，加气站在上报的同时要积极救治伤员。

8.2.4.6 设备的档案管理

设备档案的原始资料主要来源于基层单位，也就是各个加气站，所以各加气站要做好收集整理工作，并按要求上报，确保上报资料真是可靠。

加气站的设备档案分留用和上交两部分。加气站留用的档案资料一般以复印件形式保存，原始资料原则上要求全部上交。

1. 留用部分

加气站留用设备档案资料主要是为了设备日常使用和维护查阅方便，以及迎接内部或外部规范性检查、编制计划做参考等目的，一般包括下列资料：

(1)设备随机带来的使用说明及有关资料、图件(保留复印件，原件上交)。

(2)本单位设备明细表(台账)、备品备件台账、特种设备台账、强检设备设施台账、设备项修及大修台账等(此项不用上交，留用原始记录)。

(3)单台设备基础数据表(包括以下主要内容：原始数据、年度运转记录、修理登记、调动登记、事故登记等)(可以以电子文档的形式与上级设备主管部门共享)。

(4)主要设备运行日报表、点检表、巡检及交接班记录等(此项不用上交，留用原始记录)。

(5)设备项修、大修记录(包括主要零部件更换记录，修理费记录，技术数据记录、完工验收表等)(保留复印件，原件上交)。

(6)事故报告(保留复印件，原件上交)。

(7)更新、改造记录(保留复印件，原件上交)。

(8)设备报废申请表及批复文件(保留复印件，原件上交)。

(9)主要设备运行月报表等各种统计资料及报表(保留复印件，原件上交)。

2. 设备资料档案的应用

(1)设备随机资料为加气站的后期运行、维护保养、修理、年检等工作提供了书面依据。加气站在制定操作保养规程时要严格按照设备随机资料编写。

(2)加气站有大量的高压管道、容器、设施和部件，按照国家相关规定必须定期检验合格方能继续使用。这方面的原始资料、检验合格证书、台账等是重要文件，要安排专人妥善保存，装订成册，登记在案。

(3)设备运行记录可以帮助管理者随时掌握设备的动态信息，为设备的修理、改造、更新等各项临时性、周期性计划提供详尽的数据依据。

(4)各类台账等是设备最原始的可追溯文件，可以帮助管理者对设备的常规备件进行时效分析，合理采购储备备品备件，降低生产运行成本。应按时间顺序，分类编号，登记在案，完整保存直至设备报废。

第9章　数质量管理

加气站的数质量管理包括计量和质量部分，由于天然气属于易燃易爆气体，在计量管理中其安全防护至关重要，在确保安全的前提下，作为经营场所要确保质优量足。母站和常规站具有生产过程，如何保证天然气的质量符合要求是生产过程必须要控制的。本节重点从计量防护，计量设备，计量管理等方面阐述了加气站计量管理的内容，对质量管理主要从指标方面进行了描述。

9.1　计量安全防护

9.1.1　高压CNG计量安全防护

高压CNG计量安全防护工作重点是防火、防爆、防高压、防渗漏、防窒息、防静电等。

9.1.1.1　接卸时

(1)计量人员必须穿戴好防静电服装、防静电鞋等特殊防护用品。

(2)作业照明必须使用防爆照明用具，作业通信必须使用防爆通信工具。

(3)车辆熄火，拔下启动钥匙，制动手刹，放置掩木、挡车牌，连接导静电线。

(4)打开操作箱检查各安全附件和压力表、温度表，连接加气软管应完好。

(5)卸气过程中，监护卸气现场无闲杂人员进入。

9.1.1.2　日常计量时

(1)计量人员上岗前必须穿戴好防静电服装、防静电鞋等特殊防护用品。

(2)严禁使用非防爆通信工具。

(3)进入储气罐区消除人体静电。

(4)停止相关作业，人站在上风口或绝缘垫上摘抄相关计量参数。

(5)进入储气区或控制柜，不得擅自操作仪表、阀门等。

(6)遇有暴雨、雷电时，严禁进入储气区抄录相关计量参数。

9.1.1.3　加气机、卸(加)气柱计量检定时

(1)检定人员必须穿戴好防静电服装、防静电鞋等特殊防护用品。

(2)严禁使用非防爆通信工具。

(3)进入储气罐区消除人体静电。

(4)加气机的加气枪与标准装置进气接口要连接牢靠，标准装置的加气枪与车用燃气装置的加气接口要连接牢靠。

(5)缓慢打开加气枪开关，检查是否漏气。

9.1.1.4 加气机、卸(加)气柱计量铅封检查时

(1)检查人员必须穿戴好防静电服装、防静电鞋等特殊防护用品。

(2)严禁使用非防爆通信工具。

(3)消除人体静电。

(4)不得擅自操作加气机附件。

9.1.2 LNG计量安全防护

LNG计量安全防护工作重点是防火、防爆、防冻伤、防渗漏、防窒息、防静电等。

9.1.2.1 接卸时

(1)计量人员必须穿戴好防静电服装、防静电鞋、防冻安全手套、防冻面罩等特殊防护用品。

(2)作业照明必须使用防爆照明用具，作业通信必须使用防爆通信工具。

(3)待槽车在规定位置停稳后，熄灭发动机，拉紧手闸，放置掩木。

(4)检查罐体液位、压力、温度及管路情况，确认无异常。

(5)卸气过程中人员不得离开现场，密切观察压力变化，避免压力增加过高、过快。

(6)卸气结束后，计量人员与司押人员共同检查确认后，车辆方可离开。

9.1.2.2 日常计量时

(1)计量人员上岗前必须穿戴好防静电服装、防静电鞋、防冻安全手套、防冻面罩等特殊防护用品。

(2)严禁使用非防爆通信工具。

(3)进入储液罐区消除人体静电。

(4)停止相关作业，人站在上风口或控制系统上摘抄相关计量参数。

(5)进入储液区或控制柜，不得擅自操作仪表、阀门等。

(6)遇有暴雨、雷电时，严禁进入储液区抄录相关计量参数。

9.1.2.3 加气机计量检定时

(1)检定人员必须穿戴好防静电服装、防静电鞋、防冻安全手套、防冻面罩等特殊防护用品。

(2)严禁使用非防爆通信工具。

(3)进入储液罐区消除人体静电。

(4)加气机的加气枪与标准装置进气接口要连接牢靠。

(5)缓慢打开加气枪开关，检查是否漏气、漏液。

9.1.2.4　加气机计量铅封检查时

(1)检查人员必须穿戴好防静电服装、防静电鞋、防冻安全手套、防冻面罩等特殊防护用品。

(2)严禁使用非防爆通信工具。

(3)消除人体静电。

(4)不得擅自操作加气机附件。

9.2　天然气计量设备

9.2.1　涡轮流量计

气体涡轮流量计属于高精度气体流量测量仪表，已被广泛应用城镇天燃气的工业和商贸计量；在城镇天然气管道下载到 CNG 母站、CNG 常规站时，一般用该流量计进行贸易计量交接。但也有用气体容积式流量计或其他的流量计进行贸易交接的。

9.2.1.1　结构

涡轮流量计(见图 9-1)主要由壳体、导流体、叶轮、流量传感器、计数器等组成。常规加气子站一般有二台气体涡轮流量计，其管网上的气体涡轮流量计准确度不低于 1.5 级。

9.2.1.2　工作原理

气体涡轮流量计属于速度式计量仪表，当气流进入流量计时，首先经过特殊结构的前导流体并加速，在流体的作用下，由于涡轮叶片与流体流向成一定角度，此时涡轮产生转动力矩，在涡轮克服阻力矩和摩擦力矩后开始转动。当诸力矩达到平衡时，转速恒定，涡轮转动角速度与流量成线性关系。利用电磁感应原理，通过旋转的涡轮叶片顶端导磁体周期性地改变磁阻，使磁场也发生相应的变化，从而在线圈两端感应出与流体体积流量成正比的脉冲信号。该信号经前置放大器放大、整形后和压力传感器、温度传感器检测到的压力、温度信号同时输给流量积算仪进行处理，直接显示标准体积流量和标准体积总量。

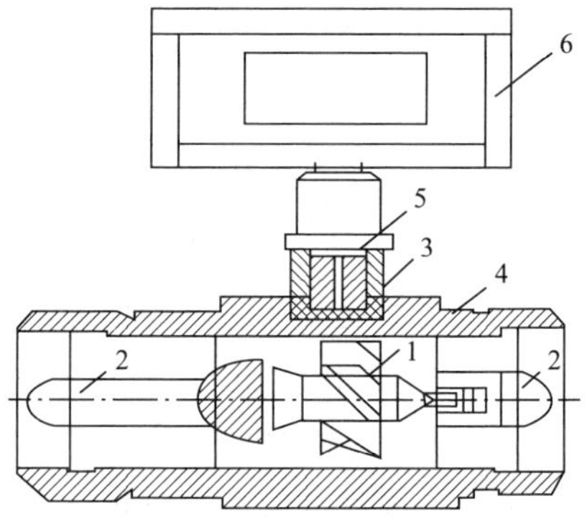

图 9-1　涡轮流量计结构

1—涡轮；2—导流器；3—磁电感应转换器；4—外壳；5—前置放大器；6—积算单元

流量积算仪由温度和压力检测模拟通道、流量传感器通道以及微处理单元组成，并配有外输信口，输出各种信号接号。TBQZ 流量计中的微处理器按照气态方程进行温压补偿，并自动进行压缩因子修正，气态方程如下：

$$Q_n = Z_n/Z_g \cdot (P_g + P_a)/P_n \cdot T_n/T_g \cdot Q_g$$

式中　Q_n——标准状态下的体积流量，Nm^3/h；

Q_g——未经修正的体积流量，m^3/h；

P_g——流量计压力检测点处的表压，kPa；

P_a——当地大气压，kPa；

T_g——介质的绝对温度$(273.15+t)$K；

t——被测介质摄氏温度,℃；

Z_n——标准状态下的压缩系数；

Z_g——工作状态下的压缩系数；

T_n——标准状态下的绝对温度，293.15K；

P_n——标准大气压，101.325kPa。

9.2.1.3　特点

(1)流量计采用可拆卸独立结构的套筒式计量芯片作为计量主体，在计量现场可按实际需要对计量套筒(每种口径有四种流量规格)进行调整，实现对流量计后续计量升级。

(2)采用多功能磁耦合联结器，便于同多种形式的辅助计数读数单元联结和计数读数单元的技术提升，实现不同的计量的控制功能。

(3)独立模块结构的机械计数器具具有良好的通用性和互换性，减少配件库存，该机械计数器具有多种低频脉冲编码信号输出和防护功能。

(4)流量计可同EVC智能体积修正仪配套使用，实现标准体积的修正和信号远传及控制。

(5)采用一体化四级整流器，有效消除畸变流体干扰，提高仪表计量精度。

9.2.1.4　计量性能要求

(1)其准确度等级不应低于1.5级。

(2)其最大允许误差为±1.5%，重复性误差为最大允许误差绝对值的1/3。

(3)检定周期一般为2年。

(4)涡轮流量计检定应包含最小流量、40%最大流量和最大流量三个流量点，每个流量点检定次数不少于3次。

9.2.2　科里奥利质量流量计

图9-2　科里奥利质量流量计

9.2.2.1　概述

科里奥利质量流量计是加气机和加(卸)气柱的核心计量器具，能直接测量出流过流量计测量管的CNG或LNG或LPG的质量，见图9-2。

9.2.2.2　准确度要求与检定周期

加气机应选用准确度等级不低于0.5级的质量流量计

作为计量核心部件，再通过温度和压力补偿，来实现准确计量的。质量流量计作为加气机的一部分，与加气机合在一起进行检定，不单独分开检定。其检定周期一般不超过6个月。加气机最大允许计量误差±1.0%，重复性误差不超过0.5%。

加气柱、卸气柱也都选用准确度等级不低于0.5级的质量流量计作为计量核心部件，再通过温度和压力补偿，使来实现准确计量的。质量流量计与加气柱、卸气柱合在一起进行检定，不单独分开检定。其检定周期一般不超过6个月。其最大允许计量误差也为±1.0%，重复性误差也为不超过0.5%。

9.3 加气站计量与管理

9.3.1 天然气计量基础知识

目前我国对天然气(CNG、LNG、天然气管道下载的)贸易交接的法规、检定规程等还正在不断完善中，国家制订的《天然气商品量管理暂行办法》(计燃〔1987〕2001号)中明确规定：在气量结算时，以供气方的测量值为准。供用双方应定期对计量仪表进行检查校核。用户对供气方的气量测量值有疑议时，可及时提出，并共同查找原因。在未查出之前，仍按供方的测量值为准进行气量结算，用户不得拒付。若供气方的气量测量值确有错误，在查明原因并整改后，供方应根据校正值予以调整，并按调整后的气量结算。

9.3.1.1 CNG体积交接计量

1. CNG体积计量交接状态

我国规定CNG体积计量交接的状态为温度293.15K(20℃)、压力101.325kPa时的状态，即称为天然气(CNG)计量标准状态。

2. 非标准状态的修正

凡是实际状态与标准状态不相符时，应按下式气体状态方程式进行修正，修正后的数据作为计量交接数。根据克拉伯龙方程 $PV=NRT$（R 为常数，N 为摩尔量）：假设一理想气体在压力 P_1 和温度 T_1 状态下，气体体积为 V_1，即：$P_1V_1/T_1=NR$；假设同一理想气体在压力 P_2 和温度 T_2 状态下，气体体积为 V_2，即：$P_2V_2/T_2=NR$；由此得到理想气体在两种不同状态压力、温度和体积关系，即：$P_1V_1/T_1=P_2V_2/T_2$。

(1)在标准状态下和实际工作状态下的理想气体压力、温度和体积关系为：

$$\frac{101.325\times V_{标}}{293.15}=\frac{P\times V_{工}}{273.15+t}$$

$$V_{标}=V_{工}\times\frac{293.15}{273.15+t}\times\frac{P}{101.325}$$

式中 $V_{标}$——标准状态下的理想气体体积量，m^3；

$V_{工}$——工作状态下的理想气体体积量，m^3；

t——工作状态下的气体温度，℃；

P——工作状态下的压力，kPa。

(2)在标准温度与压力条件下，非理想气体的体积是通过压缩因子来修正的，即：

$$V_n = V_{标} \times \frac{1}{Z}$$

式中　V_n——标准状态下的实际气体体积量；

Z——气体的压缩因子系数(是随温度和压力而变化的)，见表9-1。

表9-1　天然气压缩因子速查表

压力/MPa	温度/℃							
	-30	-20	-10	0	10	20	30	40
0	1	1	1	1	1	1	1	1
1.0	0.958	0.960	0.965	0.970	0.975	0.977	0.980	0.982
2.0	0.915	0.930	0.935	0.945	0.952	0.956	0.962	0.966
3.0	0.875	0.895	0.905	0.918	0.926	0.936	0.943	0.949
4.0	0.833	0.860	0.875	0.892	0.905	0.917	0.926	0.934
5.0	0.785	0.822	0.843	0.866	0.883	0.900	0.910	0.919
6.0	0.740	0.782	0.810	0.840	0.862	0.880	0.895	0.907
7.0	0.694	0.743	0.783	0.816	0.840	0.862	0.879	0.896
8.0	0.650	0.708	0.755	0.790	0.818	0.843	0.865	0.885
9.0	0.615	0.680	0.730	0.767	0.800	0.827	0.851	0.876
10.0	0.585	0.653	0.707	0.746	0.783	0.814	0.841	0.867
11.0	0.570	0.635	0.688	0.730	0.770	0.801	0.832	0.861
12.0	0.558	0.620	0.675	0.717	0.758	0.792	0.824	0.856
13.0	0.558	0.613	0.663	0.708	0.748	0.782	0.818	0.850
14.0	0.565	0.610	0.658	0.702	0.739	0.775	0.814	0.846
15.0	0.575	0.613	0.658	0.699	0.735	0.772	0.809	0.842
16.0	0.588	0.622	0.663	0.700	0.733	0.770	0.807	0.841
17.0	0.603	0.630	0.670	0.702	0.735	0.772	0.806	0.842
18.0	0.617	0.645	0.677	0.708	0.740	0.773	0.808	0.842
19.0	0.635	0.658	0.688	0.715	0.747	0.777	0.810	0.844
20.0	0.652	0.675	0.700	0.725	0.752	0.782	0.813	0.845
21.0	0.672	0.690	0.715	0.736	0.762	0.790	0.817	0.846
22.0	0.690	0.705	0.728	0.750	0.772	0.797	0.821	0.849
23.0	0.710	0.723	0.742	0.761	0.782	0.805	0.826	0.852
24.0	0.730	0.740	0.759	0.774	0.795	0.814	0.835	0.858
25.0	0.749	0.758	0.774	0.789	0.807	0.824	0.844	0.865
26.0	0.767	0.775	0.789	0.802	0.820	0.835	0.856	0.874
27.0	0.788	0.792	0.805	0.816	0.835	0.848	0.866	0.885
28.0	0.807	0.810	0.820	0.832	0.847	0.862	0.878	0.893
29.0	0.826	0.827	0.836	0.846	0.860	0.874	0.889	0.902
30.0	0.845	0.845	0.851	0.862	0.874	0.887	0.900	0.912

3. 计算举例

例9－1 一辆新出租车，其CNG钢瓶容积为80L。加满CNG后，钢瓶内CNG温度为27℃，压力为20MPa，在标准状态下理想气体体积为多少 m^3？实际结算体积为多少 Nm^3？

解：(1) $V_{标} = V_{工} \times \frac{293.15}{273.15 + t} \times \frac{P}{101.325} = 0.08 \times \frac{293.15}{273.15 + 27} \times \frac{20000}{101.325} = 15.423$ (m^3)

(2)用内插法计算压缩因子：

$$Z = 0.782 + \frac{0.813 - 0.782}{30 - 20} \times (27 - 20) = 0.8037$$

(3) $V_n = V_{标} \times \frac{1}{Z} = 15.423 \times \frac{1}{0.8037} = 19.19$ (Nm^3)

答：在标准状态下理想气体体积为15.42m^3，实际结算体积为19.19Nm^3。

例9－2 某加气站从城市天然气管道进气，经过涡轮流量计交接，若流量计等测得气体温度为18℃、压力为0.4 MPa，流量计脉冲直接得到的气体体积为40.5m^3，问流量计显示的交接计量数为多少？

解：(1) $V_{标} = V_{工} \times \frac{293.15}{273.15 + t} \times \frac{P}{101.325} = 40.5 \times \frac{293.15}{273.15 + 18} \times \frac{400}{101.325}$

$= 160.980$(m^3)

(2)用内插法计算压缩因子：

①$1 + \frac{0.975 - 1}{1 - 0} \times (0.4 - 0) = 0.9900$

②$1 + \frac{0.977 - 1}{1 - 0} \times (0.4 - 0) = 0.9908$

③$0.9900 + \frac{0.9908 - 0.9900}{20 - 10} \times (18 - 10) = 0.9906$

压缩因子 $Z = 0.9906$

(3)交接计量数为 $V_n = V_{标} \times \frac{1}{Z} = 160.980 \times \frac{1}{0.9906} = 162.51$($Nm^3$)

答：流量计显示的交接计量数为162.51Nm^3。

9.3.1.2 CNG质量交接计量

(1)目前，CNG零售计量交接采用的是体积计价销售，加气柱的计量交接也一样，由加气机或加气柱的质量流量计直接测量得到CNG质量，然后通过输入加气机或加气柱的密度换算成体积进行交接数据显示销售。一般输入加气机或加气柱的密度都是固定密度。

例9－3 某CNG加气站日销量为8652kg，CNG密度为0.6970kg/m^3，问加气站日销量多少 m^3？

解：$V=m/\rho=8652/0.6970=12413.20\ (m^3)$

答：加气站日销量 $12413.20m^3$。

(2)根据《压缩天然气加气机检定规程》(JJG 996—2012)的规定，从 2015 年 7 月 1 日起，CNG 零售计量交接采用质量千克为计价销售，车载管柱型管组储气瓶的计量交接也一样，由加气机或加气柱的质量流量计直接测量得到 CNG 真空中的质量。目前一些地市已经改装完成，按质量千克计价销售。

9.3.1.3 CNG 储罐计量

1. 目前 CNG 储罐储气体积盘存计量

目前，进气或销售都是以 CNG 的标准状态下的体积进行贸易结算的，而储气罐中的 CNG 的温度、压力不可能在标准状态下，特别是有较高的压力，且每天或每月度盘存时，其压力和温度都有可能是不一样的，因此首选应建立 CNG 储罐或车载管柱型管组储气瓶检定体积档案，然后现场摘录每一个储气井(罐)的压力和大气环境温度(目前储气井或罐是没有安装温度计的)，以及车载管柱型管组储气瓶压力和温度，通过换算到标准状态下进行核对和盘存。

加气站的储气设备有地下储气井和地上储气管两种形式，其储气设备上一般未安装温度传感装置。储气设备内气体温度，夏天时地下储气井内的温度低于大气环境温度，冬天时略高于大气环境温度，具体可参照 $50m^3$ 地埋油罐的温度变化。地上储气管内的温度可参照大气环境温度。

例 9－4 某加气站盘存时，1 号、2 号和 3 号储气井容积各为 $2m^3$，压力均为 21 MPa，大气环境温度为 28℃；车载管柱型管组储气瓶容积为 $18m^3$，压力 12 MPa，温度为 27℃，求储气井和车载管柱型管组储气瓶内共有多少 Nm^3 天然气？

解：(1)结合实际情况，储气井温度应低于大气环境温度，故取 26℃(按 $50m^3$ 地埋油罐的温度)

$$V_{标} = V_{工} \times \frac{293.15}{273.15+t} \times \frac{P}{101.325}$$

$$= (2+2+2) \times \frac{293.15}{273.15+26} \times \frac{21000}{101.325} = 1218.582\ (m^3)$$

查压缩因子速查表：

$$Z = 0.790 + \frac{0.817-0.790}{30-20} \times (26-20) = 0.8062$$

$$V_n = V_{标} \times \frac{1}{Z} = 1218.582 \times \frac{1}{0.8062} = 1511.513\ (Nm^3)$$

(2)车载管柱型管组储气瓶：

$$V_{标} = V_{工} \times \frac{293.15}{273.15+t} \times \frac{P}{101.325}$$

$$= 18 \times \frac{293.15}{273.15+27} \times \frac{12000}{101.325} = 2082.038\ (m^3)$$

查压缩因子速查表压缩因子：

$$Z=0.792+\frac{0.824-0.792}{30-20}\times(27-20)=0.8144$$

$$V_n = V_{标} \times \frac{1}{Z} = 2082.038 \times \frac{1}{0.8144} = 2556.530(\mathrm{Nm^3})$$

(3)储气井和储气瓶内天然气 $=1511.513+2556.530=4068.04(\mathrm{Nm^3})$

答：储气井和车载管柱型管组储气瓶内共有4068.04Nm^{3}天然气。

2. 质量计量

2015年7月1日后，根据《压缩天然气加气机检定规程》(JJG 996—2012)的规定，CNG加气机必须以质量作为计量单位进行计价和销售，CNG加气站也必须以质量为计量单位进行每日核对和每月盘存。

例9-5 续例9-4题，若最后一车车载管柱型管组储气瓶内天然气密度为0.6980kg/m^3，求储气井和车载管柱型管组储气瓶内有多少千克天然气？

解：1号、2号和3号储气井密度取最后一车车载管柱型管组储气瓶密度，

储气井和储气瓶内天然气质量 $m=4068.04\times0.6980=2839.49(\mathrm{kg})$

答：储气井和车载管柱型管储气瓶内有2839.49kg天然气。

3. CNG的密度计算

按照国家标准《天然气发热量、密度、相对密度和沃泊指数的计算方法》(GB/T 11062—1998)和天然气质量检验报告，天然气的密度值可按以下步骤计算：

(1)第一步：计算理想气体的密度 $\rho^{\circ}(t,p) = \left(\frac{P}{R\times T}\right)\sum_{j=1}^{N} X_j \times M_j$

式中 $\rho^{\circ}(t,p)$——理想气体的密度；

R——摩尔气体常数，8.314510J/(mol·K)；

T——绝对温度；

X_j——组分 j 的摩尔分数：

M_j——组分 j 的摩尔质量。

(2)第二步：计算真实气体压缩因子 $Z_{\mathrm{mix}}(t,p) = \sum_{j=1}^{N} X_j \times Z_j$

式中 $Z_{\mathrm{mix}}(t,p)$——真实气体的压缩因子，

Z_j——组分 j 的压缩因子。

(3)第三步：计算真实气体的密度：$\rho(t,p) = \frac{\rho^{\circ}(t,p)}{Z_{\mathrm{mix}}(t,p)}$

式中 $\rho^{\circ}(t,p)$——真实气体的密度。

(4)在GB/T 11062—1998中计算CNG密度时用到的计算表见表9-2和表9-3。

表 9-2　天然气各组分的摩尔质量

组　分	摩尔质量/(kg/kmol)
甲烷	16.043
乙烷	30.070
丙烷	44.097
氢气	2.0159
氦气	4.0026
二氧化碳	44.010
氮气	28.0135
空气	28.9626
……	……

表 9-3　天然气各组分在标准状态下的压缩因子

组　分	20℃，101.325kPa	
	Z	$\sqrt{b}$
甲烷	0.9981	0.0436
乙烷	0.9920	0.0894
丙烷	0.9834	0.1288
氢气	1.0006	-0.0051
氦气	1.0005	0.0000
二氧化碳	0.9944	0.0728
氮气	0.9997	0.0173
空气	0.99963	……
……		

例 9-6　表 9-4 是某 CNG 加气站天然气质量报告，请计算该天然气的密度是多少？

表 9-4　某 CNG 加气站天然气组成检验结果

组　分	摩尔分数/%	组　分	摩尔分数/%
氦气	0.01	丙烷	0.00
氢气	0.00	异丁烷	0.00
氧气	0.00	正丁烷	0.00
氮气	0.67	异戊烷	0.00
二氧化碳	0.64	正戊烷	0.00
甲烷	98.64	C_6^+	0.00
乙烷	0.04		

解：(1)理想气体的密度：$\rho^{\circ}(t,p) = (\frac{P}{R \times T})\sum_{j=1}^{N} X_j \times M_j$

$\rho^{o}(t,p) = 101.325 \times 1000/(8.314510 \times 293.15) \times (0.01 \times 4.0026 + 0.67 \times 28.0135 + 0.64 \times 44.010 + 98.64 \times 16.043 + 0.04 \times 30.070)/100$

$= 677.9(g/m^3) = 0.6779(kg/m^3)$

(2)真实气体压缩因子：

$$Z_{mix}(t,p) = \sum_{j=1}^{N} X_j \times Z_j = (0.01 \times 1.0005 + 0.67 \times 0.9997 + 0.64 \times 0.9944 + 98.64 \times 0.9981 + 0.04 \times 0.9920)/100 = 0.99808$$

(3)真实气体的密度：$\rho(t,p) = \dfrac{\rho^{o}(t,p)}{Z_{mix}(t,p)}$

$\rho(t,p) = 0.6779/0.99808 = 0.6792(kg/m^3)$

答：该CNG加气站天然气的密度为0.6792kg/m^3。

9.3.1.4　LNG称量法计量

目前，LNG加气站进货都是用称量法来贸易计量交接的，即用电子汽车衡。一般电子汽车衡安装在卖方单位的场地上或委托第三方。电子汽车衡称量注意事项：

(1)车辆上磅时，时速不得超过5km/h，否则会压坏电子汽车衡，使其称重不准确。

(2)车辆在电子汽车衡上停稳、熄火2min以上，待数显稳定后，方可读数。

(3)称量时，须认真查看称重时的车辆状态，如磅上或车上是否有人，车辆是否安全上磅，重车和空车是否为同一辆车等。

(4)过磅员应反复核对净重和皮重，无误后方可填写过磅单。

(5)电子汽车衡应每年强检一次。

9.3.1.5　LNG储罐计量

LNG是处于极低温度(约-162℃)下储存和输送，零售时通过加气机(核心部件质量流量计)对其流量进行动态计量；而LNG储罐的计量是通过差压式液位计和温度传感器等计量器具测量相关技术参数后，计算出其体积，再使用密度计算重量。

(1)目前LNG储罐的计量方式概要如下：一般是差压式液位计测量出水柱高，即LNG储罐上下各开一个气相口和液相口，然后经差压变送器测出差压传送至SCADA控制系统，通过对LNG密度设定，系统显示储罐液位、储罐压力和储罐重量等。

(2) LNG储罐存量可按以下步骤计算：

第一步：修正容积(m^3)=液容积×容积修正系数；

第二步：修正密度(g/cm^3)=液密度-密度修正系数(1.1kg/m^3)；

第三步：液体库存量(t)=修正容积×修正密度；

第四步：气体容积(m^3)=储罐全容积-液容积；

第五步：气体修正系数=气体容积/(273+气体温度)×(1.033+压力)×相对分子质量×修正密度/(液密度×11.798)；

第六步：气体库存量(t)=气体容积×气体修正系数/1000；

第七步：液化气库存量(t) = 液体库存量 + 气体库存量。

例 9-7 LNG 储罐容积为 $54m^3$，SCADA 控制系统中潜液泵入口温度为 -160℃，液位为 10.0kPa 水柱（1000mm），密度为 $426kg/m^3$。另外，LNG 储罐气相压力为 0.8MPa，气相温度为 -80℃，LNG 天然气由 97% 甲烷、1% 乙烷、0.5% 丙烷、0.5% 丁烷、0.5% 戊烷、二氧化碳 0.5% 组成。问液体库存量为多少吨？气体库存量为多少吨？总的液化气库存量为多少吨？[附：储罐液位换算表（表 9-5）、储罐容积温度系数参照表（表 9-6）和天然气各组分的摩尔质量（表 9-7）]

表 9-5 $54m^3$ 立式低温液体储罐液位换算表

压力/kPa($mm\ H_2O$)	容积/L
…	…
9.5(950)	8976
10.0(1000)	9481
10.5(1050)	10462
…	…

表 9-6 储罐容积温度系数参照表（$V_t = K \times V_{-160}$）

t/℃	K
-160.2	0.99999
-160.0	1.00000
-159.8	1.00001
……	……

表 9-7 天然气各组分的摩尔质量

组 分	摩尔质量/(kg/kmol)
甲 烷	16.043
乙 烷	30.070
丙 烷	44.097
丁 烷	58.123
戊 烷	78.150
二氧化碳	44.010
水	18.0153

解：(1) 由 1000mm 水柱和液位换算表得，$V_{液容积} = 9.481(m^3)$

由 -160℃ 和温度系数参照表得，$K_1 = 1.00000$

$$V_{液} = V_{液容积} \times K_1 = 9.481 \times 1 = 9.481\ (m^3)$$

(2) $\rho_{液} = 0.426g/cm^3, K_2 = 0.0011\ (g/cm^3)$

$$\rho_{修正} = \rho_{液} - K_2 = 0.4249\ (g/cm^3)$$

(3) $M_{液} = V_{液} \times \rho_{修正} = 9.481 \times 0.4249 = 4.028(t)$

(4) $V_{气} = V_{罐} - V_{液} = 54 - 9.481 = 44.519(m^3)$

(5) $M_{相对分子质量} = 16.043 \times 0.97 + 30.07 \times 0.01 + 44.097 \times 0.005 + 58.123 \times 0.005 + 78.150 \times 0.005 + 44.010 \times 0.005 = 16.984$

$P_{压} = 0.8 \times 10^6/(9.8 \times 10000) = 8.163(kg/cm^2)$

体修正系数 $K_3 = V_{气}/(273.15 + T_{气}) \times (1.033 + P_{压}) \times M_{相对分子质量} \times \rho_{修正}/(\rho_{液} \times 11.798) = 44.519/(273.15 - 80) \times (1.033 + 8.163) \times 16.984 \times 0.4249/(0.426 \times 11.798) = 3.043$

(6) $M_{气} = V_{气} \times K_3/1000 = 44.519 \times 3.043/1000 = 0.135(t)$

(7) $M_{总} = M_{液} + M_{气} = 4.028 + 0.135 = 4.163(t)$

答：液体库存量为4.028t，气体库存量为0.135t，总的库存量为4.163t。

9.3.1.6 LNG与CNG换算关系

(1) $1m^3$LNG质量为：430~470kg。

(2) $1m^3$LNG全部汽化后体积为：$625Nm^3$(标准状态)。

(3) 1kgLNG全部汽化后体积为：$1.33 \sim 1.47Nm^3$(标准状态)。

(4) $1m^3$ 天然气(标准状态)质量为：0.68~0.75 kg。

9.3.2 CNG交接计量与管理

9.3.2.1 城市天然气管道CNG进站交接计量与管理

(1)进气交接。CNG常规站和母站是从城市天然气管道进气的，采用流量计动态计量交接方式，以供气方交接流量计测量的体积作为计量交接的依据。CNG交接数量在标准温度20℃(293.15K)和1标准大气压(绝对压力为101.325kPa)下，按"Nm^3"单位进行交接计量。一般城市管道流量计实为智能体积修正仪，其已进行温度补偿和压力修正，故其提供测量体积就是"Nm^3"。

(2)进气核对。为加强核对和管理，CNG常规站和母站每日应定期摘抄气体涡轮流量计数，便于当日核对气损，第一时间发现问题，查找出原因。月底CNG常规站和母站应将每日流量计走字数之和与天然气管道公司核对。目前天然气管网上气体涡轮流量计都是1.5级，其准确度是±1.5%，其检定周期2年。

(3)超耗索赔。目前，国家还未制定天然气定额损耗率，一般以CNG常规站和母站与天然气管道公司签订供气合同条款中会明确定耗率。但由于CNG常规站和母站交接数量都是以同一台进气涡轮流量计为准，所以没办法进站计量验收、核对，也没办法计算超耗进行索赔。因此只能通过加气站盘存来核对进气流量计是否准确。

(4)损耗处理。进气损耗不单独处理，商品库存账(或ERP)是按进货单入账，按每日销售量记销售账，与零售损耗一并处理。

9.3.2.2　加气柱计量交接管理

CNG 母站加气柱在给车载管柱型管组储气瓶加气后，母站给子站供货单上有 CNG“标准立方”和“质量”数。目前，加气站都是按体积结算的，即以“Nm^3”定价、结算和库存管理的。2015 年 7 月 1 日以后加气站必须以质量结算，届时以“千克”定价、结算和库存管理较妥。

9.3.2.3　卸气柱交接计量与管理

(1)目前交接。CNG 子站进气时，以 CNG 母站实发体积作为计量交接的依据，通过卸气柱或加气机来验收计量。若通过卸气柱卸气，则以卸气柱走字数作为车载管柱型管组储气瓶卸气量。若无卸气柱，则以加气机的加出累计数作为车载管柱型管组储气瓶卸气量，以后规范的计量应再按前面的计算方法计算车载管柱型管组储气瓶的存余气量，然后减去。为分清环节损耗，加气站应建立每一车(批)次进货损耗台账，分清记录一车(批)次损耗，便于分清各环节损耗，便于查找原因。

(2)从 2015 年 7 月 1 日起，以 CNG 母站实发质量(kg)作为计量交接的依据，也是通过卸气柱或加气机来验收入站质量数。若通过卸气柱卸气，则以卸气柱走字数作为车载管柱型管组储气瓶卸气量。若无卸气柱，则以加气机的加出累计数作为车载管柱型管组储气瓶卸气量。

9.3.2.4　CNG 加气机零售计量与管理

(1)目前，CNG 加气机零售是以标准状态下的体积(Nm^3)来计量的，通过加气机的质量流量计和设置固定密度转换成体积($V = M/\rho$)，以及考虑温度、压力补偿来实现计量的。

①CNG 加气机计量准确与否，与加气机内设置的固定密度大小有直接关系。若发现大损大溢情况，要及时核对天然气的密度参数大小。公司管理部门、加气站长必须清楚技术监督部门在检定时设置加气机固定密度的数值。如天然气实际密度与加气机内设置的固定密度值差异大，必须立即向技术监督部门申请重新设置天然气密度值。当然，随着 CNG 加气机使用时间延长和外部环境等因素影响，CNG 加气机也会发生机械磨损，从而影响 CNG 加气机计量准确度和重复性误差，故要加强每日核对和每月盘存，发现损溢异常，及时申请检定。

②CNG 加气机必须严格执行《压缩天然气加气机检定规程》(JJG 996—2012)每半年检定一次，检定合格的加气机必须在“质量流量计处、电脑主板处、波码处”施加铅封。若出现铅封脱落的情况，必须立即停止使用，查明原因并请技术监督部门重新施封。同时黏贴技术监督部门颁发的“计量合格”标志。

(2)从 2015 年 7 月 1 日起，CNG 加气机零售计量以质量为单位计量，通过质量流量计将信号直接传输给 CNG 加气机电脑主板，计量会更准确。当然，CNG 加气机必须严格执行《压缩天然气加气机检定规程》(JJG 996—2012)每半年检定一次，检定合格的加气机必须在“质量流量计、电子计控器、流量系数调整键盘接口处”施加铅封。若出现铅封脱落的情况，必须立即停止使用，查明原因并请技术监督部门重新施封。同时粘贴技术监督部门颁发的“计量合格”标志。

9.3.3 LNG 交接计量与管理

9.3.3.1 LNG 进货计量

LNG 加气站进出量以质量计量，计量单位为千克或吨，LNG 的密度约为 0.43 ~ 0.47 g/cm^3。通过质量流量计动态或电子汽车衡静态计量，其质量流量计准确度等级不应低于 1 级，电子汽车衡准确度等级不应低于Ⅲ级。以加工厂实发重量或加气站实收重量作为计量交接的依据。

9.3.3.2 LNG 零售计量

LNG 加气站零售以 LNG 加气机计量交接为准，其计量单位为千克。LNG 加气机计量管理须接受地方技术监督部门管理。国家还没有出台 LNG 加气机检定规程，但多地已经出台 LNG 加气机检定规程，每半年检定一次。检定合格 LNG 加气机，其“质量流量计、电子计控器、流量系数调整键盘接口处”等部位必须有完好的机械封印或电子封印，黏贴技术监督部门颁发的“计量合格”标志。当然，随着 LNG 加气机使用时间延长和外部环境等因素影响，LNG 加气机也会发生机械磨损，从而影响 LNG 加气机计量准确度和重复性误差，故要加强每日核对和每月盘存，发现损溢异常，及时申请检定。

9.3.3.3 LNG 交接管理

LNG 加气站进液槽车主要通过电子汽车衡称重或质量流量计计量验收。若载液 20t 的 LNG 槽车，卸液后损耗量超 200kg，必须第一时间与承运方核对，组织力量查明原因，并报公司相关部门。为使槽车卸净，第一可通过排气等方式，来保证槽车压力大于储罐压力；第二通过调节槽车进液阀控制流量；第三是卸液后半段不能停止等措施，来卸尽槽车底液。

9.3.4 加气站盘存计量与管理

9.3.4.1 盘存时间

做到日清月结，即结合交接班每日计量一次，掌握损溢动态，发现有异常情况，第一时间查找损溢原因。每月盘存一次，公司没有特别通知盘存日期，都为月末最后一天。

9.3.4.2 盘存计量内容

(1)CNG。摘抄 CNG 站储气井(罐)容积、压力值，车载管柱型管组储气瓶容积、压力值和温度值，气体涡轮流量计总走字数，以及摘抄加气机走字数。然后通过公式计算储气井(罐)、车载管柱型管组储气瓶储存天然气的体积或质量数。

①每日计量时，如果没有计算机盘存计算软件的加气站，由于计算过于复杂，储存容器内天然气的量可不作温度、压力修正，也不把理想状态转化为实际状态。为了准确计量，建议各单位尽快开发计算机盘存计算软件。

例9－8　6月10日8点某站每日计量参数为：1号、2号和3号储气井压力分别为20.36 MPa、15.32 MPa、10.50MPa，管柱型管组储气瓶压力为10.75 MPa，问：在非标准状态下盘存时的储气井和管柱型管组储气瓶总库存为多少 m^3？（1号、2号和3号储气井容积均为 $2m^3$，管柱型管组储气瓶容积为 $15m^3$）

解：非标准状态下的盘存，储气井（罐）、储气瓶存量近似计算式：

V = 储气容器容积（$V_{检}$）× 压力（P）× 换算系数，换算系数一般设定为10。

具体计算过程如下：

高压存量：2×20.36×10＝407.20（m^3）

中压存量：2×15.32×10＝306.40（m^3）

低压存量：2×10.50×10＝210.00（m^3）

库存一：高压存量＋中压存量＋低压存量＝407.20＋306.40＋210.00＝923.60（m^3）

库存二：15×10.75×10＝1612.50（m^3）

总库存＝库存一＋库存二＝923.60＋1612.50＝2536.10（m^3）

填写盘存表，见表9－8。

表9－8　非标准状态下的储气容器盘存表

<table>
<tr><td colspan="6">库存一</td><td colspan="5">库存二</td></tr>
<tr><td rowspan="5">储气井</td><td>井号</td><td>容积/m³</td><td>压力/MPa</td><td>温度/℃</td><td>存量/m³</td><td rowspan="4">管柱型管组</td><td>容积/m³</td><td>压力/MPa</td><td>温度/℃</td><td>存量/m³</td></tr>
<tr><td>1号（高压）</td><td>2</td><td>20.36</td><td>—</td><td>407.20</td><td rowspan="3">15</td><td rowspan="3">10.75</td><td rowspan="3">—</td><td rowspan="3">1612.50</td></tr>
<tr><td>2号（中压）</td><td>2</td><td>15.32</td><td>—</td><td>306.40</td></tr>
<tr><td>3号（低压）</td><td>2</td><td>10.50</td><td>—</td><td>210.00</td></tr>
<tr><td colspan="3">小计</td><td colspan="2">923.60</td><td colspan="5"></td></tr>
<tr><td>合计</td><td colspan="7">（库存一＋库存二）/m³</td><td colspan="3">2536.10</td></tr>
</table>

答：储气井和管柱型管组储气瓶总库存为 $2536.10m^3$。

②月底盘存时，为准确计算出加气站库存，储存容器内天然气的量必须进行温度、压力修正，并要把理想状态转化为实际状态。

例9－9　6月31日24点某站盘存参数为：1号、2号和3号储气井压力分别为20.14 MPa、17.15 MPa、10.08MPa，管柱型管组储气瓶压力为11.00 MPa，其储气井和管柱型管组储气瓶总库存为多少 m^3？（1号、2号和3号储气井容积均为 $2m^3$，管柱型管组储气瓶容积为 $15m^3$）

解：具体计算过程如下：

$$V_{标} = V_{工} \times \frac{293.15}{273.15 + t} \times \frac{P}{101.325}$$

$$V_{标高} = 2 \times \frac{293.15}{273.15 + 20} \times \frac{20.14 \times 1000}{101.325} = 397.533\ (m^3)$$

查表 $Z = 0.782 + \frac{0.790 - 0.782}{21 - 20} \times (20.14 - 20) = 0.7831$

$$V_{高} = \frac{397.533}{0.7831} = 507.64\ (m^3)$$

同理可得，$V_{中} = 438.38\ (m^3)$，$V_{低} = 244.73\ (m^3)$

库存一：高压存量 + 中压存量 + 低压存量 $= 507.64 + 438.38 + 244.73 = 1190.75$ (m^3)

库存二：$V_{标管} = 15 \times \frac{293.15}{273.15 + 25} \times \frac{11.00 \times 1000}{101.325} = 1601.115(m^3)$ 查表得 $Z = 0.8165$，

$$V_{管} = \frac{1601.115}{0.8165} = 1960.95\ (m^3)$$

总库存 = 库存一 + 库存二 $= 1190.75 + 1960.95 = 3151.70(m^3)$

填写盘存表，见表 9－9。

表 9－9　标准状态下的储气容器盘存表

<table>
<tr><td colspan="6">库存一</td><td colspan="5">库存二</td></tr>
<tr><td rowspan="4">储气井</td><td>井号</td><td>容积/m³</td><td>压力/MPa</td><td>温度/℃</td><td>存量/m³</td><td rowspan="4">管柱型管组</td><td rowspan="2">容积/m³</td><td rowspan="2">压力/MPa</td><td rowspan="2">温度/℃</td><td rowspan="2">存量/m³</td></tr>
<tr><td>1号(高压)</td><td>2</td><td>20. 14</td><td>20</td><td>507.64</td></tr>
<tr><td>2号(中压)</td><td>2</td><td>17.15</td><td>20</td><td>438.38</td><td rowspan="2">15</td><td rowspan="2">11.00</td><td rowspan="2">25.0</td><td rowspan="2">1960.95</td></tr>
<tr><td>3号(低压)</td><td>2</td><td>10.08</td><td>20</td><td>244. 73</td></tr>
<tr><td></td><td colspan="3">小计</td><td colspan="2">1190.75</td><td colspan="5"></td></tr>
<tr><td>合计</td><td colspan="7">(库存一＋库存二)/m³</td><td colspan="3">3151. 70</td></tr>
</table>

答：储气井和管柱型管组储气瓶总库存为 3151.70m³。

③将储气井(罐)和管柱型管组储气瓶体积库存量换算成质量数，那就是在体积库存量总数上乘天然气密度，一般取天然气最后一批次进气密度。

例 9－10　续例 9－9 题，若最后一车车载管柱型管组储气瓶内天然气密度为 0.6792kg/m³，求其储气井和管柱型管组储气瓶总库存为多少 kg?

解：1 号、2 号和 3 号储气井密度取最后一车车载管柱型管组储气瓶密度 0.6792kg/m³，储气井和管柱型管组储气瓶总库存量 $= 3151.70 \times 0.6792 = 2140.63(kg)$

答：储气井和管柱型管组储气瓶总库存为 2140.63kg。

④若进行“质量”库存管理，则“进、销、存”三个环节都采用质量计量单位，就要将母站、常规站进气体积数换算成质量数。

(a)2015 年 7 月 1 日后，CNG 加气子站的加气机以质量为计量单位进行零售，车载管柱型管组储气瓶也将以质量为计量单位进气，其每日和每月计量盘存必将采用质量为计量单位进行库存管理。

(b)而2015年7月1日后，母站、常规站将仍然会以体积为计量单位进气。但母站给车载管柱型管组储气瓶加注气体或零售都将是以质量为计量单位售气，常规站给车辆加气也将以质量为计量单位进行售气。为了满足母站、常规站盘存管理需要，母站、常规站进气体积数需换算成质量数。为准确计算，减少误差，最佳就是检验每一批次天然气(或根据供应变化抽检天然气)，根据检验报告计算天然气密度，然后计算进气质量数。

例9－10　某CNG常规站6月1日至15日进气涡轮流量计显示走字数为165050m^3，根据上半月提供的气质报告，计算得到天然气的密度为0.6789 kg/m^3。6月16日至30日进气涡轮流量计显示走字数为170090m^3，根据下半月提供的气质报告，计算得到天然气的密度为0.6790kg/m^3，问6月该站进气量为多少kg?

解：根据 $M = \rho \times V$

$M = 165050 \times 0.6789 + 170090 \times 0.6790 = 227543.555(\text{kg}) \approx 227543.56(\text{kg})$

答：6月该站进气量为227543.56kg。

(2)LNG。在SCADA控制系统中摘抄LNG储液罐液位、压力和重量(读取液位计数据时要确保储罐液体未处于翻腾状态)，以及加气机总走字数等。

①LNG加气站进液主要采用电子汽车衡称重计量验收，零售通过LNG加气机进行计量销售，应该说进、销环节计量都是有保障的。

②由于LNG储液罐特殊性，目前主要是采用差压式液位计进行计量。考虑到内部盘存和实际操作性，在库存管理中一般不考虑LNG储液罐气化质量，一个60m^3LNG储液罐最大会造成200kg计量误差。不考虑汽化质量对LNG储液罐计量有影响，但在每日计量核对中影响不大。一般日销量在5～10t的LNG加气站，每日库存减少量与LNG加气机销量比对都在50kg以内，基本能满足LNG加气站每日计量需要。

③目前国家标准、行业标准和企业制度中，都没有对LNG加气站库存管理提出更明确要求，为了便于和简化LNG储液罐库存管理，在每日计量与月末盘点时，可直接从LNG加气站SCADA控制系统中摘取LNG储液罐储液量作为库存量，该系统得到的密度是预先设置的，目前我们还没有办法测量LNG的实际密度。

9.3.4.3　盘存核对内容

来气凭证与收气记录台账的核对，加气总量与加气机走字数核对，商品库存账(或ERP)的库存量与计量实际库存核对，以及单到货未到和货到单未到核对。

9.3.4.4　盘存报表填写

盘存报表各栏数据必须有原始依据、真实可靠。月末数据，如加气机止泵数、储气井(罐)和管柱型管组储气瓶压力、温度或者LNG储液罐库存量，就直接从盘点的原始计量台账上摘录，必要时与月末最后一班交接班加气机止泵数进行核对。上期账存、本期报损、本期购进、本期销量和本期账存就应取自商品库存账(或零管系统或ERP系统)。本期报损是指上月盘存损耗，一般在本月初作报损处理。当月盘存表与上下月盘存表数据必须保持关联。

①目前 CNG 加气站都还是以体积为计量单位进行计量交接和库存管理。

例 9－11 某 CNG 加气子站月末盘点数：上月末账存 4230.52m^3，上月末管柱型管组储气瓶在标准状态下库存量 2567.95m^3。本期报损 －608.34m^3，本月管柱型管组储气瓶原发量为 333736.50m^3，卸气柱和加气枪走字数见表 9－10 某加气站 2014 年 5 月盘存报表。本月末管柱型管组储气瓶和储气井在标准状态下库存量分别为 168.00m^3 和 1837.84m^3，问本月进气损耗量和损耗率是多少？零售损耗量和损耗率是多少？［备注：损耗(＋)、溢余(－)］

表 9－10　某加气站 2014 年 5 月盘存报表

时间：5 月 1 日 ~5 月 31 日　　　　单位：m^3

品名	账面数量					本期实际库存	损耗	损耗率/%
	上期账存	本期报损	本期购进	本期销量	本期账存			
CNG	4230.52	－608.34	333736.50	337633.79	941.57	2005.84	－1064.27	－0.32

进气损耗统计

管柱型管组储气瓶				卸气柱			损耗	
本期购进	月初存量	月末存量	进气总量	月初起码	月末止码	走字数	损耗量	损耗率/%
333736.5	2567.95	168.00	336136.45	2774583.74	3111412.15	336828.41	－691.96	－0.21

销　　售

枪号	月初起码	月末止码	走字数	枪号	月初起码	月末止码	走字数
1	2221349.51	2301003.35	79653.84	2	2556438.59	2650500.88	94062.29
3	2423255.62	2512274.27	89018.65	4	2392294.99	2467194.00	74899.01

本月校泵量	0	本月销售量	337633.79	本月销售金额/元	1752210.65

损耗原因分析：

主管部门：　　　　数质量部门：　　　　财务部门：

分管经理(或经理)审批意见：

区域经理：　　站长：　　记账员：　计量员：　　制单日期：

解：(1)本月总的进气量＝333736.5＋2567.95－168.00＝336136.45(m^3)

卸气柱计量验收量＝3111412.15－2774583.74＝336828.41(m^3)

本月进气损耗量＝336136.45－336828.41＝－691.96(m^3)

本月进气损耗率＝－691.96/333736.5×100%＝－0.21%

(2)本月销量 V＝本月加气枪走字数之和＝79653.84＋94062.29＋89018.65＋74899.01＝337633.79(m^3)

盘点库存＝储气井库存量＋管柱型管组储气瓶库存量＝1837.84＋168.00＝2005.84(m^3)

损耗量 ΔV＝上期账存＋本期进货－本期报损－本期销售－实际盘点库存＝4230.52

$+333736.50-(-608.34)-337633.79-2005.84=-1064.27(m^3)$

损耗率 $=\Delta V/V_{销}\times100\%=-1064.27/337633.79\times100\%=-0.32\%$

答：本月进气损耗量和损耗率分别是 $-691.96m^3$ 和 -0.21%，零售损耗量和损耗率分别是 $-1064.27m^3$ 和 -0.32%。

②2015 年 7 月 1 日后，CNG 加气站都将以质量为计量单位进行零售和库存管理。

例 9－12　某 CNG 加气子站月末盘点数：上月末账存 2418.70kg，上月末管柱型管组储气瓶在标准状态下库存量 975.36kg。本期报损 15.82kg，本月管柱型管组储气瓶原发量为 196560.50kg，卸气柱、加气枪走字数见表 9－11 某加气站 2014 年 5 月盘存报表。本月末管柱型管组储气瓶和储气井库存量分别为 910.65kg 和 829.78kg，问本月进气损耗量和损耗率是多少？零售损耗量和损耗率是多少？

表 9－11　某加气站 2014 年 5 月盘存报表

时间：5 月 1 日至 5 月 31 日　　　　　　　　　　　　　　　　　　　　单位：kg

品名	账面数量					本期实际库存	损耗	损耗率/%
	上期账存	本期报损	本期购进	本期销量	本期账存			
CNG	2418.70	15.82	196560.50	197197.65	1765.73	1740.43	25.30	0.01

进气损耗统计

管柱型管组储气瓶				卸气柱			损耗	
本期购进	月初存量	月末存量	进气总量	月初起码	月末止码	走字数	损耗量	损耗率/%
196560.50	975.36	910.65	196625.21	1795226.31	1991838.64	196612.33	12.88	0.01

销　售

枪号	月初起码	月末止码	走字数	枪号	月初起码	月末止码	走字数
1	1510185.35	1569834.20	59648.85	2	1942533.98	1996547.33	54013.35
3	1717613.46	1766652.36	49038.90	4	1978869.30	2013365.85	34496.55

本月校泵量	0	本月销售量	197197.65	本月销售金额/元	1459262.60
损耗原因分析：					
主管部门：		数质量部门：		财务部门：	
分管经理（或经理）审批意见：					

区域经理：　站长：　记账员：　计量员：　制单日期：

解：(1) 本月总的进气量 $=196560.50+975.36-910.65=196625.21(kg)$

卸气柱计量验收量 $=1991838.64-1795226.31=196612.33(kg)$

本月进气损耗量 $=196625.21-196612.33=12.88(kg)$

本月进气损耗率 $=12.88/196560.50\times100\%=0.01\%$

(2) 本月销量 m = 本月加气枪走字数之和 $=59648.85+54013.35+49038.90+34496.55=197197.65(kg)$

盘点库存 = 储气井库存量 + 管柱型管组储气瓶库存量 $=910.65+829.78=1740.43(kg)$

损耗量 Δm = 上期账存 + 本期进货 - 本期报损 - 本期销售 - 实际盘点库存 = 2418.70 + 196560.50 - 15.82 - 197197.65 - 1740.43 = 25.30(kg)

损耗率 = $\Delta m/m_{销} \times 100\%$ = 25.30/197197.65 × 100% = 0.01%

答：本月进气损耗量和损耗率分别是12.88kg和0.01%，零售损耗量和损耗率分别是25.30kg和0.01%。

9.3.4.5 损耗审批与财务处理

1. 审批程序

计量员、记账员核对盘存表后，交站长复核；如有异常必须第一时间报公司，查找原因；通过财务报账(或ERP)系统上报，由区域经理审批后，上提给公司主管部门、数质量部门、财务部门负责人及分管经理审批。若超过公司规定的损耗率还必须报公司经理审批。

2. 财务处理

损耗单经各级审批完后，次月由记账员在商品库存账(或ERP系统)内核销掉损耗量，并由记账员妥善装单保管。

3. 损耗处理基本原则

损耗处理必须实事求是、有依据、有凭证、有审批、不得弄虚作假，财务处理应按月处理、均匀分摊、损溢相抵、符合政策、符合法规、使本企业财务损耗达到平衡。

9.3.5 计量器具管理

加气站计量器具管理非同一般，有些计量器具不仅涉及计量管理需要，而且涉及到安全管理的需要，因此要特别加强对计量器具的管理。

9.3.5.1 计量器具检定周期及安全管理要求

根据中华人民共和国《计量法》、《安全生产法》等法规，凡涉及计量贸易交接、安全防护等要求的计量器具，必须接受国家强制检定。现就加气站强制检定计量器具周期见表9-12。

表9-12 加气站强制检定计量器具周期表

序号	计量器具名称	检定周期	检定规程名称
1	涡轮流量计	2年	JJG 1037—2008
2	科里奥利质量流量计	2年	JJG 1038—2008
3	CNG加气机	6个月	JJG 996—2012
4	加气柱	6个月	JJG 996—2012
5	卸气柱	6个月	JJG 996—2012
6	LNG加气机	6个月	GB/T 19238—2003

续表

序号	计量器具名称	检定周期	检定规程名称
7	LPG 加气机	6 个月	JJG 997—2005
8	电子汽车衡	1 年	JJG 539—1997
9	压力表	6 个月	JJG 52—1999
10	CNG 储气井(罐)	首检 3 年，复检 6 年(安全检查)	SY/T6535—2002
11	LNG 储罐	首检 3 年(之后视安全评级)(安全检查)	TSG_ R0004—2009

9.3.5.2　计量器具管理台账

加气站计量器具管理主要有加气机、卸气柱、加气柱、进(回)气流量计、进液质量流量计、电子汽车衡、储气井(罐)、压力表等。另外，热电阻温度计、差压式液位计等要建立档案资料，便于维护管理，见表 9－13～表 9－22。

表 9－13　加气机台账

型号/规格				出厂编号				制造厂家		
最大工作压力				计量准确度				测量范围		
枪　号				适用介质				使用时间		
检定日期	有效日期	检定证书编号	检定单位	铅封日期	铅封位置	铅封号码	施封人员	拆封时间	拆封原因	拆封人员

表 9－14　加气柱台账

型号/规格				出厂编号				制造厂家		
最大工作压力				计量准确度				测量范围		
台　位				适用介质				使用时间		
检定日期	有效日期	检定证书编号	检定单位	铅封日期	铅封位置	铅封号码	施封人员	拆封时间	拆封原因	拆封人员

表 9-15 卸气柱台账

<table>
<tr><td colspan="2">型号/规格</td><td colspan="2"></td><td colspan="2">出厂编号</td><td colspan="2"></td><td>制造厂家</td><td colspan="2"></td></tr>
<tr><td colspan="2">最大工作压力</td><td colspan="2"></td><td colspan="2">计量准确度</td><td colspan="2"></td><td>测量范围</td><td colspan="2"></td></tr>
<tr><td colspan="2">台　位</td><td colspan="2"></td><td colspan="2">适用介质</td><td colspan="2"></td><td>使用时间</td><td colspan="2"></td></tr>
<tr><td>检定日期</td><td>有效日期</td><td>检定证书编号</td><td>检定单位</td><td>铅封日期</td><td>铅封位置</td><td>铅封号码</td><td>施封人员</td><td>拆封时间</td><td>拆封原因</td><td>拆封人员</td></tr>
<tr><td></td><td></td><td></td><td></td><td></td><td></td><td></td><td></td><td></td><td></td><td></td></tr>
<tr><td></td><td></td><td></td><td></td><td></td><td></td><td></td><td></td><td></td><td></td><td></td></tr>
<tr><td></td><td></td><td></td><td></td><td></td><td></td><td></td><td></td><td></td><td></td><td></td></tr>
</table>

表 9-16 进(回)气流量计台账

<table>
<tr><td colspan="2">型号/规格</td><td colspan="2"></td><td colspan="2">出厂编号</td><td colspan="2"></td><td>制造厂家</td><td colspan="2"></td></tr>
<tr><td colspan="2">流量计口径</td><td colspan="2"></td><td colspan="2">计量准确度</td><td colspan="2"></td><td>使用时间</td><td colspan="2"></td></tr>
<tr><td>检定日期</td><td>有效日期</td><td>检定证书编号</td><td>检定单位</td><td>铅封日期</td><td>铅封位置</td><td>铅封号码</td><td>施封人员</td><td>拆封时间</td><td>拆封原因</td><td>拆封人员</td></tr>
<tr><td></td><td></td><td></td><td></td><td></td><td></td><td></td><td></td><td></td><td></td><td></td></tr>
<tr><td></td><td></td><td></td><td></td><td></td><td></td><td></td><td></td><td></td><td></td><td></td></tr>
<tr><td></td><td></td><td></td><td></td><td></td><td></td><td></td><td></td><td></td><td></td><td></td></tr>
</table>

表 9-17 电子汽车衡台账

<table>
<tr><td>电子汽车衡型号/规格</td><td></td><td>制造厂家</td><td></td><td>分度数 n</td><td></td></tr>
<tr><td>最大称量/t</td><td></td><td>台面尺寸/m^2</td><td></td><td>最小分度值/kg</td><td></td></tr>
<tr><td>检定日期</td><td>有效日期</td><td>检定证书编号</td><td>检定单位</td><td colspan="2">备　注</td></tr>
<tr><td></td><td></td><td></td><td></td><td colspan="2"></td></tr>
<tr><td></td><td></td><td></td><td></td><td colspan="2"></td></tr>
<tr><td></td><td></td><td></td><td></td><td colspan="2"></td></tr>
</table>

表 9-18 LNG 加气站进液质量流量计台账

型号/规格		制造厂家		公称通径	
计量准确度		测量范围		公称压力	
检定日期	有效日期	检定证书编号	检定单位	铅封号码	施封人员

表 9-19　储气容器台账

井(罐)号	检定容积/m^3		备　注

表 9-20　压力表台账

型号/规格		出厂编号		制造厂家	
公称直径		准确度等级		测量范围	
接头螺纹			耐震等级		
检定日期	有效日期	检定证书编号	检定单位	备　注	

表 9-21　热电阻温度计台账

型号/规格		制造厂家		计量准确度	
测量范围		使用时间		使用状态	
维保检查时间		维保检查时间		维保检查时间	
维保检查时间		维保检查时间		维保检查时间	

表 9-22　差压式液位计台账

型号/规格		制造厂家		计量准确度	
测量范围		使用时间		使用状态	
维保检查时间		维保检查时间		维保检查时间	
维保检查时间		维保检查时间		维保检查时间	

9.3.5.3　日常检查与控制

1. CNG 加气机日常检查

(1)每天用检漏仪器检查压缩天然气管路及加气机管路系统，如有泄漏，应立即请专业人员维修。

(2)每 3 天对加气机的过滤器排污 1 次，每 3 个月更换滤芯。

2. CNG 加气机常见故障及排除方法

CNG 加气机常见故障及排除方法见表 9-23。

表 9-23 CNG 加气机常见故障及排除表

故障现象	产生原因	排除方法
显示屏显示“EU”	掉电或电压过低	检查输入 220V 电源
按复显键无显示	电脑蓄电池电压过低	检查并更换蓄电池
加气不计数	(1)质量流量计信号不正常 (2)信号线接头松动 (3)流量计故障	(1)检修并调整质量流量计 (2)重新插接信号线 (3)检修流量计或更换
无法读取累计	累计存储器损坏	更换累计存储器
按键无效	(1)键盘上集成电路故障 (2)CPU 故障	(1)更换键盘上集成块 (2)更换主板上 CPU
充气速度明显缓慢	(1)加气站储气装置压力不足 (2)过滤器被堵塞	(1)检查储气装置压力 (2)过滤器排污或更换滤芯
枪头漏气	(1)枪头密封圈磨损 (2)枪内填料或者圆球有损伤不密封	(1)更换枪头密封圈 (2)拆枪更换填料或圆球
电磁阀直通	(1)电磁阀被冰堵 (2)主阀芯密封不严 (3)副阀芯损坏 (4)电源板固态继电器损坏	(1)检查加气站脱水，清洗 (2)更换主阀芯 (3)更换副阀芯 (4)更换固态继电器
加气枪枪头紧，捏起来吃力	(1)枪内有脏东西，卡住 (2)枪内弹簧垫过多顶死	(1)拆枪头，对枪内进行清洁 (2)取出 1 个弹簧垫或不要把接口处拧的太紧

3. LNG 加气机日常检查

(1)定期(建议每周)使用检漏仪器检查液化天然气管路及加气机管路系统，如有泄漏，应立即请专业人员维修。

(2)用户对加气机的低温软管、加液枪应注意保护、定期检查，如有损坏，应及时请专业人员维修或更换。

9.3.5.4 LNG 加气机常见故障及排除方法

LNG 加气机常见故障及排除方法见表 9－24。

表 9-24 LNG 加气机常见故障及排除表

故障现象	产生原因	排除方法
显示屏显示“EU”	掉电或电压过低	检查输入 220V 电源
按复显键无显示	电脑蓄电池电压过低	检查并更换蓄电池
加液不计数	(1)质量流量计信号不正常 (2)信号线接头松动	(1)检修并调整质量流量计 (2)重新插接信号线
无法读取累计	累计存储器损坏	更换累计存储器
按键无效	(1)键盘上集成电路故障 (2)CPU 故障	(1)更换键盘上集成块 (2)更换主板上 CPU

9.3.6 计量制度台账与档案管理

9.3.6.1 计量制度

加气站应制定计量器具管理规定、进气计量管理规定、加气计量管理规定、每日核对、月度盘存和损耗处理规定、计量台账及档案管理规定等计量工作制度，要按相关规定制定一个综合的加气站计量工作制度，即《加气站计量工作手册》。

9.3.6.2 台账凭证与报表

1. CNG。

(1)CNG 进气交接记录台账(CNG 车载管柱型管组储气瓶接卸记录台账，城市天然气管道下载 CNG 记录台账)(附发气凭证)。

(2)CNG 交接班核对表。

(3)CNG 进销存商品保管账(或零售管理系统或 ERP 系统)。

(4)CNG 每日库存原始记录本。

(5)CNG 月度盘存报表及损耗处理凭证。

(6)计量器具管理台账等。

2. LNG。

(1)LNG 槽车接卸记录台账(附发气凭证)。

(2)LNG 交接班核对表。

(3)LNG 进销存商品保管账(或零售管理系统或 ERP 系统)。

(4)LNG 每日库存原始记录本。

(5)LNG 月度盘存报表及损耗处理凭证。

(6)计量器具管理台账等。

9.3.6.3 装订与档案管理

计量账务档案管理应有制度规定，做到规范化和标准化。

1. 装订要求

装订应按财务要求进行线装订，不得用钉书机进行装订。装订封面与财务一样用财务现成的牛皮纸。装订要按制度规定分类装订、依序装订。

2. 存放要求

台账和凭证按月装订后，要存放在指定的计量专用柜子内，年底及时整理归档，移交加气站档案室保管。

3. 存档规定

计量凭证、商品保管账等至少再存续 5 年，若财务另有规定的执行财务规定；计量验收台账、原始测量、计量器具台账等至少保存 3 年。

9.4 损耗计算与管理

9.4.1 CNG加气站损耗计算

9.4.1.1 进货损耗

(1)CNG母站、常规站。主要通过气体涡轮流量计，经智能体积修正仪进行温度、压力补偿，显示标准状态下的体积。

进货损耗量 = 进气量 - 收气量

损耗率 = 损耗量/进气量 ×100%

一般供需双方都使用同一气体涡轮流量计(进气量和收气量相同)，目前实际上无法计算常规子站、母站进气损耗。

(2)CNG子站。主要通过卸气柱或加气机来计量验收。卸气柱卸气以卸气柱走字数作为车载管束组瓶卸气数。若无卸气柱，则以加气机的加出累计数作为车载管柱型管组储气瓶卸气数。

进货损耗量 = 原发量 - 卸气量

损耗率 = 损耗量/原发量 ×100%

其损耗量应不超过2%。若超过2%时，应及时查明原因或向供气方索赔。

(3)实行“质量”管理后，储气井(罐)体积库存量换算成质量，天然气密度就取当前发货单上的密度。

例9-13 某CNG子站进一车压缩天然气，其管柱型管组储气瓶原发量为2432kg，卸气柱走字数为2426kg。问，该车进气损耗量是多少？损耗率是多少？

解：(1)损耗量 = 2432 - 2426 = 6(kg)

(2)损耗率 = 6/2432 ×100% = 0.25%

答：该车进气损耗量是6kg，损耗率0.25%。

9.4.1.2 零售损耗

(1)目前，CNG母站、常规站和子站进、存、销都是按体积来计量的，其零售损耗计算：

损耗量 ΔV = 上期账存 + 本期进货 - 本期报损 - 本期销售 - 实际计量盘点库存

损耗率 = $\Delta V/V_{销}$ ×100%。

(2)2015年7月1日后，除CNG常规站外，其他CNG子站进、存、销将按质量计量，其零售损耗计算：

损耗量 Δm = 上期账存 + 本期进货 - 本期报损 - 本期销售 - 实际计量盘点库存

损耗率 = $\Delta m/m_{销}$ ×100%。

(3)2015年7月1日后，CNG母站、常规站进气量是按体积计量的，而销售量是按质量计量的，那么要把进气量和库存量折算成质量，即进气量 $m_{进}=V_{进}\times\rho$，库存量 $m_{库}=V_{库}\times\rho$。为了较准确计量，要求供气方随时准确提供当月供气密度变化情况，同时我们也要根据供气方提供的“检验报告”计算核对密度。其零售损耗计算：

$$损耗量\ \Delta m=上期账存+本期进货-本期报损-本期销售-实际计量盘点库存$$

$$损耗率=\Delta m/m_{销}\times100\%$$

例9－14　某 CNG 常规站月末盘点数：上月末账存 1104.60kg，本月报损 -150.00kg，本月进气流量计结算量为 333736.50m^3，本月进气加权平均密度为 0.6970kg/m^3，本月销量为233330.75kg。最后一批次结算的天然气密度为0.6972kg/m^3，月末储气罐库存量为 1837.84m^3（已转换为标准状态下），问本月损耗量和损耗率是多少？

解：(1) $m_{月末}=1104.60-(-150)+333736.50\times0.6970-233330.75=538.19(kg)$

(2) $m_{库存}=1837.84\times0.6972=1281.34(kg)$

(3) 损耗量 $\Delta m=538.19-1281.34=-743.15(kg)$

(4) 损耗率 $=-743.15\div233330.75=-0.32\%$

答：本月损耗量是 -743.15kg，损耗率是 -0.32%。

9.4.2　LNG 加气站损耗计算

9.4.2.1　进货损耗

LNG 加气站主要通过电子汽车衡静态或质量流量计来计量验收的，其进货损耗计算：

$$进货损耗量=发货量-收货量$$

$$损耗率=进货损耗量/发货量\times100\%$$

若进货后损耗异常，必须第一时间与承运方核对，组织力量查明原因，并报公司相关部门。一般 20t 的 LNG 槽车，卸液后损耗量在 200kg 以内。国家没有制定 LNG 卸液损耗率，但部分企业双方会约定损耗率。如进液损耗率超过其双方约定的损耗率，则应及时向供气方索赔，其索赔量＝ 发货量×(1－约定损耗率)－实收量。

9.4.2.2　零售损耗

LNG 进、存、销都是按重量交接的，其零售损耗计算。

$$损耗量\ \Delta m=上期账存+本期进货-本期报损-本期销售-实际计量盘点库存$$

$$损耗率=\Delta m/m_{销}\times100\%。$$

例9－15　某 LNG 加气站储罐容量为 60m^3，上月末账存 4050kg，本月报损 -300kg，本月初加气机累计数“708235.00”，本月末盘点时差压液位计高度 870mm 水柱、加气机累计数“808900.00”，本月共进 LNG100000kg。问本月损耗量为多少 kg？损耗率为多少？（表9－25 为储罐液位－质量换算表）

表 9-25　60　m^3 立式低温液体储罐液位－质量换算表

压力/kPa($mm\ H_2O$)	质量/kg
…………	……
8.7(870)	3670
9.0(900)	4350
9.6(960)	6125
……(……)	……

解：$m_{本月初账存}$ = 4050 -（ -300）=4350(kg)

$m_{本月销售}$ =808900 -708235 =100665（kg）

$m_{本月库存}$ =3670(kg)

损耗量 Δm =4350 +100000 -100665 -3670 =15(kg)

损耗率 =15/100665 ×100% =0.01%

答：本月损耗量为 15kg，损耗率为 0.01%。

9.4.3　加气站损耗管理

9.4.3.1　CNG 加气站

1. 进货损耗管理

(1)CNG 母站、常规站。主要通过气体涡轮流量计，经智能体积修正仪进行了温度、压力补偿，显示标准状态下的流量(体积)。其涡轮流量计准确度等级不低于 1.5 级，为保证供需双方气体计量准确，气体涡轮流量计须定期强检。

(2)CNG 子站。主要通过卸气柱或加气机来计量验收。卸气柱、加气机计量准确度等级不低于 1.0 级，卸气柱、加气机须定期强检。一般其损耗率应不超过 2%。若超过 2%时，应检查车载管柱型管组储气瓶剩余压力是否过高，必要时向供气方索赔。

2. 零售损耗管理

CNG 加气站零售损耗宜控制在 ±3% 以内。按月盘存并核销，检、维修排气和加气机排污放气应纳入到月度盘存损耗中报损。《压缩天然气加气机检定规程》(JJG 996—2012)规定 CNG 加气机最大允许误差为 ±1.0%，重复性误差应不超过 0.5%，检定周期一般不超过 6 个月。加气机经检定合格后方能使用，若出现“三处”铅封脱落的情况要立即停止使用，及时上报相关部门，经授权检定机构复检合格方能启用。加气机计量准确度直接影响企业经济效益和信誉度。

CNG 加气机产生大误差的原因：质量流量计发生大的零点漂移，检定标准器出现大误差，加气机参数设置错误等。计量超差如不能及时被发现，其后果：造成车主的损失，引起计量纠纷；给加气站带来重大的经济损失。如一个加气站 4 台双枪 CNG 加气机，每日加气量 10000kg 计算，在国家规程允许范围内的最大偏差值 1% -（ -1%）=

2%计算，每年的加气量 365×10000×2% =73000kg，按7.5元/kg计算会产生73000×7.5=54.75万元差值。预防超差措施：每日计量盘存，及时掌握损溢动态。若发现大损大溢，第一时间组织人员查明原因和采取措施。

9.4.3.2　LNG加气站

1. 进货损耗管理

通过电子汽车衡或质量流量计计量验收，其电子汽车衡准确度等级不应低于Ⅲ级，质量流量计准确度等级不应低于1级。为保证电子汽车衡或质量流量计计量准确，须定期强检。

2. 零售损耗管理

LNG加气站零售损耗应控制在±5%以内。按月盘存并核销，检、维修排液和加气机排污放气应纳入到月度盘存损耗中报损。LNG储罐的真空度及保温层的完好度是减少储存环节损耗的关键。LNG在储存过程中日蒸发量是0.3%，保证罐内液体温度在-130～-140℃，气液平衡是控制蒸发量最好的状态。

LNG加气机最大允许误差为±1.0%，重复性误差应不超过0.5%，检定周期一般不超过6个月。预防超差措施：每日计量盘存，及时掌握损溢动态。若发现大损大溢，应第一时间组织人员查明原因和采取措施。

9.4.4　损耗分析与降耗措施

9.4.4.1　CNG损耗分析与降耗措施

CNG加气站损耗分正常损耗和非正常损耗，其中：正常损耗是指CNG加气站在正常运营过程中，由于设备维修、仪表检定、压缩机排污、加气机排污、加完气后放散拔枪、温度的变化等应纳入正常排放；而非正常损耗是指CNG加气站在运营过程中，由于设备质量、泄漏、不合理的工艺、误操作、计量偏差等原因产生的非正常排放。

(1)设备维修、仪表检定、加气软管等正常放空气量。虽然次数与放空量较少，但应纳入正常放空统计之中。

(2)压缩机密封填料泄漏、脱水干燥装置减压再生、工艺系统自动放空等确保加气站运行放空，与加气站管理水平、运行方式优化及工艺设计有直接关系。通过加强设备运行检测、运行方式的调整及优化放空排污时间可降低天然气放空及泄漏量。

(3)加气站脱水干燥装置应选择零排放等压再生，自动化程度宜采用半自动控制，吸附与再生过程手动切换，而再生过程自动控制。可根据实际运行情况合理选择吸附与再生切换，可降低天然气卸放量，避免频繁再生对分子筛的损坏及造成能耗增加。

(4)若天然气进加气站压力较高，应设计合理的CNG管束车充气工艺，利用管道天然气压力给管束车直接充气；设计合理的压缩系统废气回收工艺，减少天然气的生产损耗，从而实现节能降耗及减少气量损失的目的。

(5)摸索加气站市场规律，合理调配管束车到站时间，确保压缩机等设备连续运行，尽量减少压缩机等设备起停次数，尽量多卸净管束车余气。

(6)加气站应主动加强加气机计量误差管理，如共同参与检定、安装、调试、校准、参数更改等，将加气机计量误差控制在±1.0%内。

(7)加气站应提出合理的损耗指标，制定合理的考核措施。

9.4.4.2 LNG 损耗分析与降耗措施

LNG 加气站损耗分正常损耗和非正常损耗，其中：正常损耗是指 LNG 加气站在正常运营过程中，由于工艺流程，设备正常巡检维护，加气插拔枪操作，卸车软管内吹扫置换等产生正常的系统排放；而非正常损耗是指 LNG 加气站在运营过程中，由于设备质量、设备保温、不合理的工艺、LNG 进液温度高、误操作、计量偏差、日加气量太低等原因产生的非正常系统排放。

1. 日加气量过低产生的排放损耗

目前，LNG 行业处于推广布点时期，LNG 汽车占有量非常低，大部分的 LNG、L-CNG 加气站的加气量偏小。从销售企业已投运的加气站分析：日加气量占设计加气量15%以内的占30%左右；日加气量占设计加气量30%左右的占50%左右；日加气量占设计加气量50%左右的占15%左右；日加气量占设计加气量80%以上的占5%左右。以上所述，加气量比例在15%以内的 LNG 加气站，或多或少都有排放的可能性，这排放与 LNG 进液温度有很大关系。如果加气量小且进的 LNG 液体温度高，那么排放会大大地增加，只有加大加气站的日加气量才能彻底解决排放问题。

2. 工艺设计问题所产生的排放损耗

目前，LNG 加气站对国内来说还是属于新行业。国内相关的设备厂家、设计院、用户等对 LNG 加气站的设备、技术要求等的理解不到位或有误，对 LNG 加气站设计、建设、安装不按 LNG 特性进行，造成 LNG 加气站建成后无法正常投入运营，或设备无法正常工作，经常需要排放大量的 BOG 后才能工作，造成重大的损失。

措施：LNG 加气站的设计，管道布置，在符合规范的情况下，应尽量的缩短设备距离，减少管道长度，增加储罐与泵进口的净正压头，禁止采用凹凸型布置管道，储罐到泵的管道应尽量采用斜坡布置方式，采用已有的成熟的工艺流程。

3. LNG 进液温度过高所产生的排放损耗

(1)目前，我国 LNG 气源按不同大致分为4个档次(含进口海气)，4种气源情况如下：ⓐ气源温度为-162℃左右，压力约0.1MPa以下。ⓑ气源温度为-152℃左右，压力为0.2MPa左右。ⓒ气源温度为-140℃左右，压力为0.38MPa左右。ⓓ气源温度为-130℃左右，压力为0.5MPa左右。

(2)LNG 加气站气源温度太高，造成整个系统压力处于高位运行，压力上升空间非常小，缩短液体存放的周期，高温液体加注入汽车气瓶后不能很好的进行降压，造成需要带回气才能正常充装，使整个系统的状况进一步恶化。为了保证设备安全，而产生 BOG 排放。采取措施如下：

①LNG 加气站根据日加气量与设计量的比例来选择气源，如投运初期加气车辆不足的情况下(日加气量在设计量 15% 以下时)，尽量的选择一、二类气源，气源温度低，排放会大大的降低，以尽量的减少损失。如日加气量达到设计量的 30% 时，可以选择三类气源，加气量达到设计量的 70% 时，可选择四类气源。

②加气操作应尽量不要采用回气充装，适当的调低汽车气瓶压力，对降低排放有一定好处。如遇异常压力较高的气瓶充装时，可将气瓶的气体导入 EAG 进行放散泄压后，再行充装。

③如遇新车进行充装，考虑到其气瓶内用于置换的惰性气体(例如氮气，其液化温度低于天然气)没有置换干净，可能混在 BOG 中，因此应将这类车辆的 BOG 直接放散余大气中，不采用回气装置。

4. 设备保温措施不到位所产生的排放损耗

LNG 温度极低，设备的保温效果太差时，系统综合泄漏的漏热会使 LNG 汽化生成大量 BOG，使储罐的压力升高，从而产生排放损耗。目前的 LNG 加气站设备保温有两种方式，一种是采用高真空管道方式，另一种是采用普通裸管加发泡保温方式。真空管保温方式效果好，美观，有效使用时间较长，但制作周期长，价格较贵。发泡保温方式效果低于真空保温方式，特别在预冷阶段，使用年限短，但造价相对较低，制作周期短。

措施：对于管路较长的 LNG 加气站，应尽量的采用真空保温方式，优先选择全真空管路的设备，使系统综合漏热降至最低，从而保证设备在正常运行时不因保温效果差而产生排放损耗。

5. 其他一些原因导致的排放损耗

除了上述常见的原因导致的排放损耗外，还有一些因素也可能导致损耗，有一些损耗可以在加气操作熟练后排除或减小，如卸车的吹扫损耗，卸车是否能卸干净，储罐的排放压力选择、泵的频繁启动与切换、阀门的频繁开启关闭产生的机械热能损耗等。有一些损耗需要设备厂家、质监部门协助完成，如计量误差引起的损耗，工艺管路的设计等，通过优化设计泵池在正常工作时不结霜，法兰采用真空法兰，加液机采用模块真空箱等，都是尽可能降低损耗的手段。

9.5　质量管理

9.5.1　管理原则

坚守诚信经营的理念，践行“质优量足，客户满意”的质量目标，实行明确的岗位责任制，规范天然气质量的管理，为社会提供优质的产品和服务。

9.5.2 管理职责

(1)油品销售企业的天然气质量管理工作，由中国石油化工股份有限公司油品销售事业部统一归口领导，对各省(区、市)石油分公司实行分级管理。

(2)油品销售事业部天然气质量主管处室为油品销售企业天然气质量的监督管理部门，相关职能部门按照“谁主管、谁负责”的原则，在各自职责范围内，对所管辖的天然气业务负日常管理的责任。油品销售事业部质量管理站是油品销售企业天然气质量管理的技术与管理的执行机构。

(3)省级公司天然气质量管理职责。

①质量监督管理部门职责。

(a)贯彻执行《中华人民共和国产品质量法》及现行的天然气产品标准、试验方法标准等有关质量的法律、法规和油品销售事业部天然气质量的各项规章制度。

(b)负责本企业天然气质量监督管理工作。制定本企业天然气质量管理各项规章制度的实施细则；组织落实天然气质量的检测和质量抽查工作，对各环节的质量进行监督管理；组织开展本企业天然气质量管理的检查与考核工作；组织开展天然气技术咨询和服务。

(c)负责本企业天然气质检室的规划，协助建设质检室，保证质检室建设规范，满足质量管理的需要。

(d)负责本企业天然气质检室的业务管理，配合人事部门进行天然气质量管理的培训。

(e)负责编制本企业天然气质量事故应急预案，并定期组织本企业应急预案的演练。

(f)受理下属单位天然气质量的请示和报告；负责本企业内部天然气质量纠纷、质量事故调查和处理；负责本企业各类质量事故的汇总、统计上报等工作。

(g)参与供应商质量评价、考核以及供应合同的评审。

②采购部门职责。

(a)贯彻执行《中华人民共和国产品质量法》及现行的天然气产品标准等有关质量的法律、法规。贯彻油品销售事业部和本企业制定的各项天然气质量管理制度和实施细则。

(b)负责提供天然气供应商名称、气源、全分析《天然气质量检验报告》等质量追溯信息。气进站、生产、出站以及抽检的质量管理和检测工作，确保出站天然气质量合格。

(c)负责母站生产环节质量把关及质量事故调查、处理；协助质量主管部门和相关部门调查、处理质量纠纷或事故。

9.5.3 进站气源质量管理

(1)销售企业采购天然气时，需在购销合同内按现行有效标准注明对天然气的质量要求，要求供货方提供全项分析的《天然气质量检验报告》，明确责任。

（2）业务采购部门应将采购的天然气执行标准、全分析检验报告及时传递给相关部门和天然气质检室。

（3）母站、常规加气站的原料天然气质量不低于现行国家标准 GB 17820《天然气》中二类气质要求，燃气类别应保持不变；采购的 CNG 产品质量须符合现行 GB 18047《车用压缩天然气》要求，燃气类别应保持不变；采购的 LNG 质量应符合现行 SN/T 2491《进出口液化天然气质量评价标准》的二级液化天然气质量指标或符合 GB/T 19204《液化天然气的一般特性》要求。

（4）销售企业应定期对天然气气源供应商的经营资质、经营规模、产品来源、产品标准、质量控制、计量等级、储存能力、运输方式等进行考察和评估，评估合格后方能与其签订供货合同。

9.5.4 储存环节质量管理

（1）销售企业应加强天然气储存、运输等环节容器设备清洁度的管理，防止天然气污染。接卸、输送、压缩、充装设备、车辆、容器等应符合相关规范要求，不符合要求的应整改合格后再行使用。

（2）压缩天然气储气井（储气瓶组）、管束车、过滤器等应按规定要求做好排污、清洗工作，并做好相关设备的保养维护记录。

（3）液化天然气储存和装运按照 GB/T 20368《液化天然气（LNG）生产、储存和装运》相关规定执行。

9.5.5 销售环节质量管理

（1）加气站出售的天然气，应符合现行的 GB 18047《车用压缩天然气》产品标准或符合 SN/T 2491《进出口液化天然气质量评价标准》的二级液化天然气质量指标或符合 GB/T 19204《液化天然气的一般特性》要求，同一气源各加气站的压缩天然气，其燃气类别应保持不变。

（2）母站应按规定向配送加气站提供气源质量指标和燃气类别，便于加气站公布天然气质量数据，跟踪客户使用反应。

（3）加气站应严格把控天然气进出站的质量，杜绝不合格的天然气出站。

（4）加气站对加气机上的标识和开具的票证，要统一使用与现行天然气产品标准相同的名称。

（5）加气站管理部门应加强收集客户对其所售天然气质量的意见，特别是首次销售天然气的加气站，并及时将有关信息反馈天然气质量主管等部门。

（6）销售企业向用户明示质量、协议销售的天然气，应严格按协议销售合同的批准意见执行。

第 10 章　HSE 管理

HSE 是健康(Health)、安全(Safety)和环境(Environment)管理体系的简称，HSE 管理体系是将组织实施健康、安全与环境管理的组织机构、职责、做法、程序、过程和资源等要素有机构成的整体，这些要素通过先进、科学、系统的运行模式有机地融合在一起，相互关联、相互作用，形成动态管理体系。

10.1　HSE 管理体系

10.1.1　HSE 组织

(1)各省(市)公司应将加气站纳入 HSE 管理体系管理范围。

(2)加气站应成立以站长为负责人、相关人员参加的 HSE 小组，负责本站的 HSE 管理工作。

(3)加气站每班应有兼职安全员，负责监督检查作业现场安全措施的落实，纠正违章、违纪行为。

(4)加气站应建立消防、应急组织并与毗邻单位建立联防组织，定期开展消防应急和联防演习活动。

10.1.2　HSE 制度

(1)加气站应根据自身实际建立 HSE 管理程序文件，建立健全各类 HSE 管理台账。

(2)加气站应制订站内 HSE 体系管理目标和年度 HSE 工作计划，并实施考核和奖惩。

(3)加气站每年应开展重点部位及岗位的危害识别和风险评价工作，并对重大危害进行防范。

(4)加气站应开展职业卫生工作。

10.1.3　HSE 教育、会议

(1)加气站应对新进员工进行岗前安全培训和考核。

(2)加气站每月应至少召开一次 HSE 管理小组会议、一次全员 HSE 会议、HSE 活动不少于三次(学习、演练、检查等)，HSE 会议由加气站站长组织，并做好记录。

(3)加气站应组织开展对典型未遂事件、事故案例的学习和分析讨论，并做好学习

记录。

(4)加气站应进行防污染、环境保护技术的学习和训练。

(5)国家法定节日前由站长组织对员工进行 HSE 教育。

10.1.4　HSE 承诺及方针

1. HSE 承诺

秉承中国石油化工集团公司的 HSE 承诺，建立并持续改进 HSE 管理体系，将 HSE 理念融入到所有生产经营的全过程中，追求最大限度的不损害人身健康、不发生事故、不破坏环境，创国际一流的 HSE 业绩。

2. HSE 方针

安全第一、预防为主、综合治理，落实责任、精细管理、事故为零，保护环境、关爱健康、持续发展。

10.1.5　危害识别和风险评价

(1)对新建加气站，在项目建设可行性研究阶段、试运行前、竣工后应进行危险化学品经营单位安全评价。加气站投运后，应按规定开展危险化学品经营单位现状安全评价。

(2)加气站应开展危害因素识别与评价活动，并有记录。

(3)加气站的施工作业项目应在施工前进行风险评价，项目建成后，生产过程的风险评价纳入固定作业场所评价管理。

10.1.6　HSE 检查

10.1.6.1　检查原则

加气站应认真贯彻 HSE 方针，坚持自查为主，上级主管和 HSE 部门督查相结合的原则，分级落实检查工作。

(1)员工应坚持每日岗位 HSE 检查。

(2)加气站应每周组织一次专项 HSE 检查。

(3)国家法定节假日前，加气站应组织一次有针对性的 HSE 检查。

10.1.6.2　检查的主要内容

HSE 体系落实情况、作业现场安全操作、设备保养及安全运行状况、事故应急预案演练以及隐患整改情况等。

10.1.6.3　问题处理

安全检查中发现的问题和隐患，加气站能解决的，要限期抓紧整改；加气站不能解决的，应书面向上级公司报告，同时采取有效的防范措施。

10.1.7 职业卫生与劳动保护

10.1.7.1 加气站职业病危害因素

(1)化学有害因素对人体健康的影响，主要是硫化氢和甲烷。硫化氢侵入途径为吸入，为强烈的神经毒物，对黏膜有强烈刺激作用。甲烷对人基本无毒，但浓度过高时，使空气中氧含量明显降低，使人窒息。

(2)物理因素对人体健康的影响，噪声对人体的影响是全身性的，既可引起听觉系统的变化，也可以对非听觉系统产生影响。噪声引起生产工人的耳聋称之为“噪声聋”，被列入国家法定职业病名单，噪声作业场所的职业接触限值如表 10－1 所示。

表 10-1　噪声作业场所的职业接触限值

接触时间	接触限值/dB(A)	备　注
5d/w，=8h/d	85	非稳态噪声计算 8h 等效声级
5d/w，≠8h/d	85	计算 8h 等效声级
≠5d/w	85	计算 40h 等效声级

10.1.7.2 职业病危害防护措施

(1)应具备的职业病防护设施：应具有充分的防毒设施和防噪设施。

(2)应具备的个人防护用品：接触噪声的工作人员应配置塞栓式耳塞或耳罩；接触化学毒物的工作人员应配备防静电工作服、机械过滤式防毒口罩、手套等。

(3)应具备的职业卫生管理措施：加气站应制定本站的职业卫生管理规定，且规定中应包括职业卫生机构与管理、职业病危害前期预防、劳动用工及职业健康检查管理、作业场所管理、职业病诊断与管理、职业健康教育与培训。

(4)应设置辅助用室：加气站内应设置相应的卫生设施，如更衣室、浴室、厕所等。

(5)应设置职业病防治专项经费：每年从生产经营成本中据实列支费用，用于加气站卫生防护设施购置、职业病危害因素检测检验、职业健康检查、应急救援设施购置、个人防护用品购置等。

10.1.8 环境保护

10.1.8.1 环境潜在危险性识别

加气站风险类型主要分为三类：可燃、易燃物质(压缩天然气)泄漏、天然气泄漏引发火灾及爆炸。其最大的风险来源于发生天然气泄漏事故，天然气泄漏所造成的毒性危害相对较小，天然气泄漏之后可能发生 3 种事故状态：

(1)排放后不立即燃烧，也不推迟燃烧，形成环境污染；

(2)排放后立即燃烧，形成喷射火焰；

(3)排放后不立即燃烧，而是推迟燃烧，形成闪烁火焰或爆炸。其中，以喷射火焰、闪烁火焰和爆炸形成的事故后果突出，对人、建筑物、自然环境、设备等造成的损失最受关注。

10.1.8.2 风险防范措施

(1)严格按照《汽车加油加气站设计与施工规范》(GB 50156—2012)、《建筑设计防火规范》、《城市燃气设计规范》等有关规定进行设计，从选址、总图布置和建筑安全、危险化学品储运、工艺技术设计、自动控制设计、电气电信、消防及火灾报警等方面提出风险防范措施。严格控制各建、构筑物的安全防护距离。

(2)工艺设备、运输设施及工艺系统选用高质、高效可靠性的产品。加气站防爆区电气设备、器材的选型、设计安装及维护均符合《汽车加油加气站设计与施工规范》规定。

(3)按有关规范设计设置有效的消防系统，做到以防为主，安全可靠。

(4)在可能发生天然气挥发及泄漏积聚的场所，设置可燃气体检测器、报警器及切断系统装置；报警系统应配有不间断电源；可燃气体检测器和报警器的选用和安装，应符合现行《石油化工可燃气体和有毒气体检测报警设计规范》(GB 50493)的有关规定。

(5)根据气温变化、设备运行状况，来调整各项作业方案和设备运行参数，并采取防冻或降温措施，防止异常情况发生。

(6)加气机的加气嘴泄压排气应排向安全方向，以防止高压气泄放漏失时不安全。定期对天然气泄漏测量、报警装置进行检查和保养，使其保持在完好状态。

(7)在加气站醒目位置粘贴天然气化学危险品的性质及事故救援措施和疏散方案图示，同时向附近企业和居民作好明示。

(8)装卸、加气、储存区域应设置安全警示标志。在传送过程中，钢瓶和容器必须接地和跨接，防止产生静电。搬运时轻装轻卸，防止钢瓶及附件破损。

(9)把每个工作人员在业务上、工作上与消防安全管理上的职责、责任明确起来。

(10)对各类储存容器、机电装置、安全设施、消防器材等，进行各种日常的、定期的、专业的防火安全检查，并将发现的问题落实到人、限期落实整改。

(11)建立夜间值班巡查制度、火险报告制度、安全奖惩制度等。

(12)应急预案通过对事故的风险评价，企业在投产前，应制定详细的防止重大环境污染事故发生应急预案、消除事故隐患的措施及应急处理办法。

10.2 HSE管理要求

10.2.1 现场管理

10.2.1.1 办公用具

加气站办公用具应整齐统一，式样、颜色保持协调，物品摆放有序。

10.2.1.2　站内卫生

(1)加气站应加强环境卫生管理，做到：

①站内地面保持平整清洁，无垃圾、无积水；营业场所保持清洁、美观；附属房屋、员工宿舍保持整洁、有序；

②营业室内布置整洁，货架商品陈列整齐，窗明几净；

③保持加气机机身整洁，加气机上不得放置任何物品；

④员工交通工具按指定地点停放，整齐有序；

⑤卫生用具按指定地点摆放整齐，保持清洁；

⑥站内厕所做到清洁、明亮、通风。

(2)加气站要建立环境卫生责任制，分片负责，责任到人。对车道、生产设备、加气设备以及周围环境(包括厕所、绿化带等场所)，要坚持每天清扫、保洁工作。

(3)站长应每天检查、督促卫生清洁情况，并将检查结果作为员工考核内容，记录在《加气站运行日志》中。

10.2.1.3　绿化环保

(1)在确保经营及安全的前提下，因地制宜开展绿化，但不得种植油性植物。站内草坪、花卉应保持整洁。

(2)绿化布置应与周围环境、建筑物相协调；绿化区保持整洁，做到无杂草、无垃圾、无杂物、无烟蒂。

(3)固体垃圾应收集放置指定位置，定期处理。

(4)生活污水应处理后就近排入水体；生产污水应集中处理，排放水质应符合国家现行标准的有关规定。

10.2.1.4　照明亮化

(1)照明灯包括罩棚灯、加气场地射灯、便利店照明灯、宿舍和附属房屋照明灯等。

(2)标识灯包括罩棚檐口灯箱、易捷店招和光带、发卡中心灯箱、品牌柱和出入口指示灯箱、立式广告灯箱、户外壁挂灯箱、洗手间指示灯箱等。

(3)加气站灯光实行分路管理。照明灯和标识灯的启闭时间，由地市公司根据本区域季节和天气情况，本着满足经营需要和节约原则，按照加气站的不同类型合理制订。

10.2.1.5　加气现场

加气现场禁止闲杂人员进入、确保车道畅通、车辆有序流动，秩序井然；物品、器材按指定位置摆放。

10.2.1.6　广告宣传

(1)加气站发布广告、张贴宣传标语必须经上级公司零管部门批准。不准发布中国石化之外同业竞争单位的商品广告。

(2)加气站内广告和宣传标语应与站内整体形象相协调，布局合理。

(3)加气站广告和宣传标语应定期进行维护、保养，保持内容完整、色泽鲜亮。

10.2.1.7 警示公告

加气站进出口标识、安全警示标识、服务承诺等各种警示公告，应每天检查、清扫，及时维修，保持完好、整洁。

10.2.2 明火管理

(1)因设备检修等情况须动用明火时，应按集团公司《用火作业安全管理规定》办理用火作业许可证，严禁无证用火。停止加气站内一切作业，并采取安全可靠的防范措施方可动火。

(2)除经上级有关部门批准的用火点外，不得自行变更或扩大用火范围。

(3)加气站生活固定用火点必须符合GB 50156《汽车加油加气站设计与施工规范》的安全距离要求。

10.2.3 电气管理

(1)在爆炸危险区内使用电气设备防爆等级应符合现行GB 50058《爆炸和火灾危险环境电力装置设计规范》要求，供电方式符合规定要求。

(2)加气站的电气、线路应完好无损，电气连接处应采用专用接线头，紧密牢固。

(3)加气机内部的电气应密封，如发现密封不良应立即修复或更换。

(4)加气站内不得随意装接临时电气线路，若需临时用电，必须遵守集团公司《临时用电安全管理规定》要求。

(5)加气站营业室、休息间等场所禁止使用易引起火灾的电器。

10.2.4 防雷、防静电管理

(1)加气站防雷防静电设施应符合设计规范要求。

(2)加气站的防静电工作应符合《易燃、可燃液体防静电安全规定》的要求。工作人员作业时应穿防静电工作服、鞋，不准在爆炸危险场所用化纤织物拖擦工具、设备和地面。

(3)防雷、防静电接地装路的连接线、跨接线、接地装置电阻每年至少在雷雨季节前检测1次并做好记录；接地线应设检测断接卡连接，禁止接地线串接，每个接地压接点不多于2条接地线，做好编号和标示。

(4)定期检查加气机、加液金属软管、高压胶管及卸气场地的静电连接线，保持完好有效；在对接地连接系统的维护工作中，应重点检查螺栓紧固接点，及时更换腐蚀的垫片。

10.2.5 压力容器管理

(1)应建立压力容器设备管理、维护保养制度及操作规程，并设置专(兼)职管理人员。压力容器的操作人员应取得压力容器操作证。

(2)应建立压力容器设备管理台账，应登记注册和定期检验。

(3)固定式压力容器及其附件的定期检验应符合TSG R0004《固定式压力容器安全技术监察规程》的规定。

(4)储气井应按照第三类压力容器进行管理。储气井使用单位应办理使用登记和申报定期检验。

(5)加气站内管道和设备安全阀的定压除应符合TSG R0004《固定式压力容器安全技术监察规程》的有关规定外，还应符合GB 50156《汽车加油加气站设计与施工规范》的规定。

10.2.6 移动式压力容器管理

(1)移动式压力容器及其附件的定期检验应符合TSG R0005《移动式压力容器安全技术监察规程》的规定。

(2)车载储气瓶组拖车驾驶员和押运员必须持有危险品运输资质证和押运证。车载储气瓶组拖车为加气站自有的，应每周组织驾驶员和押运员进行安全学习。

(3)移动式压力容器的实际装载量不得大于核定装载量。

(4)移动式压力容器运输时应配置押运员。执行天然气运输任务的驾驶员、押运员必须具有相应资质。运输作业应严格遵守道路安全管理、消防管理和危险品运输管理的各项规定。

(5)运输车辆严禁携带其他易燃、易爆物品或搭乘无关人员。应按指定路线和规定时间行车，途中不得随意停车。运输途中因故障临时停车时，应避开其他危险品、火源和热源，宜停靠在阴凉通风的地方，并设置醒目停车标志。运输车辆应配置有效的通信工具。

10.2.7 资金安全管理

(1)加气站应安装视频监控系统和自动报警装置，财务室门窗应设置防盗抢设施。

(2)严格执行财务资金管理制度，保管好营业款及票据。

10.2.8 消防管理

(1)加气站应成立义务消防组织，站长是消防第一责任人。要做到“四懂四会”，即懂火灾危险性，懂预防措施，懂扑救方法，懂防逃生方法；会报警，会使用灭火器材，会扑救初起火灾，会疏散无关人员。

(2)加气站应制定符合本站实情的火灾应急预案，编制图表说明，作为训练和实战的主要依据。

(3)加气站各种消防器材应按有关规定配置，且摆放合理，取用方便。

(4)消防器材应定人管理，定时检查，定点摆放、定人养护，定期换药，保证完好有效。

(5)加气站应每月至少进行一次消防训练，每年至少组织一次灭火作战预案演习。

10.2.9　现场施工管理

(1)加气站施工前，主管部门应与施工队签订安全施工合同，明确双方责任，落实安全措施，并对施工管理人员进行安全教育并考试合格。加气站负责就本站危险因素对施工人员进行安全教育并考核合格后，方可以进入加气站施工作业。

(2)施工队伍应资质齐全，各项管理制度健全，制定有符合实际的施工应急预案，并根据施工内容按规定办理用火、临时用电、进入受限空间、高处作业、破土作业等作业票。取得进站施工确认单后，方可进场施工。

(3)加气站站长为现场施工监督责任人，有权拒绝未经培训或考核不合格人员进站施工；有权制止违章施工；有权对存在重大违章行为、屡查屡犯或不及时整改问题的施工队伍作出停工处理。

(4)施工现场应文明施工，现场管理应符合集团公司《施工作业安全管理规定》的要求。

10.2.10　未遂事件管理

(1)加气站站长为未遂事件管理责任人，站内员工应具备一定的未遂事件辨别和处置能力。

(2)当加气站发生未遂事件时，现场人员应按应急程序处理，事后应及时按规定程序上报，上报材料应及时存档。

(3)加气站应组织员工学习典型的未遂事件，不断提高员工辨识和处置未遂事件的能力。

10.3　应急管理

10.3.1　应急预案

加气站应在省(市)公司指导下结合实际情况制定应急预案。应急预案应包括但不限于以下内容：泄漏、爆管、火灾、设备故障、加气机乱码、外线停电、人身伤亡、抢劫、偷盗、自然灾害、数质量纠纷、负面媒体暴光、环境污染、恐怖袭击等。应急预案的基本要求包括：

(1)符合有关法律、法规、规章和标准。

(2)符合本单位的安全生产实际和危险性分析的要求。

(3)应急组织和人员分工明确，职责落实。

(4)有明确、具体的应急程序和保障措施，并与应急能力相适应。

(5)预案基本要素齐全、完整，预案附件提供的信息准确。

(6)加气站应急预案应与中国石化和地方政府相关部门的应急预案相衔接，确保其针对性强、可操作性高。

(7)对于新建、改建、扩建及检维修项目，要与承包商等相关方进行施工作业前的危害识别和风险评估，编制相应的应急预案或现场应急处置方案。

(8)应急预案涉及到的部门、人员均要参与预案的编制，使预案的制定过程成为隐患排查治理和全员应急知识培训教育的过程。

(9)应急预案编制后，应当按照国家、地方政府及上级主管部门的要求，组织专家进行评审，形成评审书面纪要并附专家名单。

(10)应急预案经评审、完善后，应以文件形式报经单位主要负责人批准后，发布实施，并报上一级主管部门备案，同时应根据所在地省、自治区、直辖市或者设区的市人民政府及有关部门的要求报送备案。

(11)应急预案至少每3年修订1次，预案修订情况应有记录并归档。

10.3.2 应急预案培训和演练

10.3.2.1 应急预案演练

(1)应制定年度应急演练计划，按照“先单项后综合、先桌面后现场、循序渐进、时空有序”等原则，合理安排计划演练的频次、规模、形式、内容、时间、地点、经费以及责任人等。

(2)应急演练应以相关应急预案为基础，体现和执行应急预案所有环节，确保达到检验预案、锻炼队伍、磨合机制、提高应急处置能力的目的。

(3)应急演练后，要对演练效果进行评估，提出持续改进措施，完善应急预案，形成演练总结报告，并报上一级主管部门备案。

10.3.2.2 应急培训和宣传教育

应将应急培训纳入单位年度培训计划，制定培训计划和具体内容，开展企业负责人、应急管理人员、应急救援人员、从业人员等各级各类人员的应急培训，特别是对新入厂、转岗员工，领导干部职务变动的要适时进行相关应急培训。应急培训的主要内容包括：相关法律法规、标准和规章；相关应急预案；危害因素识别与风险分析；应急对策与防护措施；应急职责、应急响应及其实施程序；应急设施、设备、器材的性能与使用方法；应急救援知识与技能，个人防护、自救、互救等基本知识等。

10.3.2.3 应急响应

(1)突发事件发生后，事发单位要立即启动相应级别的应急预案，采取有效措施组织抢险，防止事件扩大，努力减少人员伤亡、财产损失和环境破坏。一旦事态超出本级应急能力，且无法得到有效控制时，应立即向上一级机关请求实施更高级别的应急救援。

(2)事发单位必须指定相关部门处理公共关系，接受公众咨询，接待、安抚突发事件影响或受到波及的相关方。

(3)在突发事件处理过程中，必须保持通信畅通，将现场救援情况及时传递到应急指挥部门；应急信息的传递与接收必须有专人负责。

(4)当上级机关领导到达现场后，要做好现场处置情况汇报和指挥权的移交工作，并积极配合现场应急处置。

(5)在应急抢险过程中，注意保护突发事件现场，为突发事件调查工作的顺利开展提供保障。

10.3.2.4 应急终止

当现场应急救援指挥部确认突发事件的处置已同时满足事件已得到有效控制、受伤人员得到妥善救治、环境污染得到有效控制等条件时，应急指挥中心应及时宣布应急处置活动终止；同时采取或继续实施必要措施，防止灾害复发。应急终止后，事发单位对突发事件应对情况进行评估与总结，并于应急结束后的30个工作日内上报安全环保局。

10.4 事故管理

10.4.1 事故的分类和分级

加气站事故的分类和分级按照中国石油化工集团公司《安全事故管理规定》执行。

10.4.2 事故报告

(1)发生事故后，应按中国石油化工集团公司《安全事故管理规定》立即向上一级主管部门报告，由主管部门根据事故等级按要求逐级上报。

(2)情况紧急时，事故现场有关人员可以越级报告。

(3)不得隐瞒不报、虚报或故意延迟上报。

10.4.3 事故调查

事故调查按照中国石油化工集团公司《安全事故管理规定》执行。加气站发生事故后，加气站现场人员要保护好现场，配合事故调查部门进行调查，提供有关资料。

10.4.4 事故处理

（1）事故处理应坚持“四不放过”原则。即必须坚持事故原因分析不清不放过，事故责任者和群众没有受到教育不放过，没有采取切实可行的防范措施不放过，事故责任者没有受到严肃处理不放过的原则。

（2）事故处理按照中国石油化工集团公司《安全事故管理规定》执行。

第11章　站容站貌管理

加气站是经营场所，统一整洁的外观形象可吸引顾客，加之具备“前店后厂”的生产特性，现场管理不仅涉及安全生产，还是提升经营的途径。

11.1　加气站形象标识

11.1.1　整体形象要求

11.1.1.1　管理目标

加气站外观形象保持整体干净、整洁、靓丽；所有地面干净整洁，无垃圾、污渍、积水；设备设施要确保完好无泄漏，确保无油渍、污渍、灰尘、蜘蛛网，无非规定的张贴物；加气枪软管、堆头等要盘放整齐；卫生间干净无异味、墙面、挡板无小广告、蜘蛛网。

11.1.1.2　基本要求

(1)加气站制定卫生责任制，分区包干，责任到人。

(2)加气站每日上班后要利用空闲时间进行卫生清洁工作，清除设备设施的油渍、垃圾、灰尘、污渍，物品要摆放整齐，及时倾倒垃圾，消除异味，保持环境整洁；每周进行一次大扫除，全面清洁；每月进行一次彻底清洁，清除卫生死角，解决存在的问题。

(3)清洁时不能进行超过2m以上的登高作业。

11.1.1.3　保持加气站清洁卫生的作用及原则

1. 保持加气站清洁卫生的作用

(1)建立并保持企业形象是完善企业管理的一个重要内容。

(2)加气站的清洁保养是给顾客良好的第一印象的关键，也是企业形象对外宣传最直接的方法之一。

(3)加气站的外观和清洁影响着顾客的第一印象。当我们以整洁光亮的外观和清洁卫生的内部环境吸引顾客光临时，我们就得到了一个售卖商品、增加销售额的良机。

2. 时刻保持气站光亮如新和清洁卫生的原则

(1)加气站的日常清洁保养是员工日常工作的优先事项之一。

(2)建立周密的加气站清洁保养计划并有效付诸实施。

(3)每一位员工都必须履行指定工作岗位和周围环境的清洁卫生及设备保养的基本职责。

(4)用正确的工具、正确的方法去完成清洁保养工作。

(5)随时检查加气站的环境卫生，及时清洁。

11.1.2 标识及悬挂物要求

(1)加气站警示标识、指示牌应按《中国石化加气(液)站形象标准手册》的规定，由各省(市)公司统一制作，并明确安装、悬挂的位置。营业室内外应合理悬挂加气站铭牌、IC 卡充值网点标识牌、易捷便利店标识牌、气质公示牌及相应证照。如图 11－1 所示。

(2)加气站因开发便利店、广告、餐饮、汽服等其他业务需占用外墙及有关设备，以及营业室内需悬挂其他制度或证照的，须经省(市)公司天然气主管部门或零管部门批准，不得影响加气站的整体形象。

图 11－1　标识牌

(3)相关要求。

①檐口、品牌柱、进、出口标识、便利店及发卡中心店招、限高标识保持完好、清洁，视线不受阻挡，需定期组织清洁。

②加气站罩棚顶部不得安装固定的横幅、标牌、广告。

③加气站的进出口标识(泊位标识)、安全警示标识、服务承诺、价格牌、监督投诉电话号码，要坚持每天班前进行检查，发现内容缺损、位置不正、表面不洁的，要及时维修、清扫，保持完好、整洁。

④加气站内树立广告牌必须报公司批准，不准树立石化股份公司之外同业竞争单位的商品广告牌。

⑤加气站标牌、“禁止吸烟”牌、“禁打手机”牌、“严禁烟火”牌等安全警示标识应挂在加气机旁的亭柱和围墙上等醒目位置，并且由当班营业员每天擦拭一次。

⑥服务承诺、顾客投诉监督电话应挂在收款室门口旁顾客易见处，必须公开、醒目，保持每班由收款员工擦拭一次。

⑦系统内广告必须体现石化股份公司的品牌特色，并定期进行维护、保养，保持其内容完整、不脱色。

11.2 现场管理

11.2.1 总体要求

加气现场禁止闲杂人员进入、确保车道畅通、车辆有序流动，秩序井然；物品、器材按指定位置摆放。

加气站进出口标识、安全警示标识、服务承诺等各种警示公告，应每天检查、清扫，及时维修，保持完好、整洁。

11.2.2　办公室的管理

11.2.2.1　形象要求

(1)加气站当班管理人员应保持办公环境整洁，无杂物。每日上班后进行卫生清洁工作，打扫、清洁办公室地面，擦拭办公桌、椅，确保干净整洁，清倒垃圾、更换垃圾袋，清除异味；确保设备、物品摆放整齐、美观，损坏应及时维修、更换；办公室内部不能摆放非办公设备、物品。

(2)加气站站长确保加气站营业执照、危险化学品经营许可证、燃气经营许可证、气瓶充装许可证等经营资质类证照须在室内合适位置整齐悬挂；其他证照须存放在指定位置。

(3)不能随意在办公室墙壁张贴非规定广告、纸张、文件通知等，应按规定张贴在站内宣传栏内，过期要及时清除。办公室是加气站非对外场所，主要是站长等人员日常办公的场所。

11.2.2.2　卫生标准要求

(1)办公室除配发的办公家具外，不得私自购入和迁入其他家具用品。

(2)办公用具要整洁统一，式样、颜色保持协调，物品摆放有序。

(3)墙上物品除了公司下发的制度、证照和宣传画外，只能有钟表类挂饰，其他与工作无关的海报、通知或标语等不得上墙。

(4)办公室内所有文件需入盒入柜摆放，不得随意摆、堆在其他位置，并规范整理、归档和保管。

(5)办公室要配有专用的垃圾桶，卫生要定期打扫，具体的责任人和打扫周期要在加气站的《卫生责任制度》里体现。

11.2.3　站内卫生要求

(1)基本要求。

①站内地面保持平整清洁，无垃圾、无积水；营业场所保持清洁、美观；附属房屋、员工宿舍保持整洁、有序；

②营业室内布置整洁，货架商品陈列整齐，窗明几净；

③保持加气机机身整洁，加气机上不得放置任何物品；

④员工交通工具按指定地点停放，整齐有序；

⑤卫生用具按指定地点摆放整齐，保持清洁；

⑥站内厕所做到清洁、明亮、通风。

(2)加气站要建立环境卫生责任制，分片负责，责任到人。对车道、生产设备、加气设备以及周围环境(包括厕所、绿化带等场所)，要坚持每天清扫、保洁工作。

(3)站长应每天检查、督促卫生清洁情况，并将检查结果作为员工考核内容，记录在《加气站运行日志》中。

11.2.4 绿化环保管理

(1)在确保经营及安全的前提下，因地制宜开展绿化，但不得种植气性植物。站内草坪、花卉应保持整洁。

(2)绿化布置应与周围环境、建筑物相协调；绿化区保持整洁，做到无杂草、无垃圾、无杂物、无烟蒂。

(3)固体垃圾应收集放置指定位置，定期处理。

(4)生活污水应处理后就近排入水体；生产污水应集中处理，排放水质应符合国家现行标准的有关规定。

11.2.5 照明亮化管理

11.2.5.1 灯光范围

(1)照明灯包括罩棚灯、加气场地射灯、便利店照明灯、宿舍和附属房屋照明灯等。

(2)标识灯包括罩棚檐口灯箱、易捷店招和光带、发卡中心灯箱、品牌柱和出入口指示灯箱、立式广告灯箱、户外壁挂灯箱、洗手间指示灯箱、生产区照明灯等。

11.2.5.2 灯光管理

加气站灯光实行分路管理。照明灯和标识灯的启闭时间，由地市公司根据本区域季节和天气情况，本着满足经营需要和节约原则，按照加气站的不同类型合理制订。

11.2.5.3 管理要求

(1)加气站要根据天气情况及时开关加气站照明灯，照明灯区域包括罩棚檐口、品牌柱、出入口指示灯箱、便利店、营业室、卫生间等。

(2)实行分路管理、分段使用；灯光开启、关闭由当班领班负责，管理人员负责检查。灯光的开启应满足经营需要，同时考虑节能降耗要求，天黑或因天气变化造成现场光线不足时，要及时开启灯光，保证现场光线充足；其他非营业区域的灯光管理应做到人走灯灭。

(3)遇春节、国庆节等重大节日或促销需要等特殊情况，根据公司统一安排或要求执行灯光管理工作。

11.2.6 广告宣传管理

(1)加气站发布广告、张贴宣传标语必须经上级公司天然气主管部门或零管部门批准。不准发布中国石化之外同业竞争单位的商品广告。

(2)加气站内广告和宣传标语应与站内整体形象相协调，布局合理。

(3)加气站广告和宣传标语应定期进行维护、保养，保持内容完整、色泽鲜亮。

11.3　证照管理

11.3.1　管理要求

11.3.1.1　基本要求

加气站所经营的是易燃易爆的压缩天然气，国家的法律法规对车用天然气加气站的管理有明确要求，需办理相关法律权证，即能够表明经行政机关审批或许可、已获得从事特定活动资质的书面凭证，包括各种形式的证照、批件等。

11.3.1.2　管理要求

加气站站长是证照管理责任人，证照原件应在站内存档，并具有时效性；

加气站应对本站的证照建立动态台账，按要求定期年审或换证，不得无证经营，作业人员不得无证上岗。

11.3.1.3　证照分类

根据企业性质和经营特点，将加气站涉及的证照分为经营资质类证照、技术资质类证照、资产归属类证照和作业人员类证照。

11.3.2　资产归属属类和经营资质类证照管理

11.3.2.1　定义

(1)资产归属属类证照。指能证明土地、房产及其他动产、不动产归属的权证，包含建设过程中的规划施工类权证。包括但不限于：国有土地使用证、土地他项权利证明书、房屋所有权证、船舶所有权证、建设用地规划许可证、建设工程规划许可证、建设工程施工许可证等。

(2)经营资质类证照。指从事 CNG、LNG、LCNG 经营业务所应具备的权证。包括但不限于：营业执照、组织机构代码证、税务(国税、地税)登记证、试运行批复、燃气经营许可证、危险化学品经营许可证、气瓶充装许可证、移动式压力容器充装许可证、道路运输经营许可证等。如表 11－1 所示。

表 11-1　加气站权属和经营性证照表

证照类别	证照名称	发证机关	行政级别	备　注
资产归属类证照	国有土地使用证	国土资源局	市州/区县	
	房屋产权证	房产管理局	市州/区县	

续表

证照类别	证照名称	发证机关	行政级别	备　注
经营资质类证照	企业营业执照	工商行政管理局	市州/区县	
	组织机构代码证	质量技术监督局	市州/区县	
	税务登记证(国税、地税)	国家税务局、地方税务局	市州/区县	
	燃气经营许可证	住房和城乡建设厅	市级	
	危险化学品经营许可证	安全监督管理局	市级	
	气瓶充装许可证	质量技术监督局	省级	加气站适用
	移动式压力容器充装许可证	质量技术监督局	省级	母站适用

11.3.2.2　证照管理

1. 充装许可证

(1)充装证种类及相关管理要求。

①气瓶充装许可证。

(a)基本要求。根据《特种设备安全监察条例》(中华人民共和国国务院令第549号)、《固定式压力容器安全技术监察规程》(TSGR0004—2009)及《气瓶充装许可规则》的规定，加气站需办理《气瓶充装许可证》

(b)技术管理要求。《气瓶安全监察规定》对充装单位有基本的管理要求

ⓐ气瓶充装单位应向省级质量技术监督行政部门锅炉压力容器安全监察机构提出注册登记书面申请。经审查。确认符合条件者，由省级质量技术监督行政部门锅炉压力容器安全机构办理注册登记。未办理注册登记的，不得从事气瓶充装工作。气瓶充装站应具备的规模要求由省级质量技术监督行政部门根据地方经济情况确定。

ⓑ气瓶充装注册登记有效期为5年，有效期满前3个月，气瓶充装单位应向原注册单位提出办理换发注册登记申请。逾期不申请者，视为自动放弃，不得再从事气瓶充装。办理和换发注册登记时的具体检查工作由有条件的中介机构或事业单位进行。

ⓒ省级质量技术监督行政部门锅炉压力容器安全监察机构，应每年汇总本辖区气瓶充装单位注册登记情况，报国家质量技术监督局锅炉压力容器安全监察局备案。

ⓓ充装单位应符合相应的充装站安全技术条件国家标准的要求，严格执行气瓶充装有关规定，确保不错装、不超装、不混装和充装质量的可追踪检查。

ⓔ充装单位必须对充装人员和充装前检查人员进行有关气体性质、气瓶的基本知识、潜在危险和应急处理措施等内容的培训。

ⓕ气瓶充装实行年审制度。地、市级质量技术监督行政部门安全监察机构应每年对气瓶充装进行一次年审。年审时，应对充装站充装工作的质量进行综合评价。对年审不合格的充装站应警告或暂停充装进行整顿，整顿合格后方可恢复充装。对整顿不合格的，报请省级质量技术监督行政部门取消充装资格。充装站换发注册登记以年审为依据，对每年年审均合格的充装站，可免予检查直接换证。

ⓖ气瓶实行固定充装单位充装制度，气瓶充装单位只充装自有气瓶和托管气瓶，不得为任何其他单位和个人充装气瓶（车用气瓶除外）。气瓶充装前，充装单位应有专人对气瓶逐只进行充装前的检查，确认瓶内气体并做好记录。无制造许可证单位制造的气瓶和未经安全监察机构批准认可的进口气瓶不准充装，严禁充装超期未检气瓶和改装气瓶。

ⓗ气瓶充装单位必须在每只充气气瓶上粘贴符合国家标准 GB 16804《气瓶警告标签》的警示标签和充装标签。

ⓘ属于下列情况之一的气瓶，应先进行处理否则严禁充装：

ⅰ 钢印标记、颜色标记不符合规定，对瓶内介质未确认的；

ⅱ 附件损坏、不全或不符合规定的；

ⅲ 瓶内无剩余压力的；

ⅳ超过检验期限的；

ⅴ经外观检查，存在明显损伤，需进一步检验的；

ⅵ氧化或强氧化性气体气瓶沾有油脂的；

ⅶ易燃气体气瓶的首次充装或定期检验后的首次充装未经置换或抽真空处理的。

ⓙ 液化气体的充装系数，必须分别符合相关的规定。充装液化气体必须遵守下列规定：

ⅰ 实行充装重量逐瓶复验制度，严禁过量充装。充装超量的气瓶不准出厂。采用连续自动称重进行充装时，以抽检替代逐瓶复验，应有相应的抽检制度，并经充装注册机构核准；

ⅱ称重衡器应保持准确，其最大称量值应为常用称量的 1.5～3.0 倍。称重衡器按有关规定定期进行校验，每班应对衡器进行一次核定。称重衡器必须设有超装警报或自动切断气源的装置；

ⅲ严禁从液化石油气储罐或罐车直接向气瓶灌装，不允许瓶对瓶直接倒气；

ⅳ充装后应逐只检查气瓶，发现有泄漏或其他异常现象，应妥善处理；

ⅴ充装前的检查记录、充装操作记录、充装后复验和检查记录应完整，内容至少应包括：气瓶编号、气瓶容积、实际充装量、发现的异常情况、检查者、充装者和复称者姓名或代号、充装日期。记录应妥善保存、备查；

ⅵ操作人员应相对稳定，由企业考核后持证上岗并定期进行安全教育。

②移动式压力容器充装许可证。根据《特种设备安全监察条例》（对充装证照管理有要求，从事移动式压力容器充装的单位，取得省、自治区、直辖市（以下简称省级）质量技术监督部门《移动式压力容器充装许可证》后，方可在许可范围内从事移动式压力容器的充装工作。

（a）充装单位应当具备以下基本条件：

ⓐ有与移动式压力容器充装工作相适应的，符合相关安全技术规范要求的，熟悉法

律法规、安全技术规范、技术标准以及充装工艺的技术负责人、安全管理人员、充装人员和检查人员等，并且按以下要求取得相应项目的《特种设备作业人员证》。

技术负责人和安全管理人员应当按照《压力容器安全管理人员和操作人员考核大纲》的规定，取得压力容器安全管理人员证书；充装人员和检查人员应当按照《压力容器安全管理人员和操作人员考核大纲》的规定，取得移动式压力容器操作人员证书。

ⓑ有与充装介质类别相适应的充装设备、储存设备、检测手段、场地（厂房）和安全设施。

ⓒ有健全的质量保证体系和适应充装工作需要的事故应急预案，并且能够有效实施。

ⓓ充装活动符合有关安全技术规范的要求，能够保证充装工作质量。

ⓔ能够对使用者安全使用移动式压力容器提供指导和服务。

（b）许可程序：

ⓐ新办。充装许可程序包括申请、受理、鉴定评审、审批和发证。

a）申请。充装许可申请采取网上申请与纸质申请两种方式填报方式。

a. 网上申请。申请充装许可的单位（以下简称申请单位）应当登录发证机关的网站，填写《移动式压力容器充装许可申请书》（以下简称《申请书》），并且附以下扫描资料（PDF 或者 JPG 格式）：

ⅰ《申请书》的封面（加盖申请单位公章）；

ⅱ《申请书》中的申请许可项目表（申请单位法定代表人签字，加盖单位公章）；

ⅲ依法在当地政府注册或者登记的文件；

ⅳ组织机构代码证书；

Ⅴ政府规划部门的批准文件；

ⅵ充装质量保证体系文件和充装单位事故应急预案（也可为其他格式的电子文本）。

b. 纸质文件申请：

ⅰ提交《申请书》（原件）一式三份；

ⅱ依法在当地政府注册或者登记的文件（复印件）；

ⅲ组织机构代码证书（复印件）；

ⅳ政府规划部门的批准文件（复印件）；

Ⅴ充装质量保证体系文件和充装单位事故应急预案（目录）各一份。

b）受理。申请单位提出申请后，发证机关会给予书面答复。书面答复方式有三种，分别是《特种设备行政许可申请受理决定书》，《特种设备行政许可申请材料补正告知书》与《特种设备行政许可申请不予以受理决定书》。

资料齐全、符合法定形式的申请，发证机关会在 5 个工作日内予以受理，并且出具《特种设备行政许可申请受理决定书》。

对资料不全、不符合法定形式的，出具《特种设备行政许可申请材料补正告知书》。

对以下情况不予以受理，并出具《特种设备行政许可申请不予以受理决定书》：

ⅰ申请资料不能达到规定要求的；

ⅱ隐瞒有关情况或者提供虚假申请资料的；

ⅲ处于对办理《充装许可证》有不利影响的法律诉讼等司法纠纷或者正在接受有关司法限制和处罚的。

申请单位隐瞒有关情况或者提供虚假申请材料的，1年内不得再次申请。由于申请单位原因，1年内未能完成鉴定评审工作的，申请单位应当根据其条件变化情况重新提出申请。

c）鉴定评审。申请被受理后，申请单位应当约请鉴定评审机构进行鉴定评审，并且向鉴定评审机构提供以下资料：

ⅰ《申请书》；

ⅱ《特种设备行政许可申请受理决定书》；

ⅲ单位概括说明；

ⅳ依法在当地政府注册或者登记的文件；

ⅴ组织机构代码证书；

ⅵ《特种设备鉴定评审约请函》；

ⅶ充装质量保证手册和充装事故应急预案；

ⅷ申请单位综合自查报告；

ⅸ鉴定评审所需要的其他资料。

申请单位已经通过发证机关的网站提交的电子资料，鉴定评审机构从发证机关的网站获得，不需要再要求单位提供书面资料。

鉴定评审机构应当按照《特种设备行政许可鉴定评审管理与监督规则》（以下简称《鉴定评审规则》）的要求和本规则的各项规定，派出鉴定评审组对申请单位的资源条件、质量保证体系和充装工作质量进行现场审查，提出评审结论意见；对充装单位事故应急预案和演练活动进行评估，提出评估意见。

评审结论意见分为“符合条件”、“需要整改”、“不符合条件”。

申请单位满足许可条件的，为“符合条件”；

申请单位当前情况不符合许可条件，但是能在6个月内整改完毕并满足许可条件，为“需要整改”；

申请单位存在下列情况之一的，为“不符合条件”：

a. 法定资格不符合相关法律、法规规定的；

b. 实际资源条件与申请书不符，不满足本规则要求的；

c. 质量保证体系未建立或者不能有效实施，规章制度、操作规程等未有效贯彻执行，管理混乱的；

d. 现场充装工作质量和安全得不到保证的；

e. 申请单位有违规和弄虚作假行为的。

评审结论意见为“需要整改”，鉴定评审组会按照《鉴定评审规则》的要求，与申请单位签署《特种设备鉴定评审工作备忘录》。申请单位应当按照《特种设备鉴定评审工作备忘录》所提出的问题，在6个月内完成整改工作，并且将整改报告和整改见证资料提交给鉴定评审机构，由鉴定评审机构核实并且出具整改确认报告，必要时可以安排鉴定评审人员进行现场确认。现场确认时，鉴定评审机构应当报告发证机关及其充装单位所在地的设区的市质量技术监督部门(以下简装当地质监部门)。

整改情况确认符合条件的，评审整改意见为“经整改后符合条件”。申请单位在规定的6个月内未完成整改或者经确认整改仍不符合条件的，评审结论意见为“不符合条件”。

鉴定评审结论意见不要求申请单位整改的，鉴定评审机构应当在现场鉴定评审工作结束后20个工作日内出具《鉴定评审报告》；鉴定评审结论意见为整改的，自整改结果确认后10个工作日内出具《鉴定评审报告》。

d)发证。发证机关接到《鉴定评审报告》后，会在30个工作日内完成审核、批准、颁发许可证等工作。

ⓑ变更。取得充装许可的单位(以下简称充装单位)，当单位名称发生变化、地址变更时，应当向发证机关办理《充装许可证》变更手续。办理《充装许可证》变更手续时，应当提交新的单位名称及其法定资格证明文件、组织机构代码证书等资料，发证机关根据充装单位的变更申请，做出同意变更、进行必要的检查后变更、重新申请办理许可证等决定，并且通知充装单位。

ⓒ到期换证。

a)换证申请。《充装许可证》有效期为4年。充装单位到期需要继续从事充装工作时，应当在有效期满6个月前向发证机关提出换证申请。

充装单位提出换证申请时，应当提交以下资料：

ⅰ《申请书》的封面(加盖申请单位的公章)；

ⅱ《申请书》中的申请许可项目表(申请单位法定代表人签字，加盖单位公章)；

ⅲ依法在当地政府注册或者登记的文件；

ⅳ组织机构代码证书；

ⅴ政府规划部门的批准文件；

ⅵ充装质量保证体系和充装单位事故应急预案(也可为其他格式的点子文本)。

ⅶ充装许可有效期内的综合工作报告；

ⅷ充装事故处理情况；

ⅸ原《充装许可证》(复印件)。

b)换证评审。换证申请受理后，充装单位应当约请鉴定评审机构进行换证评审。换证评审除包括以上规定的内容外，还应当包括以下内容：

ⅰ是否存在超出许可范围进行充装的行为；

ⅱ充装场所涉及到的压力容器、压力管道等特种设备是否按有关规定进行安全管理；

ⅲ有关法律、法规、规章、安全技术规范及其相应标准的执行情况；

ⅳ充装质量保证体系实施情况；

ⅴ充装中发生的事故、用户反馈意见的处理情况。

c）延期。充装单位因改制、整体搬迁等特殊情况需要延长《充装许可证》有效期时，应当在许可证有效期30日前向发证机关提出书面申请，说明需要延长许可证有效期的理由并且提交相关证明资料，经过批准后可以延期办理《充装许可证》有效期的变更。延续时间一般不超过1年，并且延续时间在下一个《充装许可证》有效期内扣除。

（2）充装质量保证体系要求。

①基本要求。

（a）根据我国有关法律、法规、规章、安全技术规范及其相应标准等规定，结合申请的许可项目和本单位实际情况，建立质量保证体系并且得到有效实施。

（b）质量保证手册以及管理制度、安全技术操作规程、充装工作记录等质量体系文件应当正式颁布实施，并且能够根据实际情况和充装工艺变动及时改进与完善。

（c）绘制充装质量保证体系控制图和充装工艺流程图，有效控制充装工作质量和安全。

（d）充装和检查记录表卡内容真实完整，具有可追溯性。

②管理职责。

（a）机构设置合理、关系明确，有组织机构图；

（b）各部门职责权限明确，正式任命责任人员，建立各类人员岗位责任制。

③管理制度。建立以下各项管理制度和人员岗位责任制，并且能够有效实施：

（a）安全管理制度（包括安全生产、安全检查、安全教育等内容）。

（b）安全责任制度。

（c）装卸过程关键点控制制度（包括安全监控和巡视）。

（d）各类人员岗位责任制度。

（e）各类人员培训考核制度。

（f）特种设备安全技术档案管理制度（包括装卸用管）。

（f）特种设备日常维护保养、定期检查和定期检验制度（包括装卸用管）。

（h）特种设备安全附件、承压附件、安全保护装置、测量调控装置及其有关附属仪器仪表的定期校验、检修制度。

（i）计量器具定期检定制度。

（j）特种设备作业人员持证上岗制度。

（k）充装资料（包括介质成分检测报告单）管理制度。

(l)事故应急预案定期演练制度。

(m)用户宣传教育与服务制度。

(n)事故上报制度。

(o)接受安全监察制度。

(p)质量信息反馈制度。

(3)安全技术操作规程。建立以下安全技术操作规程并且能够有效实施。

①移动式压力容器罐内介质分析和余压检测操作规程。

②充装操作规程。

③充装量复检操作规程。

④卸载操作规程。

⑤设备(包括泵、压缩机和储罐等)操作规程。

⑥装卸用管耐压试验规程。

⑦事故应急处置操作规程。

(4)工作记录和见证材料。制定以下工作记录和见证材料，能够适应工作需要并且得到正确使用和保管：

①充装介质成分检测报告。

②充装前和充装后安全检查记录。

③充装记录。

④超装介质卸载处理记录。

⑤设备(包括泵、压缩机和储罐等)运行记录。

⑥充装单位安全检查记录。

⑦持证人员培训考核记录。

⑧质量信息反馈记录。

⑨充装用设备和仪器仪表的运行、巡视、维护保养、检修、定期检查、检定记录。

⑩事故应急预案演练和讲评记录。

(5)充装工作质量要求。充装工作应当符合《移动式压力容器安全技术监察规程》有关卸载工作质量要求，严格进行装卸前检查、装卸过程控制、装卸后检查，并且按照其规定进行记录，向介质买受方提交证明材料。

(6)报告与接受监督检查。充装单位应当在每年第1季度向发证机关和当地质监部门报送上年度综合工作报告。当地质监部门每年会按照要求对本辖区的移动式压力容器充装单位进行1次年度监督检查。

2. 危险化学品经营许可证

根据《危险化学品安全管理条例》(中华人民共和国国务院令第591号)、《危险化学品经营许可证管理办法》(国家安全生产监督管理总局令第55号)的规定，加气站经营的压缩天然气属于危险化学品范畴，须办理《危险化学品经营许可证》

(1)申请条件。

①经营和储存场所、设施、建筑物符合国家标准《建筑设计防火规范》(GB J16)和《爆炸危险场所安全规定》及《仓库防火安全管理规则》等规定，建筑物应当经公安消防部门验收合格；

②经营条件、储存条件符合《危险化学品经营企业开业条件和技术要求》(GB 18265)、《常用危险化学品储存通则》(GB 15603)的规定；

③单位法定代表人必须经过省级主管部门举办的专业培训、管理人员和业务人员必须经过市级主管部门举办的专业培训，并经考核合格取得省级主管部门颁发的合格证书；

④有健全的安全管理制度和岗位安全操作规程；

⑤剧毒化学品安全管理制度；

⑥有危险化学品事故应急救援预案。

(2)申报材料。

①《危险化学品经营许可证申请表》(可在省政府政务服务中心安监局窗口领取或在当地安全生产监督总局官网网站上下载)；

②经营单位法定代表人身份证复印件；

③单位组织机构代码；

④具有资质的安全评价机构出具的安全评价报告；

⑤经营和储存场所、设施、建筑物消防安全验收文件；

⑥经营和储存场所、设施产权或租赁证明文件；

⑦单位法定代表人、管理人员和业务人员专业培训合格证复印件；

⑧安全管理制度和岗位安全操作规程；

⑨危险化学品事故应急救援预案；

⑩经销品名详表。

3. 燃气经营许可证

根据《城镇燃气管理条例》(国务院令第583号)在行政区域内经营天然气(含压缩天然气[CNG]、液化天然气[LNG])、煤层气、液化石油气、人工煤气和其他新型燃气的燃气经营企业(含向居民用户、宿舍区职工销售供应燃气的工业企业)应当依法办理《燃气经营许可证》。

(1)受理方式。

①属于市(州)住房城乡建设行政主管部门(燃气管理部门)受理的燃气经营企业，将申报资料先送当地县级市、区住房城乡建设行政主管部门(燃气管理部门)初审后，再报市(州)住房城乡建设行政主管部门(燃气管理部门)审批。

②属于省住房城乡建设行政主管部门受理的燃气经营企业，将申报资料先送当地县级市、区住房城乡建设行政主管部门(燃气管理部门)审查签署意见后，报市(州)住房城乡建设行政主管部门(燃气管理部门)初审，初审合格后，再报省住房城乡建设行政

主管部门审批。

③燃气经营许可受理初审机关负责对企业提供的资料原件核验，并在复印件上加盖审核章，原件由企业保存。

④上级住房城乡建设行政主管部门(燃气管理部门)对企业申请材料有质疑的，企业应当提供相关资料原件，必要时要配合住房城乡建设行政主管部门(燃气管理部门)等相关部门、专家组进行现场实地核查。

⑤燃气经营企业有跨区域的异地分支机构，其经营负责人应有法人单位的任命书；填写分支机构申请表，经当地住房城乡建设行政主管部门(燃气管理部门)签署意见、盖章后逐级上报。

(2)申报材料。

①带条码的省燃气经营许可证申请表(在省住房和城乡建设厅网站的四川省燃气经营企业资质管理信息系统中填报、打印两份)。

②企业工商营业执照正副本、企业章程(在工商部门备案的、并有工商部门盖章)、股东协议、股东身份证复印件。

③企业财务审计报告(初次申请的除外)。

④燃气设施建设工程的竣工验收资料或燃气设施现状资料备案证明[由当地住房城乡建设主管部门(城建档案管理部门)出具]。

⑤公安消防部门核发的《消防验收意见书》；质量技术监督部门对压力容器压力管道安装监检报告和对特种设备的定期检验报告。

⑥具有相应资质的安全评价机构出具的安全评价报告。

⑦燃气质量检测报告。

⑧经营场所和办公场地证明(经营场所和办公场地的房屋所有权证书或1年以上房屋租赁合同并附出租方房屋产权证复印件)。

⑨专家组对企业经营场所、设施、设备等现场踏勘评审意见。

⑩企业安全生产管理制度、岗位责任制、安全操作规程等制度。

⑪燃气应急保障预案，事故抢险应急预案(包括抢险人员名单及抢修仪器、设备、交通工具配置目录)。

⑫与企业人员一览表相符的资料。企业法定代表人(负责人)的任职文件、身份证、职称证、上岗证和从业经历；企业分管技术、安全生产管理负责人的任职文件、身份证、职称证、上岗证和从业经历；专职专业技术人员名单及职称证明；运行、维护及抢修操作人员名单及相应的岗位证书。

⑬企业与聘用员工签订的劳动合同、近一个月企业依法为从业人员缴纳的社会保险证明和交费凭证(可在正式投入经营前完善)。

11.3.3　人员证照管理

11.3.3.1　证照分类

表11－2为人员证照持证分类。

表11－2　人员证照持证分类

证照类别	证照名称	发证机关	行政级别	备　注
人员证照	安全生产管理资格证	安全监督管理局	市级	
	特种设备管理人员证（A3）	质量技术监督局	市级	锅炉压力容器压力管道安全管理
	消防培训合格证	公安消防（局）队	市级	
	危险化学品操作人员考核合格证	安全监督管理局	市级	
	固定式压力容器操作证（R1）	质量技术监督局	市级	压力容器作业
	移动式压力容器充装证（R2）	质量技术监督局	市级	移动式压力容器作业
	车用气瓶充装证（P5）	质量技术监督局	市级	压力容器作业

11.3.3.2　证照管理

（1）安全生产管理人员资格证有效期为3年，到期后需到安全生产监督管理局复训，经考试合格后换证。

（2）特种设备管理人员及操作人员证照有效期为4年，到期后需到质量技术监督局复训，经考试合格后换证。

11.3.3.3　设备证照管理

（1）设备证照及检定分类见表11－3。

表11－3　设备证照及检定分类

证照类别	证照名称	发证机关	行政级别	备　注
设备证照及检定报告	压力容器使用证	质量技术监督局	市级	
	压力容器检验报告	质量技术监督局	市级	锅检所或压力容器检测机构
	压力管道监督检验报告	质量技术监督局	市级	
	流量计定期检验合格证	质量技术监督局	市级	
	安全阀定期检验合格证	有资质的检定机构	市级	
	压力表定期检验合格证	质量技术监督局	市级	
	可燃气体报警器定期检验合格证	质量技术监督局	市级	
	防雷检测报告	防雷中心	市州/区县	
	气质分析报告	质量技术监督局	市级	受委托有资质的检测单位
	露点检测仪检定报告	质量技术监督局	市级	受委托有资质的检测单位
	硫化氢检测仪检定报告	质量技术监督局	市级	受委托有资质的检测单位

(2)证照管理。

①压力容器使用登记证。压力容器的使用单位，在压力容器投入使用前或者投入使用后30日内，应当按照要求到直辖市或者设区的市的质量技术监督部门逐台办理使用登记手续。登记标志的放置位置应当符合有关规定。

②压力容器定期检验。指在压力容器停机时进行的检验和安全状况等级评定。压力容器一般应当于投用后3年内进行首次定期检验。下次的检验周期，由检验机构根据压力容器的安全状况等级，按照以下要求确定：

(a)安全状况等级为1、2级的，一般每6年一次。

(b)安全状况等级为3级的，一般3~6年一次。

(c)安全状况等级为4级的，应当监控使用，其检验周期由检验机构确定，累计监控使用时间不得超过3年。

(d)安全状况等级为5级的，应当对缺陷进行处理，否则不得继续使用。

(e)压力容器安全状况等级的评定按照《压力容器定期检验规则》进行，符合其规定条件的，可以适当缩短或者延长检验周期。

③安全阀定期检定。每年校验一次，检验后取得合格证。

④压力表。每半年校验一次，检验后取得合格证。

参考文献

[1] 李一庆，范小平主编．天然气加气站建设与管理[M]．北京：中国石化出版社，2013

[2] 王俊奇，刘伟，郑欣编著．天然气利用与安全[M]．北京：中国石化出版社，2011

[3] 熊云，许四海，刘晓，范林君编著．油品应用及管理[M]．北京：中国石化出版社，2008

[4] Rebecca L·Busby 著．王大锐译．天然气概论[M]．北京：石油工业出版社，2009

[5] 程丽华，吴金林编．石油产品基础知识[M]．北京：中国石化出版社，2006

[6] GB 4016—83．石油产品名词术语[M]．北京：中国标准出版社，1984

[7] 苏建华，许可方，宋德琦等编著．天然气矿场集输与处理[M]．北京：石油工业出版社，2004

[8] 冯叔初，郭揆常等编著．油气集输与矿场加工[M]．山东：中国石油大学出版社，2006

[9] 沈凯．NCT 型常温氧化铁脱硫剂的研制[J]．南方科技，1993，14(3)：11－14

[10] 叶卫华．CNG 供气的技术经济研究[硕士学位论文]．石油大学(北京)，2004

[11] 郁永章等编著．天然气汽车加气站设备与运行[M]．北京：中国石化出版社，2012

[12] 中国石油天然气集团公司人事服务中心编．CNG 加气站操作工上册[M]．北京：石油工业出版社，2006

[13] 顾安忠等编著．液化天然气技术[M]．北京：机械工业出版社，2003

[14] 马国光，吴晓南，王元春等编著．液化天然气技术[M]．北京：石油工业出版社，2012

[15] 李一庆，范小平等编著．天然气加气站建设与管理[M]．北京：中国质检出版社/中国标准出版社，2013

[16] 汽车加油加气站设计与施工规范(GB 50156—2012)

[17] 液化天然气加气机检定规程(JJG 1114—2015)

[18] 孙祖岭．CNG 加气站操作工[M]．北京：石油工业出版社，2006

[19] 郁永章．天然气加气站设备与运行[M]．北京：中国石化出版社，2006

[20] 曾自强，张育芳．天然气集输工程[M]．北京：石油工业出版社，2001

[21]《天然气流量计量》编写组．天然气流量计量[M]．北京：石油工业出版社，2001

[22] 计量标准考核规范 JJF 1033—2016